Matthias Bartscher

Bildungs- und Erziehungspartnerschaften in Schulen (Band II)
Beziehungen motivierend gestalten und inspirierend kommunizieren

Klett | Kallmeyer

Bibliografische Information der Deutschen Nationalbibliothek
Die Deutsche Nationalbibliothek verzeichnet diese Publikation in der Deutschen Nationalbibliografie;
detaillierte bibliografische Daten sind im Internet über http://dnb.d-nb.de abrufbar.

Impressum

Matthias Bartscher
Bildungs- und Erziehungspartnerschaften in Schulen (Band II)
Beziehungen motivierend gestalten und inspirierend kommunizieren

1. Auflage 2021

Das Werk und seine Teile sind urheberrechtlich geschützt. Jede Nutzung in anderen als den gesetzlich
zugelassenen Fällen bedarf der vorherigen schriftlichen Einwilligung des Verlages.

© 2021. Kallmeyer in Verbindung mit Klett
Friedrich Verlag GmbH
D-30159 Hannover
Alle Rechte vorbehalten.
www.friedrich-verlag.de

Redaktion: Inge Michels, Bonn
Coverfoto: © Sonja/stock.adobe.com
Foto S. 112: © Matthias Bartscher (Privatarchiv)
Foto S. 192: © motorradcbr/stock.adobe.com
Realisation: Tu Anh Mai
Druck: Beltz Grafische Betriebe GmbH, Bad Langensalza
Printed in Germany

ISBN: 978-3-7727-1524-2

Matthias Bartscher

Bildungs- und Erziehungspartnerschaften in Schulen (Band II)

Beziehungen motivierend gestalten und inspirierend kommunizieren

Klett | Kallmeyer

Vorwort 9

Einleitung 12

TEIL I: Beziehungen gestalten – gelingende Kommunikation und motivierende Gesprächsführung

1 Forschungslage und kommunikative Anforderungen 18
  1.1 Forschungslage zu Elterngesprächen und Elternberatung 18
  1.2 Kommunikative Anforderungen im schulischen Alltag 23

2 Schulbezogene Beratungsausbildungskonzepte 26
  2.1 Forschungsprojekt zur Förderung der Beratungskompetenz von Lehrkräften ... 26
  2.2 Das Gmünder Modell zur Gesprächsführung mit Eltern 27
  2.3 Systemisches Coaching in der Lehrerbildung 29
  2.4 MOVE – Motivierende Gesprächsführung in Elterngesprächen 31

3 Fachliche Grundlagen der Gesprächsführung und Beratung 32
  3.1 Die Entstehung moderner Beratungsmethoden 32
  3.2 Personzentrierte Psychotherapie nach Carl Rogers 34
  3.3 Haltung und Methoden der systemischen Beratung und des systemischen Coachings ... 34
    3.3.1 Herkunft und Grundlagen 35
    3.3.2 Die systemische Haltung 36
    3.3.3 Grundsätze und Arbeitsweisen systemischer Beratung sowie ihre Grenzen ... 38
  3.4 Motivierende Gesprächsführung – Motivational Interviewing (MI) 40
    3.4.1 Eignung der Methode MI für die Gesprächsführung in der Schule 41
    3.4.2 Entwicklung der Methode – Grundlagen 42
    3.4.3 MI in der Praxis 43
  3.5 Das „transtheoretische Modell der Verhaltensänderungen" 48
  3.6 Zusammenfassung und Folgerungen 52

4 Basismethoden für motivierende Gespräche und inspirierende Kommunikation 54

4.1 Praktiziertes Interesse: offene Fragen und aktives Zuhören … 54
4.2 Praktizierte Ressourcenorientierung: Wertschätzung/Würdigung … 59
4.3 Praktizierte Moderation: Zusammenfassungen … 61
4.4 Rat und Informationen anbieten – professionelle Optionen … 61
4.5 Feedback – „Ich-Botschaften" … 63
4.6 Selbstoffenbarungen … 65
4.7 Was wenig hilft: populäre und unpopuläre „Kommunikationsfallen" … 67

5 Gespräche als Beziehungsprozess: vorbereiten, planen, durchführen, nachbereiten … 72
5.1 Gespräche als Beziehungsprozess … 72
5.2 Kurze Gespräche – lange Gespräche … 73
5.3 Vorbereitung eines Gesprächs in 10 Schritten … 75
5.4 Erstkontakt oder: Termin vereinbaren … 77
5.5 Dramaturgie von Gesprächen – Gesprächsabläufe … 78
    5.5.1 „Die Eltern abholen" … 79
    5.5.2 Zugangs- und Kontextklärung … 80
    5.5.3 Anliegen- und Zielklärung – Erarbeitung der Tagesordnung … 81
    5.5.4 Optionen erkennen, Lösungen finden und auf ein gutes Ende achten … 85

6 Umgang mit Widerständen und Dissonanzen … 90
6.1 Achtsamkeit für Dissonanzen als Chance – Eine andere Haltung ist notwendig! … 90
6.2 Optionen für einen konstruktiven Umgang mit Widerstand … 91
6.3 Innere und äußere Grenzen erkennen und wahren – Rahmung von Kommunikation … 93
6.4 Schwierige Themen ansprechen … 95
6.5 Professionelles Stressmanagement … 99
6.6 Professionelles Deeskalationsmanagement … 101

7 Gespräche mit besonderen Zielgruppen und in besonderen Situationen … 103
7.1 Gespräche bei gravierenden Verständigungsschwierigkeiten … 103
7.2 Gespräche mit zerstrittenen Eltern … 105
7.3 Gespräche mit Kindern und Jugendlichen … 108
    7.3.1 Allgemeine Hinweise … 109
    7.3.2 Kommunikation auf Basis vermuteter Erwartungen … 110

    7.3.3   Methodische Varianten – Setting-Arrangements 111
    7.3.4   Die Arbeit mit „analogen Methoden" 112
7.4   Gesprächsführung im Kontext Kinderschutz 113
    7.4.1   Gespräche mit Schülerinnen und Schülern zur Abklärung einer vermuteten
           Gefährdung 114
    7.4.2   Gespräche mit Eltern bei der Abklärung einer vermuteten
           Kindeswohlgefährdung 118
    7.4.3   „Zwischen den Stühlen" – Gespräche unter hohem Druck 119
7.5   Digitale Formen der Beratung und Gesprächsführung 121

TEIL II: Beziehungen stiften – Kompetenz in der Arbeit mit Gruppen

8 Grundlagen der Arbeit mit Gruppen 126
8.1   Die Entwicklung der professionellen Arbeit mit Gruppen 126
8.2   Was sind Gruppen? 127
8.3   Der schulische Blick auf Gruppe 129
    8.3.1   Reformpädagogische Ansätze: Das Leben in der Schule in Gruppen leben! 129
    8.3.2   Klassenmanagement als Gruppenleitung 130

9 Paradigmatische Konzepte der Arbeit mit Gruppen 134
9.1   Die psychoanalytische Wende 1: Gruppe als Ort der Heilung und Überwindung
       gesellschaftlicher Ohnmacht 134
9.2   Die psychoanalytische Wende 2: Lebendiges Lernen in der Balance von Individuum,
       Gruppe, Thema und Umgebung 136
9.3   Kommunikation strukturieren: Zukunftswerkstatt und Moderationsmethode 139
    9.3.1   Zukunftswerkstätten 139
    9.3.2   Moderationsmethode 142
9.4   Der systemische Blick auf die Arbeit mit Gruppen: „Lernfähig, aber unbelehrbar!" 144
9.5   Motivierende Gesprächsführung: „Tanze mit dem Widerstand!" 147
9.6   Beziehungen stiften: Optionen für die professionelle Leitung von Gruppen 151
    9.6.1   Anpassung/Integration versus Emanzipation 151
    9.6.2   Werteorientierung 152

9.6.3 Die Rolle und Position der Gruppenleitung … 154
9.6.4 Methodik und Methoden als Zeichen von Kompetenz … 155
9.6.5 Die Gruppe als partizipativen Ort nutzen … 155
9.6.6 Rhythmisierung: Anfangssituationen, Arbeitsfähigkeit und Abschluss gestalten … 156
9.6.7 Raumgestaltung, Kommunikation und Visionen … 158

TEIL III: Beziehungen lernen

10 Beziehungen lernen – Die Planung von lebendigen und inspirierenden Bildungsangeboten … 162

10.1 Entwicklung eines Planungsmodells für Bildungsangebote … 162
    10.1.1 Niedrigschwellig? Für alle gut erreichbar! … 162
    10.1.2 Statt manualisierter Formate: individuelle Planungen … 163
    10.1.3 Entstehung des individuellen Planungsmodells … 164
10.2 „Das Thema" eines Bildungsangebotes … 165
10.3 Teilnehmerinnen und Teilnehmer … 169
    10.3.1 Zielgruppen und ihre Präferenzen … 169
    10.3.2 Gruppendynamische Aspekte … 170
10.4 Differenzierte Zielentwicklung: Kompetenz- und Lernbereiche der Zusammenarbeit mit Eltern … 172
10.5 Arbeitsformen – Methoden – Rahmen schaffen … 173
    10.5.1 Auswahl geeigneter Methoden … 174
    10.2.5 Gestaltung des Settings … 178
10.6 Die Bildungsakteure … 180
    10.6.1 Die Person der Kursleitung, der Moderation, der Referierenden … 180
    10.6.2 Vernetzung und Kooperation … 182
10.7 Vom „partizipativen Marketing" bis zur Evaluation: Beteiligung der Adressaten … 183
    10.7.1 „Marketingstrategien": die richtigen Eltern erreichen und beteiligen … 183
    10.7.2 Beteiligung in der Vorbereitung und Durchführung von Bildungsveranstaltungen … 187
    10.7.3 „Vom Wiegen wird die Kuh nicht fetter!?" oder: Evaluierung ist sinnvoll! … 187
10.8 Gute Gründe für Online-Bildungsarbeit … 188

Endlich! 10 goldene Regeln für einen guten Elternabend 192

Danke 194

Kontaktadressen 196

Literaturverzeichnis 198

Übersicht zu den Download-Materialien 205

Vorwort

Lange Zeit war das Verhältnis zwischen Schule und Elternhaus durch die Vorstellung einer Arbeitsteilung geprägt: Die Schule hatte den Auftrag, im Unterricht nützliche Kenntnisse zu vermitteln, während Erziehung als die Entwicklung moralisch und politisch erwünschten Verhaltens den Eltern oblag. Auch wenn eine solche Arbeitsteilung noch in den Köpfen mancher Eltern und Lehrkräfte fortlebt, so ist sie doch nach der Rechtsordnung der Bundesrepublik Deutschland nicht mehr zulässig: Aus Artikel 6 (2) GG leitet sich ein elterlicher Erziehungsauftrag ab, der Eltern die Pflege und Erziehung ihrer Kinder als natürliches Recht und die zuvörderst ihnen obliegende Pflicht zuerkennt. Daneben wird aber durch Artikel 7 (1) GG, der das gesamte Schulwesen unter die Aufsicht des Staates stellt, ein staatlicher Erziehungsauftrag begründet. Dieser staatliche Erziehungsauftrag der Schule ist nach einem Urteil des Bundesverfassungsgerichts[1] „dem elterlichen Erziehungsrecht nicht nach-, sondern gleichgeordnet." Daraus ergibt sich zwingend die Notwendigkeit der Kooperation von Schule und Elternhaus, wie das Verfassungsgericht ausführt: „Diese gemeinsame Erziehungsaufgabe von Eltern und Schule, welche die Bildung der einen Persönlichkeit des Kindes zum Ziel hat, lässt sich nicht in einzelne Komponenten zerlegen. Sie ist in einem sinnvoll aufeinander bezogenen Zusammenwirken zu erfüllen."

Aber nicht nur die Rechtsordnung unserer Gesellschaft erfordert eine enge Kooperation von Schule und Elternhaus, auch Erkenntnisse aus nationaler und internationaler Forschung legen sie dringend nahe: Seit mehr als einem halben Jahrhundert wissen wir, dass der Einfluss der Familie auf den Bildungserfolg der Kinder und Jugendlichen weitaus größer ist als der Einfluss des Schulsystems, des Unterrichts und der Lehrkräfte. Dass dieser Einfluss der Familie auch ein ungünstiger sein kann, wurde wiederholt durch PISA-Studien belegt. Dabei zeigte sich in Deutschland sogar eine besonders große Bildungsbenachteiligung von Kindern weniger privilegierter Bevölkerungsgruppen.

Traditionelle „Elternarbeit" wird weder der rechtlichen Gleichordnung des Erziehungsauftrags der Schule und des Elternhauses gerecht, noch ist sie in der Lage, Chancenungleichheiten zu vermindern. Sie läuft sogar Gefahr, Bildungsbenachteiligung noch zu vergrößern. Denn in solcher „Elternarbeit" gehen Maßnahmen und Initiativen in aller Regel von der Schule und von den Lehrkräften aus. Sie sind es, die Eltern informieren, ihnen

---

1 BVerfGE 34, 165ff. Urteil des Ersten Senats vom 6. Dezember 1972. Vgl. http://expired.oefre.unibe.ch/law/dfr/bv034165.html#Rn048.

Kontaktangebote machen und Hinweise zur häuslichen Lernunterstützung geben. Initiativen und Anregungen von Eltern werden nicht erwartet und sind eher unwillkommen. Traditionelle „Elternarbeit" bedeutet letztlich, dass Schule und Lehrkräfte sich Arbeit mit Eltern machen, die ihre Vorstellungen zu übernehmen und ihre Maßnahmen mitzutragen haben.

Aus guten Gründen spricht man deshalb neuerdings zunehmend von „Bildungs- und Erziehungspartnerschaft" statt von „Elternarbeit". Damit ist zwar die Richtung der notwendigen Neuorientierung vorgegeben, aber leider nicht immer auch ein Paradigmenwechsel verbunden, der mit essentiellen Veränderungen der Praxis einhergeht. Nicht selten findet lediglich ein Austausch der Begrifflichkeit statt. Das mag teilweise auch darauf zurückzuführen sein, dass die Fachliteratur häufig die konkreten Implikationen eines Paradigmenwechsels nur vage andeutet, so dass Praktikerinnen und Praktiker hilflos sich selbst überlassen bleiben. Manchmal wird „Partnerschaft" auch zu einem Beziehungsideal hochstilisiert, dessen positiver emotionaler Gehalt und dessen – über die rechtliche Gleichstellung weit hinausgehenden egalitären Ansprüche die Praxis maßlos überfordern und damit ebenfalls tiefgreifende Veränderungen verhindern.

Das Werk Matthias Bartschers, dessen zweiter Band hier vorgelegt wird, vermeidet solchen idealistischen Überschwang ebenso wie jene Oberflächlichkeit, die nur alten Wein in neue Schläuche füllt. Es beschreibt im ersten Band zunächst die vielfältigen Strukturen und Lebenslagen von Familien in unserer Gesellschaft. Mit Bezug darauf werden Grundsätze und Qualitätsmerkmale einer professionellen Zusammenarbeit von Schulen und Lehrkräften mit Eltern erarbeitet, die in die detaillierte Beschreibung einer Praxis münden, welche diesen Ansprüchen genügt.

Der zweite Band führt diesen Gedankengang fort, indem er sich vertieft mit Kommunikation und Beziehungsarbeit als den zentralen Aufgabenfeldern einer Kooperation mit Eltern auseinandersetzt. Detaillierte Ausführungen über Konzepte und Methoden der Gesprächsführung und eine Fülle konkreter Hinweise und Hilfen für die Gestaltung von Gesprächen mit unterschiedlichen Zielsetzungen sowie Partnerinnen und Partnern in unterschiedlichen Situationen helfen bei der Entwicklung kommunikativer Kompetenzen, die Voraussetzung für eine erfolgreiche Bildungs- und Erziehungspartnerschaft sind.

Kooperation mit Eltern findet im Schulalltag häufig in und mit Elterngruppen statt. Dazu bedarf es außer professioneller Gesprächsführung auch noch einer umsichtigen Arbeit mit Gruppen. Bartscher ist einer der wenigen Autoren, welche diese Aufgabe erkennen und Wege zu ihrer Bewältigung aufzeigen. Ausführungen zu Bedingungen, Zielen und Wegen von Elternbildungsangeboten, ohne die eine zeitgemäße Bildungs- und Erziehungspartnerschaft nicht nachhaltig erfolgreich sein kann und die sich in Pandemiezeiten als noch einmal unentbehrlicher erwiesen haben als je zuvor, beschließen den Band.

Als ausgebildeter Erziehungswissenschaftler ist Matthias Bartscher jederzeit in der Lage, die vielfältigen praktischen Hinweise und Anregungen, welche er aufgrund langjähriger Erfahrungen in der Arbeit mit Eltern in unterschiedlichen Praxisfeldern zu geben vermag, auf den zugehörigen wissenschaftlichen Diskurs und auf den einschlägigen Forschungsstand zu beziehen. So wird Leserinnen und Lesern weder eine bloße Ansammlung von Tipps und Rezepten mit fragwürdiger Fundierung angeboten, noch ein bloßes Theoriegebäude zugemutet, dessen Praxistauglichkeit sich erst noch zeigen muss. Stattdessen wird in Bartschers Werk praktische Anregung und Hilfestellung auf gelungene Weise mit wissenschaftlicher Orientierung verbunden. Dieser Synthese kommt zugute, dass Partnerschaft für den Autor kein dem Mainstream der politischen und sozialpädagogischen Diskussion entnommenes Konzept ist, sondern der Ertrag seiner eigenen berufsbiografischen Entwicklung.

Besonders ausführlich geht Bartscher auf Konfliktfelder und Schwierigkeiten von Bildungs- und Erziehungspartnerschaften ein, u. a. auf Familien und Eltern in herausfordernden Lebenslagen, auf konfliktträchtige und anderweitig schwierige Gesprächssituationen und vermutete oder erwiesene Kindeswohlgefährdung. Dadurch, dass sich Bartschers Konzept der Bildungs- und Erziehungspartnerschaft nicht nur an der gut situierten vollständigen Mittelschichtfamilie orientiert, kann es auch zur Verringerung von Bildungsungleichheiten beitragen.

Der mit rund 400 Seiten beträchtliche Umfang des zweibändigen Werkes (wozu noch zahlreiche Online-Materialien als Download kommen) sollte nicht abschreckend wirken. Gewiss finden nicht jede Leserin und jeder Leser die Zeit, ein derartiges Konvolut in einem Zuge durchzuarbeiten. Aber es muss ja auch nicht linear rezipiert werden. Leserinnen und Leser, die ein spezielles Informationsbedürfnis haben oder konkrete Anregungen zur Lösung eines praktischen Problems benötigen, können durch selektives Studium einzelner Abschnitte, die dank einer detaillierten Gliederung leicht auffindbar sind, Gewinn daraus ziehen. Die spätere Einordnung und Vertiefung ist dann in vielen Fällen ohne zusätzliches Literaturstudium durch den Rückgriff auf den Kontext möglich.

Werner Sacher
Emeritierter Lehrstuhlinhaber der Friedrich-Alexander-Universität Erlangen-Nürnberg

Einleitung

„Stell dir vor, es ist Elternabend, und alle sind da!"

Vor einigen Jahren sagte eine Lehrkraft nach einem Seminar, sie hätte sich einfach nur ein paar gute Tipps für Elternabende gewünscht. Ich hatte es, musste ich eingestehen, für sie zu kompliziert und zu umfangreich gemacht. Also habe ich mich eines Abends hingesetzt und damit begonnen, über „10 effektive Tipps für gute Elternabende" nachzudenken. Dann habe ich zu schreiben angefangen. Das Ergebnis sind die beiden bisherigen Bände „Bildungs- und Erziehungspartnerschaften mit Eltern". Und wieder stellt sich die Frage: Geht das nicht kürzer?

Wenn man sich derartige Listen anschaut, die es auch im Internet gibt, klingen sie auf den ersten Blick hilfreich, doch wenn man dann zu fragen beginnt, wie man beispielsweise dem Tipp „alle Eltern gezielt einladen" folgen soll, dann stößt man auf die Vielfalt der Lebenswelten und ihre gegenseitigen Ausgrenzungseffekte, die nicht einfach zu lösen sind. Und wenn die Empfehlung lautet, „mit Eltern wertschätzend zu kommunizieren", spürt jede Fachkraft, dass das mit bestimmten Eltern prima geht, mit anderen aber ganz und gar nicht.

Ich habe mir beruflich und privat im Leben immer gewünscht, dass Lernprozesse einfacher gehen. „Veränderungen sind schwer!" sang Klaus Hoffmann 1982 auf seinem Album „Veränderungen", als mein eigenes Leben ziemlich durcheinander war, doch er sang auch: „Sage nicht niemals!".

Insofern ist dieses Buch sowohl ein Spiegelbild eigener Lernprozesse als auch eine Einladung an die Leserinnen und Leser, sich auf den Weg zu machen, sich anregen zu lassen und eigene Wege auszuprobieren.

Auch der zweite Band verbindet theoretische Reflexion mit praktischen Erfahrungen, und dies hoffentlich in einer ausgewogenen Balance für jede Leserin und jeden Leser. Veränderungen brauchen meist mehrere Schritte (vgl. Corrsen 2004):
- *Achtsam sein* für die Realität, genauer hinschauen, wie die Dinge wirklich laufen, z. B. einen Elternabend aus der Perspektive eines Raumfahrers aus einem anderen Universum betrachten: Was machen wir da eigentlich? Wer ist da und warum? Wer ist nicht da, und warum nicht? Wer redet und fühlt sich wohl, wer schweigt und sieht gelangweilt aus?
- *Verantwortung übernehmen:* Nicht die Eltern sind schuld, wenn sie nicht kommen; nicht die Schulbürokratie, die Lehrkräften zu wenig Zeit gibt oder zu große Klassen einrichtet: Ich bin selbst verantwortlich, es liegt an mir, die Eltern zu erreichen!

- *Sich trauen, Selbstvertrauen entwickeln:* sich auf den Weg machen, neue Dinge ausprobieren, am Scheitern lernen, beharrlich bleiben. „Wenn etwas funktioniert, mach mehr davon. Wenn etwas trotz ernsthafter Bemühungen nicht funktioniert, mach etwas anderes!" (nach Steve de Shazer).
- *Sich überwinden*: täglich in kleinen Schritten mutig etwas wagen, sich den unangenehmen Dingen stellen, die eigenen Grenzen erweitern.

Mein Wunsch ist, dass dieses Buch den Leserinnen und Lesern Mut macht, eigene Grenzen zu überwinden, auch die Grenzen unseres Schulsystems zu dehnen und zu erweitern. Dieser Band ist aus meiner zentralen Erkenntnis entstanden, dass nicht die Methoden der Zusammenarbeit, die Settings oder irgendwelche pädagogischen Tricks ausschlaggebend für eine gute Zusammenarbeit in der Schule sind, sondern dass gute Beziehungen der Schlüssel für alles andere sind. Und damit ist kein naives Verständnis von Partnerschaft gemeint (vgl. Band 1, Kap. 5). „In der Kooperation und damit in der Beziehung von Lehrern und Eltern geht es zu wie in anderen Partnerschaften auch. Es gibt gute und schlechte Erziehungspartnerschaften. Sind sie nicht gut, leiden die Kinder darunter. Definiert man Partnerschaft als ‚einen Platz zum Aushandeln von Gemeinsamkeiten und zum Austragen von Konflikten', dann verbindet man damit die Hoffnung, dass das Gemeinsame überwiegt und dass Konflikte bewältigt werden – im Interesse des Kindeswohls" (Krumm 2006, S. 2). Und diese Beziehung geht mit den einen Eltern leichter und mit den anderen schwerer.

Die Forschung zeigt, wie entscheidend eine gute Beziehung ist. Kindliche Entwicklung ist in hohem Maße durch die Beziehungsfähigkeit der Eltern geprägt, und dies betrifft insbesondere das Lernen schulrelevanter Kompetenzen wie die Emotionsregulation. Selbst dann, wenn Kinder unter ungünstigen Bedingungen aufwachsen, kann in der Schule durch gute Beziehungen zu den pädagogischen Profis, durch das „Sich-persönlich-angesprochen-fühlen", ein Nachreifungsprozess unterstützt werden (vgl. Kuhl u. a. 2011, S. 20ff.). Empirische Befunde zur Schüler-Lehrer-Beziehung zeigen, dass diese auf dem gleichen Einflussniveau wie direkt unterrichtsbezogene Handlungen liegt und Lehrkräfte schon länger überzeugt sind, dass eine gute Beziehung zu Schülerinnen und Schüler für alle Beteiligten erstrebenswert ist (vgl. Kemna 2012, S. 77). Auch für Beratung und Coaching lässt sich auf Basis breiter Forschungen zu Therapie-, Beratungs- und Coachingmethoden feststellen, dass nicht die einzelnen angewandten Methoden den Ausschlag geben, sondern dass der wichtigste Erfolgsfaktor eine gute Beziehung zwischen Klient und Berater/Coach ist (vgl. Grawe .u. a. 2001, Roth/Ryba 2016, S. 326 ff.). Man kann diese Erkenntnisse sehr gut auf die Zusammenarbeit zwischen Eltern und Fachkräften in der Schule übertragen (vgl. die Überlegungen im ersten Band, Kap. 4.2.5).

Insofern will der vorliegende Band differenziert aufzeigen, wie eine gute Beziehungsgestaltung gelingen kann, und dies in drei Schwerpunkten (Teilen):

Teil I: Beziehungen gestalten: Wie die Analysen des ersten Bandes zeigen, sind Kommunikations- und Gesprächsführungskompetenzen elementare Bestandteile professioneller pädagogischer Kompetenz. Bereits 1970 wurde der Stellenwert der Elternberatung als einem Schwerpunkt der Kooperation vom Deutschen Bildungsrat hervorgehoben (vgl. Hertel 2017, S. 47). In einer lebensweltorientierten Zusammenarbeit mit Eltern stehen schulische Fachkräfte immer dann vor schwierigen Gesprächssituationen, wenn Lebensweltgrenzen überschritten werden müssen; viele dieser Gespräche werden als konflikthaft erlebt. Überwindung kultureller Fremdheit betrifft jedoch nicht nur zugewanderte Menschen, sondern alle Gespräche mit Menschen, die zu anderen sozialen Schichten gehören, abweichende Werte haben und andere Lebensstile pflegen. In diesen Gesprächen sind Vorbehalte und Ängste abzubauen, ist Misstrauen zu überwinden. Fachkräfte sind mitunter mit Tabus konfrontiert und benötigen deshalb einen reflexiven Umgang mit Vorurteilen und einen selbstkritischen Umgang mit den eigenen Kommunikationsanteilen.

Der Sozialforscher Carsten Wippermann (Merkle/Wippermann 2008) hat die Abgrenzungseffekte zwischen Eltern untereinander und zwischen Eltern und Fachkräften mit dem starken Begriff der „Demarkationslinien" belegt. Diese soziokulturellen Mauern und Stacheldrähte zu überwinden, fordert Fachkräfte in hohem Maße! Wenn man diese Herausforderungen als spannende Aufgabe betrachtet, kann dies ein Beitrag zur Entwicklung der eigenen professionellen Persönlichkeit werden. Im ersten Teil habe ich dazu Aspekte gelingender Kommunikation zusammengetragen, die in meiner eigenen Beratungspraxis hilfreich sind und die von Teilnehmenden meiner Weiterbildungen als bereichernd erlebt werden.

Mit Blick auf den Forschungsstand zu Elterngesprächen in der Schule gebe ich einen kurzen Abriss über ausgewählte Kommunikationstheorien und Beratungsrichtungen. Auf dieser Basis leite ich Handlungsempfehlungen für hochwertige Beratung und Gesprächsführung ab, die auf die verschiedenen praktischen Herausforderungen und typische herausfordernde Kommunikationsanlässe und Gesprächssituationen fokussiert werden.

Teil II: Beziehungen stiften: Im zweiten Teil geht es um die professionellen Kompetenzen, die zur Leitung aller Arten von Gruppen hilfreich sind; zunächst mit einem grundsätzlichen Blick auf die Arbeit mit Gruppen, um daraus neue, teilweise auch in Vergessenheit geratene Arbeitsanregungen abzuleiten. Dieser Teil des Buches basiert auf der Verarbeitung meiner persönlichen Gruppenerfahrungen und Gruppenleitungserfahrungen, die während meines gesamten bisherigen professionellen Lebens wichtiger

Bestandteil meiner Arbeit waren und sind. Dazu einige persönliche Vorbemerkungen:

Meine Kindheit und Jugend war, wie für viele Menschen meiner Generation, in wesentlichen Teilen eine Gruppensozialisation. Neben der Kindergartengruppe und der Schulklasse war die Messdiener- und Jugendgruppe der Pfarrgemeinde im tiefsten katholischen Westfalen prägend. Später kam auch die Basketballmannschaft hinzu. Mit wöchentlichen Trainings, Treffen der Jugendgruppe und Ferienlagern in Sauerländer Schützenhallen – sonst gab es eigentlich nichts Interessantes für Kinder und Jugendliche in unserer kleinen Stadt – war ich früh motiviert, selbst Gruppenleiter zu werden. Mit 14 Jahren leitete ich zum ersten Mal eine Jugendgruppe (Jungengruppe!), mit 16 Jahren war es ein Ferienlager mit 80 Jungen. Als jugendliche Gruppenleiter machten wir es mit den betreuten Kindern so, wie wir es selbst erlebt hatten, manches durchaus grenzwertig (zum Beispiel morgendliches Antreten zum Abduschen mit kaltem Wasser). Als 18-Jähriger nahm ich erstmals an einem Gruppenleiterkurs des BDKJ (Bund der Deutschen Katholischen Jugend) teil und war begeistert von einer durchdachten, reflexiven Pädagogik – und begann mich für manches zu schämen, was wir als halbwüchsige Hobby-Pädagogen unseren Schützlingen angetan hatten.

Diese ersten strukturierten Lernerfahrungen prägten meinen Berufswunsch. Nachdem ich das Pädagogikstudium in Berlin begonnen hatte, war ich zunächst total enttäuscht, weil ich nichts von dem fand, was ich gerne gelernt hatte. Es gab Seminare zu Gruppentheorien, aus denen man überhaupt nichts für die Praxis lernen konnte. Glücklicherweise war das, was ich in der Jugendarbeit gelernt hatte, das wichtigste Handwerkszeug für meine erste berufliche Stelle in einem Jugendzentrum.

Erst viele Jahre später startete ich – im Kontext systematischer Weiterbildung und erster Veröffentlichungen (z. B. Bartscher 1998) – einen theoretischen Reflexionsprozess dessen, was ich in der Praxis tat und heute noch tue. So bekam ich einen Zugang zu dem theoretischen Stoff des Studiums und wundere mich heute, wie wertvoll diese Erkenntnisse sein können.

Der zweite Teil dieses Buches zeichnet deshalb relevante Stationen meines Lernprozesses nach. Es ist mir ein besonderes Anliegen, im Vorfeld praktischer Empfehlungen zur professionellen Gruppenleitung die grundlegenden Erkenntnisse über die Arbeit mit Gruppen herauszuarbeiten; konkret: wie schulische Fachkräfte mit Eltern in Gruppen gut zusammenarbeiten und mit welcher Haltung und Methodik sie dies professionell realisieren können. Diese Überlegungen können übrigens auch hilfreich in der Arbeit mit den Schülerinnen und Schülern sein, doch sie weichen teilweise deutlich, darauf soll hier hingewiesen werden, von den üblichen Empfehlungen zum „Klassenmanagement" ab (vgl. 8.3.2).

Teil III: Beziehungen lernen – die Planung von lebendigen und inspirierenden Bildungsangeboten: In den letzten 15-20 Jahren hat sich eine immer stärkere Manualisierung von Bildungsangeboten durchgesetzt. Es ist positiv zu verzeichnen, dass es mittlerweile unterschiedlichste und wirksame Konzepte für die Zusammenarbeit mit Eltern und Familien in allen Lebenslagen gibt (vgl. z. B. www.gruene-liste-praevention.de), allerdings mit einigen unerwünschten Nebenwirkungen. Zu diesen Effekten gehört, dass Fachkräfte mit der Entscheidung für ein Konzept Bindungen hinsichtlich qualitativer Standards eingehen, die sich weniger an den Bedarfen vor Ort als vielmehr an den Interessen der Anbieter ausrichten. Mein Anliegen in diesem letzten Teil ist es jedoch, Fachkräften zu ermöglichen, unabhängig von vorgefertigten Formaten autonome Planungsentwürfe zu erarbeiten und lebensweltorientiert in dem jeweiligen Bildungsumfeld umzusetzen! Hierzu wird ein aus der Praxis entwickeltes Planungsmodell bereitgestellt, das hilft, die unterschiedlichen Aspekte der Planung in ihren Beziehungen untereinander in den Blick zu nehmen; angefangen bei den Interessen und Bedürfnissen der Zielgruppen über eine differenzierte Ziel-Planung und eine adressatengerechte methodische Umsetzung bis hin zur Beteiligung der Teilnehmenden. Dazu werden umfangreiche Anregungen und Arbeitsmaterialien bereitgestellt.

Teil I:
Beziehungen gestalten – gelingende Kommunikation und motivierende Gesprächsführung

1 Forschungslage und kommunikative Anforderungen

Werfen wir zunächst einen Blick auf die Realität von Elterngesprächen in Schulen. Fachkräfte erleben – genauso wie Eltern – gemeinsame Gespräche besonders dann als unbefriedigend, anstrengend und energieraubend, wenn sie nicht gut gelingen. So wird nach einer Schweizer Untersuchung die Aufgabe „Betreuung und Beratung von Schülerinnen und Schülern sowie Eltern" als größte subjektive Belastung erfahren (vgl. Landert/Brägger 2009, S. 43); und dies „trotz der hierfür verhältnismäßig gering aufgebrachten Jahresarbeitszeit" (Sauer 2017, S. 103). Dies führt auf beiden Seiten nicht selten zu einer Vermeidung von Kommunikation und Kooperation – häufig besonders da, wo sie notwendig wäre.

1.1 Forschungslage zu Elterngesprächen und Elternberatung

Die Qualität von Elterngesprächen hängt sehr stark davon ab, welche Priorität das jeweilige Thema hat, wie die räumlichen Bedingungen sind und wie der Fortbildungsstand der Fachkräfte ist. „Im einzelnen Gespräch aktualisieren sich (…) institutionelle Rahmenbedingungen und Machtverhältnisse, Interessen und Handlungsräume der beteiligten Akteurinnen und Akteure" (Gartmeier/Wegner 2017, S. 63). Auf Basis der Studienlage beschreiben die Schulforscher Martin Gartmeier und Lars Wegner einige typische Merkmale von Elterngesprächen, die auf vielleicht nicht alle, aber doch sehr viele Gespräche zutreffen:

- Nach einer kurzen Begrüßung erfolgt meist – ohne Verabredungen einer Agenda – eine Mitteilung der Lehrkraft über die Leistungen und evtl. das Verhalten der betreffenden Schülerin oder des betreffenden Schülers. Die Lehrkraft bezieht sich dabei meist auf vorliegende Unterlagen (Klassenarbeiten, Notenspiegel, Bewertungen usw.), um ihren Aussagen Validität zu verleihen.
- Dadurch erlangen die Aussagen den Charakter einer „Diagnose", ohne dass in der Regel strukturierte Schulleistungsdiagnostikmethoden eingesetzt worden waren. „Diese Phase beinhaltet eine Bestandsaufnahme und Beschreibung der Schülerinnen und Schüler aus der Perspektive der Lehrperson. Die Eltern agieren in dieser Phase passiv und nehmen die von der Lehrperson präsentierten Informationen zur Kenntnis" (ebd. S. 65).
- Ein weiteres typisches Merkmal von Elterngesprächen zeigt sich, wenn Eltern sich gleich zu Beginn durch eine kritische Perspektive auf das Kind

mit den Lehrkräften verbünden wollen. „Darüber könnte man sich wundern, wenn man davon ausgeht, das abwesende Kind müsse in der Sprechstunde optimal vorgeführt werden. Indem die Mutter Kritisches erzählt, präsentiert sie sich aber umso deutlicher als mit schulischen Standards vertraut und diesen zugeneigt. Sie zeigt sich nicht nur am Schulerfolg interessiert, sondern auch als wissend, was dazu nötig ist (ergo, woran es hapert). Sie führt sich damit selbst als kompetente Mutter vor, die beispielsweise auch die Hausaufgaben überwacht und das Kind immer wieder mahnt" (Kotthoff 2012, S. 304).
- Nach der Präsentation der „Diagnose" kommt es in der Regel zu einer Phase intensiveren Austausches. Hier entscheidet sich, ob es zu einem Bündnis zwischen Eltern und Lehrkraft kommt oder zu einem Konflikt. Lehrkräfte streben eher ein Bündnis an, indem sie z. B. direkt und klar Lob aussprechen, während viele Eltern Lob ihres Kindes vermeiden, weil es möglicherweise als „Selbstlob" verstanden werden könnte. Zu einem Konflikt kann das Gespräch ausarten, wenn Eltern sich mit ihrem Kind identifizieren (was eigentlich selbstverständlich sein sollte) und von der Lehrkraft abweichende Meinungen und Einschätzungen vertreten. Dann entwickelt sich das Elterngespräch zum Konfliktgespräch.
- Bennewitz und Wegner (2015) zeigen in der Analyse eines typischen Elterngespräches (unter Beteiligung der betroffenen Schülerin), wie sich das Gespräch zu einem Ringen um Klärung der Verantwortung entwickelt. Im konkreten Fall glich das Gespräch einem „Schwarze-Peter-Spiel", in dem jeder das Problem auf die jeweils andere „Partei" verschob.

> **Auf einen Blick**
>
> Halten wir fest: Die Wichtigkeit und Qualität der Elterngespräche scheinen vor allem von folgenden Faktoren abhängig zu sein (vgl. Hertel 2017, S. 53):
> - Geeignete Räume, gute Ausschilderung für Eltern
> - Vorhandensein eines Beratungskonzeptes der Schule
> - Schulleitung gibt der Elternberatung Beachtung und Bedeutung
> - Kommunikative Kompetenz der Lehrkraft und ihre Zuversicht, gute Gespräche führen und Konflikte bewältigen zu können

Was kann uns die Forschung darüber hinaus über Elterngespräche sagen? Hier soll kurz auf die Themen Häufigkeit und Beratungsschwerpunkte, Beratungsintensität, Elternsprechtag, Typisierung und die internationale Perspektive eingegangen werden. Man muss aber betonen, dass Ergebnisse aus verschiedenen Forschungsprojekten zusammengetragen wurden und diese nicht in allen Punkten kongruent und repräsentativ sind, hier ist sicher noch einiges an Forschungsarbeit zu betreiben:

Häufigkeit der Beteiligung und Beratungsschwerpunkte: Nach den Auswertungen zu PISA 2009 hatten ca. 90 Prozent der Eltern der Jahrgangsstufe 9 im letzten Schuljahr einen Gesprächstermin oder einen Elternabend an der Schule wahrgenommen (vgl. Hertel 2017). „Bezogen auf die individuellen Merkmale der Schülerinnen und Schüler zeigt sich, dass Eltern häufiger an Beratungsgesprächen teilnehmen, wenn ihr Kind leistungsstärker ist, eine Hauptschule besucht oder männlichen Geschlechts (tendenzieller Effekt) ist. (...) Darüber hinaus zeigt sich, dass Eltern aus bildungsfernen Schichten, Eltern mit Migrationshintergrund und Eltern von Kindern mit Teilleistungsstörungen die Beratung durch die Lehrpersonen als wichtiger beurteilen und sich zusätzliche Beratung wünschen" (Hertel 2017, S. 58). Hertel zeigt dabei eine Kluft auf zwischen dem Wunsch nach Beratung und der Tatsache, ob sie zustande kommt. Dies kann unterschiedliche Gründe haben: fehlendes Kooperationsbündnis, mangelndes Selbstvertrauen und Ängste der Eltern, mangelnde Zugänglichkeit der Lehrkräfte und mehr. Hertel erkennt bei Eltern mit Migrationshintergrund zwei spezifische Beratungsbedarfe:

- *mehr* Beratung zu spezifischen Fragen ausländischer Eltern sowie zu sprachlichen Defiziten;
- *weniger* Beratungsbedarf zu Leistungsstand, Motivation, Aufmerksamkeit und Konzentration, Lernschwierigkeiten, Teilleistungsstörungen, Schullaufbahn sowie Förderung des Lernverhaltens.

Insgesamt wünschen sich Eltern ohne Migrationshintergrund oftmals (mehr) Ratschläge und Hilfe von der Lehrkraft, z. B. zum Schulwechsel, zur Versetzung des Kindes, zum Leistungsstand des Kindes, zum Umgang mit Lernschwierigkeiten sowie zu möglichen Hilfestellungen bei den Hausaufgaben (vgl. Hilkenmeier/Buhl 2017, S. 78).

Beratungsintensität: Fast alle Lehrkräfte führen Beratungsgespräche durch. „Drei Viertel der Lehrpersonen führen an einem Elternsprechtag mindestens elf oder mehr Beratungsgespräche mit Eltern. Fast alle Lehrpersonen (99,5 Prozent) führen zudem zusätzlich zum Elternsprechtag Beratungsgespräche mit Eltern. Drei Viertel der befragten Lehrpersonen geben an, in einem Schuljahr bis zu 20 Elterngespräche zusätzlich zum Elternsprechtag zu führen" (Hertel 2017, S. 55). Dabei zeigt sich, dass Lehrpersonen, die Elternberatung als Teil ihrer Aufgabe akzeptieren und darin einen Nutzen für ihre Arbeit erkennen, häufiger Elternberatung zusätzlich zum Elternsprechtag durchführen (vgl. Hertel 2017, S. 56).

Elternsprechtagsgespräche: Elternsprechtagsgespräche sind die am

1.1 Forschungslage zu Elterngesprächen und Elternberatung

weitesten verbreitete Gesprächsform zwischen Eltern und Lehrkräften. Fast jede Schule bietet zweimal im Jahr Elternsprechtage an, zu denen sich Eltern anmelden können. Nahezu alle Lehrkräfte sind gehalten, sich hieran zu beteiligen. Nach einer großen NRW-Studie nehmen ca. 90 Prozent der Eltern regelmäßig, ca. 5 Prozent gelegentlich, 1,6 Prozent selten und 3 Prozent nie an Elternsprechtagen teil (Börner 2010, S. 7). Die Forschungslage hinsichtlich der Beteiligung von Eltern aus niedrigeren und höheren Schichten und der Eltern mit Migrationshintergrund beim Elternsprechtag ist uneinheitlich (vgl. Hilkenmeier/Buhl 2017, S. 77f.). Ebenfalls gibt es unterschiedliche Befunde hinsichtlich der Frage, ob Eltern die Gespräche als hilfreich erleben. Möglicherweise empfinden sie es besonders dann als weniger hilfreich, wenn sie unzufrieden mit dem Leistungsstand ihres Kindes sind. Hilkenmeier und Buhl fassen den weiteren Forschungsstand zur Qualität von Elternsprechtaggesprächen so zusammen:

- Häufig geht es in diesen Gesprächen weniger um die Suche nach Lösungen für Probleme, sondern um ihre Thematisierung und die Zuschreibung der Verantwortung für die Lösung.
- Die Gesprächsanteile sind meist sehr ungleich verteilt, fast immer zu Gunsten der Lehrkraft.
- Dies fällt besonders bei Eltern mit Migrationshintergrund auf, allerdings wünschen diese sich auch häufig Struktur und Vorgaben von Seiten der Lehrkraft.

Typisierung von Beratungsgesprächen: Daniela Sauer, Juniorprofessorin für Beratung im schulischen Kontext an der Universität Bamberg, kristallisiert drei Typen von Gesprächen heraus, die Lehrkräfte im Alltag zu führen haben:

- *„Beratungsgespräche mit Eltern*: Wenn Eltern an Lehrkräfte mit einer Bitte um Rat herantreten, unterstützt die Lehrkraft die Eltern bei der Suche nach Lösungen.
- *Rückmeldegespräche mit Eltern:* Wenn die Lehrkraft Probleme in der Entwicklung des Kindes (im Leistungs- oder Verhaltensbereich) wahrnimmt, lädt sie die Eltern bzw. das Elternteil zu einem Gespräch ein, um diesen bzw. diesem eine Rückmeldung zu geben.
- *Konflikt-/Beschwerdegespräche mit Eltern:* Wenn Eltern mit Vorwürfen oder Beschwerden an die Lehrkraft herantreten, kommt es zu diesem Typus von Gesprächen (vgl. Sauer 2017, S. 103).

Man muss aus Sicht der Praxis jedoch bedenken, dass sich diese unterschiedlichen Gesprächstypen häufig mischen und ineinander übergehen können. Doch ist die Struktur ausgesprochen hilfreich, um unterschiedliche Gesprächssituationen mit den notwendigen Kompetenzen zu identifizieren. Die Typisierung zeigt gleichzeitg anschaulich auf, wie hoch die reflexiven Anforderungen an die Fachkräfte in jedem einzelnen Gespräch sind.

Die internationale Perspektive – die Entwicklung im Fokus: Die Schulforscherinnen Susanne Frank und Anne Sliwka betonen mit Verweis auf das Entwicklungsmodell Bronfenbrenners (vgl. Band 1: Kap. 1.2.1) die Notwendigkeit einer kontinuierlichen Kommunikation zwischen Schule und Elternhaus: „Wenn dieser Dialog von ausgesprochenen oder unterschwelligen Vorwürfen zwischen Lehrkräften und Eltern befreit ist und nicht von der Last einer möglichen »Abschulung« bedroht wird, kann er – neutralisiert und versachlicht – dem Weg eines Kindes hin zu mehr Selbstregulation im Lernen den so wichtigen Rückenwind bieten" (Frank/Sliwka 2017, S. 40). In der internationalen Forschung (vgl. z. B. U.S. Department of Education 2007) werden mehrere Schritte bzw. Stufen der Zusammenarbeit unterschieden:

- *informing:* Eltern werden durch die Schule bei Bedarf informiert.
- *involving:* Eltern werden in die schulischen Belange einbezogen.
- *engaging:* Es geht um die gemeinsame Erarbeitung von Entwicklungszielen und der kontinuierliche Austausch bei ihrer Umsetzung.
- *leading:* Es geht um die gemeinsame Gestaltung des Entwicklungsprozesses auf Augenhöhe.

Während in Deutschland der Schwerpunkt der Zusammenarbeit meistens auf den ersten beiden Ebenen liegt, zeigen internationale Ansätze, wie sich die Zusammenarbeit auf der dritten und vierten Ebene gestalten lässt. Das bedeutet, dass nicht mehr so sehr die Bewertung durch Noten („summative Bewertung") im Vordergrund steht – und zwar deswegen, weil sie wenig entwicklungsrelevante Informationen enthält –, sondern die „formative Bewertung", in der der Entwicklungsprozess durch konkrete Entwicklungsziele detailliert und konkret beschrieben wird, Entwicklungsfortschritte dokumentiert und rückgemeldet werden. Damit steht die Stärkung der Eigenverantwortung der Schüler für ihren Lernprozess im Vordergrund. Lehrkräfte und Eltern sehen sich dabei eher als Begleitende dieser Entwicklung. Eine solche Vorgehensweise entspricht ziemlich genau dem, was wir in Deutschland mit „Bildungs- und Erziehungspartnerschaft" bezeichnen und anstreben.

Insgesamt zeigt sich, dass insbesondere unter Berücksichtigung der internationalen Perspektive eine gute Kommunikation zwischen Eltern und Fachkräften unter Einbeziehung der Schülerinnen und Schüler eine tragfähige Basis für eine gelingende Entwicklung darstellt.

> **Auf einen Blick**
>
> Zusammenfassend lässt sich feststellen: Beratungsgespräche zwischen Eltern und Fachkräften sind in den unterschiedlichen Formen weit verbreitet. Damit sie einen wirkungsvollen Beitrag zur Entwicklung von Kindern und Jugendlichen leisten können, müssen die Rahmenbedingungen stimmen und die Kompetenzen der Fachkräfte gegeben sein. Zu den Rahmenbedingungen gehören insbesondere:
> - Ausreichend Zeit und geeignete Räume für Gespräche sind vorhanden.
> - Die Schule hat ein Konzept zur Gesprächsführung und Beratung.
> - Die Schulleitung, aber auch die Fachkräfte selbst haben eine positive Haltung zu Elterngesprächen.
> - Die Fachkräfte sind kompetent in der Gesprächsführung.

1.2 Kommunikative Anforderungen im schulischen Alltag

Neben den oben genannten grundsätzlichen Anforderungen an Professionalität ergeben sich aus den konkreten Aufgaben und Gesprächsanlässen viele weitere Herausforderungen.

Die folgende Tabelle zeigt die Anforderungen an professionelle Kommunikation in den verschiedenen Arbeitsbereichen und den damit verbundenen Qualifizierungsbedarf:

Gespräche mit Eltern, Kindern und Jugendlichen	
Bereiche	**Herausforderungen (z. B.)**
Kontakt- und Kontraktgespräche	• Kontakt herstellen und Beziehung aufbauen (zu Eltern unterschiedlicher Lebenswelten) für eine gute Zusammenarbeit am Anfang eines Bildungsabschnittes bzw. zu Beginn eines Beratungsprozesses. • Die gegenseitigen Erwartungen klären und eine praxisnahe Vereinbarung über die weitere Zusammenarbeit erarbeiten. • Die Balance behalten zwischen den Erwartungen der Schule und denen der Eltern. • Absprachen über die Durchführung gemeinsamer Entwicklungsgespräche als zentrales Instrument der Bildungs- und Erziehungspartnerschaft treffen.

1 Forschungslage und kommunikative Anforderungen

Entwicklungs-gespräche	• Den Eltern Feedback zum Entwicklungsstand des Kindes geben. • Raum für die Perspektive der Eltern und deren Fragen zur Entwicklung geben, zur aktiven Mitwirkung einladen, Eltern als Experten für ihr Kind ernstnehmen. • Bei unterschiedlichen Einschätzungen des Entwicklungsstandes eine Verständigung erarbeiten. • Konflikte bewältigen, die aus den unterschiedlichen Sichtweisen entstehen. • „Widerstand" im Kontext schwieriger Themen abbauen. • Gemeinsame Ziele der individuellen Förderung der Kinder erarbeiten. • Absprachen über arbeitsteilige Förderung treffen. • Absprachen nach dem vereinbarten Zeitraum überprüfen.

Beratung der Eltern im Übergang zum nächsten Bildungs-abschnitt	• Zusätzlich zu den vorgenannten Punkten:
	  – Den möglicherweise auftretenden Konflikt zwischen Vorstellungen/Einschätzungen der Eltern und der Fachkraft/Lehrkraft konstruktiv lösen.
	  – Ängste und Unsicherheiten der Eltern wahrnehmen, Raum für Thematisierung und hilfreiche Unterstützung geben, ermutigen.
	  – Mögliche hilfreiche Beratung, ggf. Diagnostik anbahnen.

Anlassbezogene Problemlösungs-gespräche und Konfliktgespräche	• Anliegen kann von den Eltern oder der Fachkraft kommen. • Gegenseitige Anliegen klären. • Klarheit in Rollen und Themen bewahren/entwickeln. • Konflikte konstruktiv lösen.
Elternberatung zur Unterstützung der familiären Entwicklungs-förderung	• Eltern in Erziehungs- und Entwicklungsfragen beraten. • Gemeinsame Betroffenheit auf der Zielebene (alle wollen, dass das Kind sich gut entwickelt) bei möglicherweise gravierenden Differenzen, wenn es um Aufgaben, Verantwortlichkeiten und die Wege zur Zielerreichung geht: Konsens über die Ziele und Aufgabenteilung erarbeiten. • Abgrenzungsfragen: Was ist die jeweilige Verantwortung, wo hört sie auf? • Bei Bedarf professionelle Erziehungsberatung einleiten, ggf. weitere notwendige Hilfen anbahnen.
Gespräche im Kontext Kinder-schutz	• Vermutete Gefährdung des Kindeswohls ansprechen. • Mit Eskalationen auf der Beziehungsebene professionell umgehen. • Gefährdungen aufklären, möglicherweise aufdecken; Fakten und Abläufe sachgerecht dokumentieren. • Hilfen anbahnen. • Übergänge zum Jugendamt/Familiengericht sachgerecht und konstruktiv gestalten.

Informelle Gespräche	• Neben den offiziell vereinbarten Gesprächsanlässen gibt es in einer lebendigen Schule auch eine Vielzahl informeller Gesprächsanlässe; sei es die Begegnung beim Schulfest, am Morgen beim Ankommen, ein spontanes Telefonat bei einer aktuellen Frage, beim Engagement der Eltern in der Schule. Auch diese Gesprächsanlässe bedürfen einer eigenen Professionalität:
	  – situative Klärung: worüber können wir heute und hier reden?
	  – Abgrenzung und Vertagung bei schwierigen Themen.
	  – situativ Impulse und Anregungen für die Eltern vermitteln.
	  – Raum für wertschätzende Rückmeldungen und kurze Feedbacks nutzen.

Tab. 1: Kommunikative Anforderungen im schulischen Alltag

Während sich der bisherige wissenschaftliche Diskurs sehr eng an einem traditionellen Verständnis der Lehrkraft-Rolle orientierte, steht eine gelebte Bildungs- und Erziehungspartnerschaft vor komplexeren Anforderungen, wie nicht zuletzt Tab. 1 zeigt. Eine besondere Bedeutung kommt hier dem Aufbau von Verbindlichkeit und Vertrauen in der Zusammenarbeit zu; vor allem zu Beginn des jeweiligen Bildungsabschnittes – und möglicherweise muss eine Lehrkraft aktiv werden, wenn eine Kindeswohlgefährdung erkennbar ist. Nicht zuletzt ist eine hohe Flexibilität in der jeweiligen Rolle, Thematik und Gesprächssituation erforderlich.

2 Schulbezogene Beratungsausbildungskonzepte

„Coaching bedeutet, andere Menschen zu unterstützen, die Situation aus einer neuen Perspektive zu sehen und selbst neue Lösungen zu finden."

(König/Volmer, Systemisches Coaching. S. 16)

In den vergangenen Jahren sind schulspezifische Ausbildungskonzepte zur Beratungskompetenz und Gesprächsführung für Lehrkräfte und weitere schulische Akteure entwickelt worden. Auch Coaching gehört dazu. Coaching und Beratung orientieren sich an einem Menschenbild, das auf Stärkung vorhandener Ressourcen ausgerichtet ist. Das heißt, dem Menschen wird zugetraut, über alle Ressourcen zur Veränderung selbst zu verfügen. Ihnen wird die Freiheit gelassen, eigene Schlussfolgerungen aus Beratungsgesprächen zu ziehen und eigene Wege zu gehen. Diese Haltungaspekte die Rahmenbedingungen für ein Coaching und drücken sich als Werteorientierung wiederum in der Haltung des Coachs gegenüber seinem Coachee aus. In diesem Kapitel werden einige Konzepte vorgestellt.

2.1 Forschungsprojekt zur Förderung der Beratungskompetenz von Lehrkräften

Silke Hertel, Professorin an der Universität Heidelberg mit dem Schwerpunkt „Personale Kompetenzen im schulischen Kontext", hat im Rahmen eines Forschungsprojektes (Hertel 2009) ein Seminar zur Schulung der Beratungskompetenz entwickelt, erprobt und evaluiert. Sie erkannte fünf Kompetenzbereiche für die Beratungsarbeit:

1. *Personale Ressourcen,* zu denen die Selbstreflexion, die Beachtung der eigenen Gefühle sowie die Beobachtung des Vorgehens während der Beratung zählen;
2. *Kooperation und Perspektivenübernahme,* mit dem Fokus auf eine kooperative Grundhaltung und die Beachtung der Gefühle des Gesprächspartners;
3. *Berater-Skills, Diagnostizieren und Pädagogisches Wissen* als inhaltlich umfangreichste Kompetenzdimension, die die Diagnostische Kompetenz, die Gesprächskompetenz sowie das Wissen über Lern- und Unterstützungsstrategien umfasst;
4. *Prozessstrukturierung,* zu der die Orientierung an Zielen und Ressourcen sowie die adaptive Anpassung der Beratungsstrategien an den Gesprächsverlauf zählen; und

5. die Bewältigung, die den Umgang mit schwierigen Gesprächssituationen sowie mit Kritik von Eltern und die Meta-Kommunikation umfasst" (Hertel 2017, S. 54).

In einer ersten Erprobungsphase ihrer eigenen Fortbildungsansätze konnte die Wissenschaftlerin Silke Hertel zeigen, „dass sich ein Seminar über ein Semester bzw. eine kurze Fortbildung von vier Einheiten dazu eignen, die Beratungskompetenz der Teilnehmerinnen und Teilnehmer statistisch bedeutsam zu verbessern" (Hertel 2017, S. 56). In der Evaluation zeigte sich, dass das Beratungsseminar ähnlich wirksam war wie ein Seminar zu allgemeinen Kommunikationskompetenzen. „Für das Beratungswissen zeigt sich, dass das Beratungskompetenzseminar mit einem höheren Zuwachs an Wissen im Bereich der Beratung einhergeht als das Kommunikationsseminar" (Hertel 2017, S. 57).

Hier ist positiv anzumerken, dass ein derartiges praxisgerechtes Modell erprobt und evaluiert wurde. Allerdings reicht für die Praxis ein größeres Wissen nur bedingt aus, weil professionelle Kompetenz die Fähigkeit bedeutet, das Wissen situationsgerecht in professionelles Handeln umzusetzen.

2.2 Das Gmünder Modell zur Gesprächsführung mit Eltern

An der Pädagogischen Hochschule Schwäbisch Gmünd wurde 2004 das Gmünder Modell zur Gesprächsführung (GMG) entwickelt. Das Modell ist auf mehreren verschiedenen Ebenen evaluiert worden (Aich/Kuboth/Behr 2017). Es wird mittlerweile – an den Staatlichen Schulämtern des Landes Baden-Württemberg angesiedelt – für Lehrkräfte der Primarstufe angeboten. Wer sich dafür interessiert, kann sich von den Autoren des Modells als Multiplikator bzw. als Multiplikatorin ausbilden lassen und wird im Einsatz begleitet.

Im Zuge eines anspruchsvollen Evaluationskonzeptes standen jedoch nicht nur die ausgebildeten Multiplikatorinnen und Multiplikatoren im Fokus. Vielmehr wurde erfasst, ob sich die Wirkungen des Programms in einer verbesserten Kompetenz bei den derart ausgebildeten Lehrkräften zeigen würden.

Zu den Ergebnissen ist zu sagen: Die Projektevaluation zeigte sehr positive Ergebnisse aus der Perspektive der Multiplikatoren. Die Evaluation der „Endverbraucher" – das sind die durch die Multiplikatoren geschulten Fachkräfte aus den Schulen – stand zum Zeitpunkt der Veröffentlichung (Herbst 2021) noch aus.

Module	Ziele		
	Wahrnehmungsebene	Interventionsebene	Meta-Ebene des Gesprächs
Modul 1: Die richtige Grundeinstellung als Garant für gelungene Gesprächsführung.	Erkennen der eigenen und der Grundpositionen des Gegenübers.	Justierung der Grundpositionen durch Interventionen.	Metakommunikation über die Grundpositionen betreiben können.
Modul 2: Die Kernbedingungen nach Rogers: • Empathie, • Bedingung freie Wertschätzung, • Authentizität.	Eigenes Erleben von Gefühlen, Motiven, Gedanken; Identifizierung von Gefühlen, Gedanken bei der Elternperson.	Wertschätzung, Authentizität und Empathie kommunizieren können.	Emotionale und motivationale Klärung; Problemdiagnose und Problementfaltung betreiben können; gegenseitiges Verständnis von Gefühlen und Motiven.
Modul 3: Die Ich-Zustände als Landkarte der Gesprächsführung. Kommunikationsprozesse besser verstehen.	Identifizierung der Ich-Zustände.	Justierung der Ich-Zustände durch Interventionen, Ansprechen des Erwachsenen-Ichs durch W-Fragen und systemisch lösungsorientierte Interventionen.	Metakommunikation über die Ich-Zustände betreiben können.
Modul 4: Wann gelingt Kommunikation und wann scheitert sie? Kommunikationsregeln der Transaktionsanalyse.	Kommunikationsstrategien, wie z. B. verdeckte Kommunikationsversuche, tangentiale Strategien erkennen können.	Bewusstes Intervenieren bei unproduktiven Gesprächsverläufen, nicht abwertende Offenlegung von verdeckter Kommunikation.	Gegenseitiges Verständnis über den Gesprächsverlauf er feststellen können.
Modul 5: Umgang mit Beratungsresistenz und Problemblindheit.	Abwertung von Problemen taxonomieren können.	Abwertungen des Problems konfrontieren können.	Gemeinsame Sichtweise auf das Problem herstellen können und Entwicklung eines gemeinsamen Lösungsweges vorantreiben.
Modul 6: Unproduktive Gesprächsmuster – Spiele erkennen und beenden.	Spiele erkennen können; Gefühle und Motive hinter den Spielen hypothetisieren können.	Ausstiegsstrategien aus Spielen durchführen können.	Meta-Kommunikation über das Spiel betreiben; offenes Ansprechen der Bedürfnisse; Suchen von gemeinsamen Spielausstiegen.

Tab. 2: Struktur und modulbezogene Ziele des GMG mit Eltern (Aich u. a. 2017, S. 115)

Das in diesem Ausbildungskonzept enthaltene Modell der Gesprächsführung basiert auf systemischen Elementen (s. Kap.3.3), auf Ansätzen der personzentrierten Gesprächspsychotherapie nach Carl Rogers (s. Kap. 3.2) und auf der Transaktionsanalyse, die der Psychiater Eric Berne Mitte des 20. Jahrhunderts entwickelt hat (vgl. dazu Berne 2005). Die Transaktionsanalyse bezieht sich auf die verschiedenen Anteile der verbalen und nonverbalen Kommunikation und analysiert sie auf der Ebene der kleinsten Botschaften, die gesendet werden (Transaktionen). Durch ihre Aufklärung und Analyse soll die Kommunikation verbessert werden. Es gibt gewisse Ähnlichkeiten mit dem „Vier-Ohren-Modell" von Schulz von Thun, ist jedoch wesentlich komplexer angelegt.

Bei der didaktischen Umsetzung des Trainings verschränken sich theoretische und praktische Elemente miteinander. Theorie-Inputs wechseln mit individuellen Lernphasen, in denen die Teilnehmenden neue Gesprächsstrategien erproben können. Der Lernprozess erfolgt durch Rollenspiele oder andere Erfahrungsübungen. In der Gesamtgruppe werden Möglichkeiten und Grenzen des jeweiligen Lerninhalts erörtert.

2.3 Systemisches Coaching in der Lehrerbildung

Das Ministerium für Schule und Weiterbildung NRW wollte Ende der 2010er Jahre die zweite Phase der Lehrerbildung weiterentwickeln und entschied sich 2011 in einem Auswahlverfahren für ein systemisches Coachingkonzept. Die maßgeschneiderte Konzeption auf der Basis des systemischen Coachings (König 2012) umfasst ca. 160 Ausbildungsstunden und ist auf die Bedürfnisse der bereits beratungserfahrenen Ausbildenden an den Zentren für schulpraktische Lehrerausbildung abgestimmt. Nach einem Testlauf mit einer Pilotgruppe aus 25 Lehrerausbildenden mit Coachingerfahrung startete die groß angelegte Qualifizierungsmaßnahme im Herbst 2011. Insgesamt 800 Ausbildende wurden geschult, über die Evaluation wurden 4.000 Auszubildende erfasst, die davon profitierten. Das Konzept ist durch folgende Merkmale gekennzeichnet:
- „Coaching wird als strukturierter Prozess in Anlehnung an das GROW-Modell von Whitmore verstanden, was die Anwendung und Vermittlung dieses Konzeptes erleichtert und sowohl Ausbildern als auch Lehramtsanwärtern eine klare Struktur bietet.
- Coaching wird verstanden als Komplementärberatung, bei der die Klienten unterstützt werden, selbst neue Perspektiven und Lösungen zu entwickeln, bei der andererseits aber auch Ausbilder ihre Erfahrungen und ihre Anregungen einbringen können.

- Mit Blick auf die Themen liegt das inhaltliche Schwergewicht darauf, die Rolle der Auszubildenden in Bezug auf unterschiedliche soziale Systeme zu klären, eine Vision für die zukünftige Tätigkeit als Lehrer zu entwickeln, neue Perspektiven und bessere Coping-Strategien zu entwickeln, mit sich selbst verantwortlich umzugehen" (König u. a. 2014, S. 25).

Bei dem Coachingkonzept von König handelt es sich um ein sehr pragmatisch praxisorientiertes Coachingkonzept, das systemische Elemente nutzt, aber auf theoretische Hintergründe verzichtet. Spannend sind hier vor allem zwei Aspekte:

1. Das GROW-Modell von Whitmore (Whitmore 2009) schafft für die Coachingsituation eine konkrete Ablaufstruktur, die folgende Arbeitsschritte beinhaltet:

Goal setting: Zunächst werden die Ziele erarbeitet, die mit dem Coaching erreicht werden sollen.
Reality checking: Dann wird jene Realität genauer untersucht, die verhindert werden soll.
Options: Dann werden unterschiedliche Optionen gesucht und geprüft.
What, When, Who, Will: Im letzten Schritt werden die Ziele in einen Arbeitsplan umgesetzt, der die Verantwortlichkeiten klärt, Meilensteine definiert, Beteiligte einbezieht; und es wird noch einmal die Motivation überprüft („will").

2. König bringt hier den Begriff der Komplementärberatung ins Spiel. Dahinter steht die Überlegung, dass eine reine Prozessberatung, in der der Beratende sich nur auf die Gestaltung des Beratungsprozesses fokussiert, während der Klient für die Inhalte verantwortlich ist, in der Praxis seiner Zielgruppe nicht ausreichend ist. Ausbildende in der Lehrerbildung sind keine neutral Beratenden, die mit den Inhalten der Beratung nichts zu tun haben. Vielmehr sind sie auch Expertinnen und Experten für den Lerngegenstand, den die Lehramtsanwärter zu erarbeiten haben. Insofern übernehmen sie situativ auch die Aufgabe der Expertenberatung. Komplementärberatung bedeutet, diese beiden Anteile gut und organisch zu mischen.

Praxis-Tipp

Die Coachingausbildung wird mittlerweile nachhaltig umgesetzt unter dem Titel „POB-C: personenorientierte Beratung mit Coachingelementen". Aktuelle Infos sind online zu finden: https://seminarwiki.zfsl.nrw.de/pmwiki.php/POB-C/Start. Eine Evaluation liegt vor (Krächter 2018).

2.4 MOVE – Motivierende Gesprächsführung in Elterngesprächen

In den Jahren 2007 und 2008 wurde von der Ginko-Stiftung für Prävention ein Konzept für schulische Fachkräfte zur motivierenden Gesprächsführung mit Eltern entwickelt und erprobt. Unter Leitung von Prof. Dr. Klaus Hurrelmann wurde dieses Projekt an der Fakultät für Erziehungswissenschaften der Universität Bielefeld wissenschaftlich evaluiert (Horstkötter/Marzinzik 2009; www.ginko-stiftung.de). Die Stiftung beschreibt MOVE so:

> „'Schul-MOVE-Eltern' ist ein Fortbildungsangebot in Gesprächsführung für Lehrer und Schulsozialarbeiter bzw. -pädagogen, das auf Gesprächsstrategien der Suchtprävention – der motivierenden Gesprächsführung nach Miller und Rollnick [s. Kap. 3.4, d. Red.] – basiert. Das übergeordnete Ziel des Projekts besteht darin, ein niedrigschwelliges Beratungsangebot für Eltern im Setting Schule zur Verfügung zu stellen und die Kooperation verschiedener Berufsgruppen (Lehrer, Schulsozialarbeiter, Fachkräfte für Suchtprävention, Jugendhilfe) zu stärken" (Ginko Stiftung für Prävention, o.J., S. 2).

Zuvor war dieser Ansatz schon für drogenpräventive Gespräche mit Jugendlichen erprobt und von der Bundeszentrale für gesundheitliche Aufklärung evaluiert worden (Marzinzik/Fiedler 2005).

Die MOVE-Kurse werden in dreitägigen Fortbildungen vermittelt. Ziele dieser Fortbildungen sind:
- „Eltern in ihrer jeweiligen Lebenswelt zu sehen und zu verstehen und – gerade dadurch – überhaupt zu erreichen.
- Eltern in der Reflexion von Erziehungsfragen anzuregen und zu unterstützen.
- Eltern ggfs. zur Aufnahme weiterführender Angebote (Elterngruppenangebote, Erziehungsberatung etc.) zu motivieren" (Ginko-Stiftung für Prävention, o.J., S. 2)."

Die Inhalte der Schulungen sind:
- „Eine Einführung in Grundregeln motivierender Gesprächsführung.
- Übungen zur Gestaltung von schwierigen Gesprächssituationen.
- Hilfen zum Einstieg ins Gespräch und zur Formulierung realistischer nächster Schritte.
- Perspektiven für eine vertiefte und entlastende Kooperation mit SchulsozialarbeiterInnen und anderen beteiligten Berufsgruppen." (ebd.)

MOVE wird heute durch ausgebildete Fachkräfte der Suchthilfe regional verordnet umgesetzt. (Kontaktdaten s. am Ende des Buches.)

3 Fachliche Grundlagen der Gesprächsführung und Beratung

Der bisherige Überblick über Konzepte für den Gesprächsführungs- und Beratungsalltag in Schulen zeigt, dass sie auf wenigen gemeinsamen Grundlagen basieren:
- auf den Grundlagen therapeutischer Gesprächsführung, die von Carl Rogers geprägt wurde und vor allem in der Motivierenden Gesprächsführung weiterentwickelt wurde,
- auf systemischen Konzepten und
- auf kommunikationstheoretischen Bausteinen von Watzlawick bis Schulz von Thun.

Im Einzelfall kommen weitere Ansätze dazu, die von einzelnen Programmentwicklern geschätzt werden (z. B. die Transaktionsanalyse im Gmündener Modell zur Gesprächsführung; Kontaktdaten s. am Ende des Buches).

In den folgenden Kapiteln werden die Konzepte im Schnittstellenbereich intensiver vorgestellt. Diese Auswahl deckt sich mit meinen persönlichen Weiterbildungsentscheidungen. Meine Beratungskompetenz habe ich zunächst am Institut für systemische Ausbildung und Entwicklung, IF Weinheim, erworben. Durch die Qualifizierung zum *„Systemischen Berater"* hatte ich danach in der Arbeit mit Kindern, Jugendlichen und Eltern zum ersten Mal das Gefühl, bei Gesprächen nicht nur im Nebel zu stochern. Ich bemerkte, dass ich jetzt konkrete Optionen besaß und meistens wusste, warum ich etwas tat; auch wenn nicht immer alles gelang. In den vergangenen zehn Jahren, nachdem ich MOVE bei der Ginko-Stiftung für Prävention kennengelernt hatte, erweiterte ich meine Kompetenzen im Bereich der *Motivierenden Gesprächsführung* bei der GK Quest Akademie in Heidelberg. Die beiden Beratungskonzepte möchte ich als Grundlagen für die weiteren Überlegungen dieses Buches skizzieren.

3.1 Die Entstehung moderner Beratungsmethoden

Ihre Wurzeln haben die genannten Konzepte, aber auch viele andere Schulrichtungen, in der Entstehung der Psychotherapie im vorletzten Jahrhundert (vgl. dazu ausführlich Wandhoff 2016, Lütz 2009, S. 56ff.). Ausgehend von der Psychoanalyse Sigmund Freuds gab es eine vielfältige Entwicklung und Entfaltung unterschiedlicher Vorstellungen darüber, was den

Menschen ausmacht und wie ihm zu helfen ist. Ursprünglich unter dem Leitbild der psychischen Erkrankung und ihrer Heilung wechselte diese Haltung in der Mitte des letzten Jahrhunderts – insbesondere unter dem Paradigma der humanistischen Psychologie – zu der Idee der Selbstverwirklichung aller Menschen. Professionelle Gespräche fanden nicht mehr ausschließlich statt, um Krankheiten zu heilen, sondern um Lebensprobleme zu bewältigen und die Entwicklungspotentiale der beratenen Menschen zu entfalten. Die Entstehung dieser positiven Psychologie war vor allem geprägt durch den Psychologen Abraham Maslow und drückte sich in besonderer Weise in seiner Bedürfnispyramide aus: Neben den körperlichen Grundbedürfnissen, den Sicherheitsbedürfnissen, den sozialen Bedürfnissen und individuellen Bedürfnissen steht in der Spitze dieser Pyramide das Bedürfnis nach Selbstverwirklichung. Dieses Verständnis löste einen hohen Bedarf an professioneller Beratung und Begleitung aus, zumal die klassischen Lebensbewältigungsstrategien, wie sie z. B. die Religionen boten, auf dem Rückmarsch waren. So entstanden auch in Deutschland in den siebziger und achtziger Jahren eine Vielzahl individueller und gruppenbezogener Therapie- und Beratungsansätze. Es scheint heute in bestimmten soziokulturellen Milieus zum modernen Lebensgefühl zu gehören, einen eigenen Therapeuten zu haben; Beratung und Therapie werden zum Gegenstand trivialer und populärer Literatur und Medien (vgl. z. B. Reckwitz 2019, S. 204).

Neben den diversen therapeutischen und beratenden Konzepten gewannen auch Impulse aus der Kommunikationspsychologie Eingang in den allgemeinen Sprachgebrauch. Die Kommunikationsaxiome des Psychologen Paul Watzlawick (z. B. „Jede Kommunikation hat einen Inhalts- und Beziehungsaspekt" und seine prägnanten Sprüche („Jeder meint, dass seine Wirklichkeit die wirkliche Wirklichkeit ist"; „Wenn du als Werkzeug einen Hammer hast, betrachtest du jedes Problem als Nagel"[2]) sowie sein populärer Ratgeber „Anleitung zum Unglücklichsein" haben Eingang in das populärpsychologische und populärpädagogische Denken gefunden. Hinzu kamen in den letzten Jahrzehnten die kommunikationspsychologischen Impulse der Psychologen Friedemann Schulz von Thun und Christoph Thomann, die auf Watzlawick aufbauend populäre Kommunikations-Modelle wie das „Vier-Ohren-Modell" (www.schulz-von-thun.de/die-modelle/das-kommunikationsquadrat) oder das „Innere Team" (www.inneres-team.de) oder das Riemann-Thomann-Modell (www.schulz-von-thun.de/die-modelle/das-riemann-thomann-modell) entwickelten.

Während in den verschiedenen Qualifizierungen tendenziell auf eine einzel-

---

2 Der zweite Spruch wird Watzlawick zugeordnet, das ist allerdings nicht gesichert.

ne Beratungs- und Therapieschule gebaut wird, mischen sich im Beratungsalltag der allermeisten professionellen Beraterinnen und Berater die unterschiedlichen Methoden und Ansätze und auch in praxisnahen Fort- und Weiterbildungen für Beratung und Gesprächsführung.

3.2 Personzentrierte Psychotherapie nach Carl Rogers

Carl Rogers hatte als klinischer Psychologe in den 1940er Jahren mit delinquenten und unterprivilegierten Kindern gearbeitet. Er stellte dabei immer mehr fest, „dass der Klient derjenige ist, der weiß, wo der Schuh drückt, welche Richtung einzuschlagen [ist], welche Probleme entscheidend, welche Erfahrungen tief begraben gewesen sind" (Rogers 1973, S. 27f.) Er löste sich von dem damals noch sehr mächtigen „dynamischen" Therapiemodell der Psychoanalyse Sigmund Freuds, das auf Annahmen über seelische Dynamiken zwischen den verschiedenen Trieben, dem Bewussten und Unbewussten und den Persönlichkeitsanteilen „Es", „Überich" und „Ich" beruhte. Er entwickelte einen Ansatz der Gesprächspsychotherapie, der durch die beiden Merkmale „personzentriert" und „nicht-direktiv" zu charakterisieren ist. Ausgehend von seinem positiven Menschenbild („Der Mensch ist gut") betonte er, dass Beraterinnen und Berater diese Annahme als grundlegende Hypothese in jeglichen Kommunikationsprozess einfließen lassen sollten, wobei es am Ende nicht beweisbar sei, ob dies in jedem Einzelfall gültig sei. Insofern sei jeder Gesprächsprozess eine erneute Überprüfung dieser Hypothese (vgl. Rogers 1972, S. 37). „Als heilendes und Veränderungen stiftendes Agens gelten bestimmte grundlegende Haltungen und Verhaltensweisen, mit denen die TherapeutIn der KlientIn entgegentritt, d. h. ihr begegnet. Sie schafft damit ein heilendes Klima" (Bundschuh-Müller 2004, S. 408). Diese Haltung ist geprägt durch Empathie, Wertschätzung und Kongruenz, die von Rogers als notwendige und gleichzeitig hinreichende Bedingungen gelingender Therapie seitens des Therapeuten bezeichnet wurden. Rogers war mit seiner Arbeit einer der prägenden Köpfe der humanistischen Psychologie und hat die nachfolgenden Konzepte maßgeblich beeinflusst.

3.3 Haltung und Methoden der systemischen Beratung und des systemischen Coachings

Die systemische Beratung und später das systemische Coaching entstanden als Ableger der systemischen Therapie, weil diese sich mit ihren Arbeitsweisen und Methoden für die Klärung aller möglichen Fragestellungen anbot; so werden heute systemische Arbeitsweisen in der Familienberatung, in der Organisationsentwicklung oder im Führungskräftecoaching eingesetzt. Unter 2.3 wurde beschrieben, wie systemisches Coaching in der Lehrerausbildung eingesetzt werden kann. Systemisches, konstruktivistisches Denken und Handeln wurde in den letzten Jahrzehnten nicht nur in Beratung und Coaching, sondern auch für Unterricht und Schule insgesamt übernommen (vgl. z. B. Siebert 2005, Arnold 2017b). Fachkräfte, die an systemischen Weiterbildungen teilgenommen haben, bringen die Haltung und die Methoden in die Schule, und sie profitieren davon.

3.3.1 Herkunft und Grundlagen

Die systemische Landschaft ist durch eine große Vielfalt unterschiedlicher Schulen und Methoden gekennzeichnet, (vgl. von Schlippe/Schweitzer 2002). Ursprünge liegen in der Familientherapie Virginia Satirs und in anderen familientherapeutischen Schulen. Die praxisrelevante Erkenntnis, dass zwischenmenschliche Probleme ihre Wurzeln nicht allein in einer Person haben, lenkte den Blick auf die Bezüge des Individuums zu anderen Menschen und seiner gesamten Umwelt. Die Lernstörung eines Kindes ist aus dieser Perspektive nicht vorrangig der individuellen Veranlagung entsprungen, sondern seine Fähigkeit zu lernen hängt mit der Beziehungsfähigkeit der Lehrkraft und ihrer Arbeitsweise, mit der Situation in der Klasse und auch mit der familiären Umgebung und den Beziehungen zu den Eltern zusammen. In diesem Verständnis „hat" das Kind keine Lernstörung, sondern das Kind lernt unter manchen Bedingungen (Situationen, Zeitpunkten, im Kontakt mit bestimmten Personen etc.) besser und in manchen Bezügen schlechter.

Die Systemische Beratung basiert daneben auf theoretischen Erkenntnissen u. a. der Systemtheorie, der Kybernetik und des Konstruktivismus. In diesem Verständnis sind „Menschen selbstorganisierende Systeme (…), die Reize gemäß ihrer eigenen individuellen Struktur verarbeiten (…): Wichtigstes Fazit ist, dass jede Erkenntnis und Wahrnehmung durch individuelle psychophysiologische Prozesse konstruiert wird und dann durch Kommunikation und Verhaltenskoordination intersubjektiv im sozialen Geschehen mit anderen Menschen abgeglichen wird" (Hänsel 2014: 5f.). Menschen reagieren aufeinander also nicht (mono)kausal (= wenn das passiert, reagiere ich immer so und so), sondern die Wahrnehmung einer Situation und der Handlung anderer Menschen ist bereits individuell geprägt; erst recht ihre Interpretation, die emotionale Reaktion und die daraus resultierende (Re)Aktion. Diese Prozesse laufen nicht stereotyp ab, sondern werden in jeder Situation neu aktualisiert, interpretiert und unterliegen damit der Möglichkeit der Veränderung.

3.3.2 Die systemische Haltung

Der systemische Therapeut Manuel Barthelmess („Die systemische Haltung", 2016, stellvertretend für viele) konkretisiert die systemische Haltung in vier Bereichen:

1. *Die Haltung des Nichtwissens:* Hinter diesem Aspekt steht die systemtheoretische Grunderkenntnis, dass Systeme (also auch Menschen) ihrer eigenen inneren Logik folgen und dass sie in Wechselwirkungen mit anderen Systemen interagieren. Diese Logik ist aus der Perspektive anderer Systeme prinzipiell nicht verstehbar und schon gar nicht veränderbar. Barthelmess betont, „dass eine Berater-Hybris im Sinne eines ‚Ich weiß es besser als du' aus konstruktivistischer Sicht nicht zu halten ist. Ein Besserwissen des Beraters verhindert geradezu, dass das Adressatensystem selbst für sich neues Wissen entwickeln kann" (Barthelmess 2016: 89). Die Haltung des Nichtwissens impliziert also, die Wirklichkeitskonstruktionen des Adressaten infrage zu stellen, denn dessen Probleme basieren oft auf dem, was er selbst zu wissen glaubt, seinen Annahmen über die Wirklichkeit und nicht zuletzt auch in seinem gefestigten Selbstbild. Deren Irritation bzw. „Verstörung" kann zu neuen Erfahrungen und zu einer Selbst-Reorganisation auf höherer Ebene führen.

2. *Die Haltung des Nichtverstehens:* Barthelmess stellt dementsprechend ein naives Verständnis von Empathie infrage (vgl. ebd., S. 102ff.). Er bestreitet nicht, dass Empathie zum notwendigen Handwerkszeug einer beratenden Person gehört, doch bedeutet Professionalität, kritisch zu bleiben gegenüber der kurzschlüssigen Annahme „Ich verstehe dich!". Eigentlich bedeutet Professionalität sogar, davon auszugehen, das Gegenüber nie ganz verstehen zu können. Aus Sicht von Beratenden ist es unnötig, den Klienten und sein Problem zu verstehen. Viel wichtiger ist es ja, dass er oder sie sich selber versteht (vgl. das Beispiel von Lütz unten). Auf methodischer Ebene führt diese Haltung zu der Konsequenz, den Prozess der Verständigung in Richtung auf mehr Sich-Selbst-Verstehen gestalten zu können.

Wunderfrage

Der Psychotherapeut und Psychiater Manfred Lütz berichtet eine Geschichte, die Steve de Shazer, der „Erfinder" der lösungsorientierten Kurzzeittherapie, auf einer Tagung erzählt habe. Eines Tages sei eine Patientin zu ihm gekommen, die ein Problem lösen wollte, das ihr so peinlich war, dass sie es ihm unter keinen Umständen erzählen könne. Mit seiner Methodik regte er nun die Reflexion seiner Klientin an, und sie gab ihm lediglich Rückmeldungen, ob sie der Lösung Ihres Problems näher kam oder nicht. Er begann zum Beispiel mit der Skalenfrage, auf welcher Stufe sie auf einer Skala von 1 bis 10 bei der Lösung Ihres Problems stehe. Ihre Einschätzung lag bei „2". Dann fragte er sie, bei welchen Gelegenheiten sie auf dieser Skala noch niedriger sei, und ob es Ausnahmen gebe, weil sie sich besser fühle. Und er stellte ihr die berühmte Wunderfrage: „Stellen Sie sich vor, dass ihr Problem über Nacht verschwunden ist. Woran merken Sie, dass es weg ist? Beschreiben Sie es möglichst konkret." (Die Wunderfrage regt Klientinnen an, über das innere Ausmalen eines positiven Zustands konkrete Ziele zu entwickeln). Als die Klientin auf dieser Skala bei „8" gelandet war, beendete sie sehr zufrieden die Therapie. Wenige Monate danach erhielt de Shazer eine Postkarte von dieser Klientin aus einem weit entfernten Urlaub, und die Grüße endeten mit „... und übrigens, ich bin jetzt auf ,12'" (Lütz 2009, S. 69ff.). De Shazer habe nie erfahren, um was es eigentlich ging.

3. *Die Haltung des Eingebundenseins:* Beraterinnen und Berater stehen in Beziehung zu ihren Klienten. Sie sind keine „objektiven" Personen, die aufgrund von Wissen und Kompetenzen auf einer wie auch immer gearteten höheren Ebene stehen. Beratung geschieht in einer reziproken Beziehung zwischen Menschen. Dieser Grundsatz hat wichtige Implikationen:
   - Er erfordert Achtsamkeit für die unterschiedlichen Verantwortlichkeiten. Der Berater oder die Beraterin ist verantwortlich für eine gute Beratung, während der Klient selbst verantwortlich für sich und die Lösung seines Problems ist, auch wenn er versucht, diese Verantwortung beim Beratenden zu verorten.
   - Nicht zuletzt betont Barthelmess, dass Widerstand ein interaktionelles Phänomen sei. Es liegt in diesem Verständnis nicht am Klienten, wenn es zu Konflikten auf der Beziehungsebene kommt, nicht an seiner mangelnden Einsichtsfähigkeit oder seiner emotionalen Unreife. Vielmehr geht es um Störungen in der Interaktion, die auf der Beziehungsebene zu klären sind. Die Verantwortung hat dafür der Beratende ebenso wie die Klientin oder der Klient.
4. *Die Haltung des Vertrauens:* Die zuvor beschriebenen Aspekte einer systemischen Grundhaltung haben zur Konsequenz, dass Beraterinnen und Berater keinerlei technologische Optionen im Sinne von „So kommen

wir zu einer Lösung" haben. Vielmehr setzt gute Beratung voraus, dass Beraterinnen und Berater sich auf einen Prozess der Lösungssuche einlassen und sich damit der im Grunde existenziellen Ungewissheit ausliefern, ob sie hilfreich sein können. Die Haltung des Vertrauens bedeutet also, sich selbst zu vertrauen, schon das Richtige zu tun, und der Klientin oder dem Klienten zu vertrauen, dass sie bzw. er eine Lösung finden wird.

3.3.3 Grundsätze und Arbeitsweisen systemischer Beratung sowie ihre Grenzen

Folgende Arbeitsweisen basieren auf diesem Verständnis von Beratung:
- Das wichtigste beratende Werkzeug sind „systemische Fragen". Die verschiedenen Arten von Fragen sollen Kontakt herstellen, die Beziehung stärken und Reflexionsprozesse anregen. Gemäß den theoretischen Grundlagen richten sich systemische Fragen auf unterschiedliche Aspekte des Lebens, auf Ressourcen, auf Beziehungen, auf Muster, auf Regeln.
- Kennzeichnend für systemische Beratung ist die Ablehnung kurzschlüssiger Ratschläge. Denn diese implizieren meist das „Überstülpen" eigener Erfahrungen auf andere Personen, und die meisten „Systemiker" sind sich einig: „Ratschläge sind auch Schläge". Für systemisches Denken und Handeln gilt (auf dem Hintergrund der o.g. systemtheoretischen Annahmen): Die Lösung liegt im System, sie kann nur dort zu finden sein, und sie kann nur von den Beteiligten selbst gefunden werden. Mohammed El Hachimi (mein systemischer Beratungslehrer) kommentierte diese Diskussion mit der Bemerkung: „Mit Ratschlägen kann man nur verlieren. Wenn sie helfen, schwächen sie die Eigenverantwortung und Lösungsfähigkeit des Klienten. Wenn sie nicht helfen, werden wir als schlechte Berater wahrgenommen."
- Dies stellt Fachkräfte im schulischen System vor besondere Herausforderungen, denn: Lehrkräfte und Fachkräfte sind eigentlich die Expertinnen und Experten für alles, was in der Schule gelehrt wird; so sind sie „ratschlagsaffine" Akteure. „Bilden", „Unterrichten", „Lehren" „Helfen" unterstellen implizit ein hierarchisches Sender-Empfänger-Modell, das auf Gesprächssituationen übertragen wird. „Seien sie konsequent", „Sie müssen früher aufstehen, dann klappt das mit dem Frühstückmachen" sind stereotype Redewendungen in vielen Elterngesprächen. Ratschläge führen – wenn überhaupt – nur zu kurzfristigem Erfolg, jedenfalls nicht zu nachhaltigen Lösungen.
- Systemische Gesprächsführung beruht auf dem Prinzip der „Wertschätzung" und der „Ressourcenorientierung". Menschen können sich nur

unter der Bedingung von Akzeptanz und Wertschätzung auf Veränderungsprozesse und Lernen einlassen. Die eigenen Ressourcen sind der beste Ansatzpunkt, um Lösungen für Probleme zu finden. Deshalb gilt der Blick immer
- dem Menschen als Individuum,
- mit seinen bisherigen Leistungen und seinen Stärken,
- mit den Ressourcen in seiner Umwelt
- und den bisherigen Lösungen in schwierigen Situationen.
- Professionelle Ressourcenorientierung bedeutet, diese Haltung auch in problematischen Situationen und problematischen Kontexten einzunehmen: auf positive Ausnahmen zu achten, auch kleine positive Schritte anzuerkennen; wahrzunehmen, wenn etwas weniger schlecht ist als sonst. Lehrkräften fällt es mitunter schwer, eine positive Rückmeldung zu geben, wenn sich z. B. ein Schüler weniger verspätet als sonst. Dabei ist eine positive Rückmeldung in dieser Situation ein deutlich effektiverer Weg zur Pünktlichkeit als das tägliche Kommentieren oder Sanktionieren des Fehlverhaltens.
- „Probleme" sind im systemischen Verständnis Lösungen, die sich überlebt haben; die sozial nicht akzeptiert sind; die im aktuellen Kontext nicht angemessen sind. Ein gutes Beispiel hierfür ist angewandte Gewalt in der Erziehung. Sie war historisch immer ein akzeptiertes Erziehungsmittel und wurde erst 2001 in Deutschland verboten. Wenn also Eltern Ohrfeigen und Schläge auf den Po als Erziehungsstrategie anwenden, weil sie es so gewohnt sind oder weil sie es für ein akzeptiertes Erziehungsmittel halten, kommt es zunächst darauf an, sie darin ernst zu nehmen, sie zu verstehen, ohne einverstanden zu sein. Es hilft gar nichts, zu moralisieren, zu verurteilen oder Vorwürfe zu machen. Es gilt vielmehr, Eltern über die Rechtslage aufzuklären. Es ist Aufgabe pädagogischer Fachkräfte, ihnen Wege zu einer gewaltfreien Erziehung aufzuzeigen. (So wie es für die Kinder- und Jugendhilfe mit dem Gewaltverbot 2001 im § 16 SGB VIII auch ausformuliert wurde.)
- Weiterhin geht es in der systemischen Beratung häufig um die Visualisierung von Strukturen, Prozessen, Mustern und Systemen. „Systemiker" sind übrigens häufig am Flipchart zu finden. Sie zeichnen, malen, schreiben auf und setzen das Gespräch in Skizzen, Zeichnungen und Bilder um.

Fazit: Systemische Methoden und eine systemische Haltung bieten sich sehr gut an, die Professionalität der Fachkräfte zu erweitern. Systemische Fragen erweitern das Methodenspektrum in den verschiedenen Phasen des Beratungsprozesses.

Praxis-Tipp

Man sollte jedoch bedenken, dass eine Praxis ohne ein Verständnis der komplexen theoretischen Grundlagen mitunter banal werden kann. So eignet sich systemische Beratung weniger als Einstieg, sondern vielmehr als Vertiefung für solche Fachkräfte, die schon Schritte in Richtung Kommunikationsprofessionalisierung gegangen sind.

 Download 1: Exemplarische systemische Methoden

3.4 Motivierende Gesprächsführung – Motivational Interviewing (MI)

Eine sehr pragmatische, im Vergleich zu anderen Konzepten einfach zu lernende und wirksame Methode ist das „Motivational Interviewing (MI)", in der deutschen Übersetzung „Motivierende Gesprächsführung" genannt. Sie ist im Umfeld der Gesundheitshilfe in den 1980er Jahren entstanden und wurde von den Suchtforschern William Miller (University of New Mexico) und Stephen Rollnick (Cardiff-University Wales) entwickelt, um Optionen für Gespräche mit Menschen zu haben, die noch keine Veränderungsbereitschaft zum Ausstieg aus ihrer Sucht zeigten oder nach Rückfällen resigniert hatten.

Die Methode stellt eine Weiterentwicklung der Gesprächstherapie von Carl Rogers dar. „Insbesondere in Kontexten, in denen man mit konfrontativen Mitteln nicht mehr weiterkommt, wird MI empfohlen und eingesetzt" (GK Quest Akademie 2009, S. 1). Es handelt sich um einen international bekannten Ansatz, der in Deutschland vor allem in der Suchthilfe und später auch im gesamten Gesundheitssystem und weiteren Bereichen rezipiert wurde. Nach und nach wird die Methode auch im Bildungssystem bekannt, z. B. durch die verschiedenen MOVE-Fortbildungen (vgl. 2.4).

Georg Kremer, psychologischer Psychotherapeut in der Psychiatrie (Kremer/Schulz 2012), gilt als einer der ersten, der MI nach Deutschland geholt und z. B. MOVE mit initiiert hat. Anfang der 2000er Jahre begann die GK Quest Akademie (www.gk-quest.de) damit, in Deutschland Schulungen durchzuführen.

Ebenso hat sich der Psychologe und Psychotherapeut Ralf Demmel (www.motivationalinterviewing.de) u. a. durch die Mitwirkung an der Übersetzung des programmatischen Buches von Miller und Rollnick (2015) um die deutschsprachige Verbreitung verdient gemacht. Im Jahr 2014 hat sich die Deutschsprachige Gesellschaft für Motivierende Gesprächsführung e.V. (DeGeMG) gegründet (www.degemg.org).

3.4.1 Eignung der Methode MI für die Gesprächsführung in der Schule

Doch warum ist MI für Beratung und Gesprächsführung besonders geeignet?
- Zunächst handelt es sich um eine pragmatische und effiziente Methode guter Gesprächsführung, die intuitiv schon vorhandene Kommunikationskompetenzen bewusstmacht und stärkt. Ebenso hilft MI, ungünstige Kommunikationsmuster abzubauen.
- Bei „MI" handelt es sich explizit um ein Modell der Gesprächsführung, das nicht als therapeutische Methode konzipiert wurde. „MI ist ein pragmatischer, vergleichsweise schnell zu lernender Ansatz, um Menschen für Veränderung zu gewinnen und sich dabei nicht zu verausgaben, d. h. einem Burnout vorzubeugen" (Gehring o.J.: 1).
- MI eignet sich in besonderer Weise für Kontexte, die Veränderungen und Entwicklungen von Menschen fordern, die keine Veränderungsnotwendigkeiten für sich erkennen.

Aus den folgenden Gründen bietet sich MI besonders gut für die Gesprächsführung und Beratung in Schulen an:
- Fachkräfte haben nicht selten andere Vorstellungen über die Erziehung und Bildung eines Kindes als die Eltern. MI bietet professionelle Optionen, um mit Eltern in diesem Spannungsverhältnis abweichender Zielvorstellungen „Kommunikation auf Augenhöhe" zu praktizieren und somit Bildungs- und Erziehungspartnerschaften zu leben.
- Besonders wenn Eltern und Schülerinnen – aus welchen Gründen auch immer – nicht mitwirkungsbereit scheinen, sind professionelle Optionen für ein Hinwirken auf Kooperation elementares Handwerkszeug. Statt Eltern als nicht motiviert zu etikettieren ist es besser, professionell mit ihrem ausweichenden oder abwehrendem Verhalten umzugehen und Konflikte konstruktiv zu lösen.
- Insbesondere dann, wenn das Wohl eines Kindes gefährdet scheint, sind Fachkräfte in der Schule verpflichtet, im Interesse des Kindeswohls zu handeln (vgl. Band 1, Kap. 8). Das bedeutet zunächst, dass sie Eltern motivieren sollen, geeignete Hilfen zur Abwendung einer Gefährdung anzunehmen. Im Extremfall führen sie – auch gegen den Willen der Eltern – regelgeleitet Interventionen des Jugendamtes herbei (z. B. auf Basis gerichtlicher Entscheidungen). Sie sind verpflichtet, mit den Eltern in diesem Prozess zu kommunizieren.
- Auch für Gespräche mit Kindern und Jugendlichen eignet sich MI sehr gut. Übrigens hat Thomas Gordon – ebenfalls auf Basis des Ansatzes von Carl Rogers – einen ähnlichen Ansatz sowohl für Eltern als auch für Lehrkräfte entwickelt, der auf der gleichen Methodik und der gleichen Haltung basiert (Gordon 1974, 2012).

> **Auf einen Blick**
>
> Typisch für Motivational Interviewing (MI) ist, dass Motivation nicht als Voraussetzung zum Gespräch angesehen wird, sondern dass Fachkräfte Motivation im Gespräch erarbeiten. Dies ist eines der wesentlichen Merkmale von MI.

3.4.2 Entwicklung der Methode – Grundlagen

Miller und Rollnick stellten in den 1980er Jahren, beide in der Suchtforschung tätig, fest, dass es an wirksamen Ansätzen mangelt, mit noch nicht therapiebereiten Menschen professionell zu sprechen. Sie fanden es unvertretbar zu warten, bis Menschen soweit verelendet waren, dass ihnen gar nichts anderes übrig blieb als Entzug und Therapie. Statt einen eigenen theoretischen Ansatz zu entwickeln gingen sie pragmatisch vor und wählten Methoden aus, die schon zur Verfügung standen; vor allem das Modell der „personzentrierten Gesprächspsychotherapie" von Carl Rogers unter Einbeziehung systemischer Ansätze.

Definition von MI: 2004 haben Miller und Rollnick motivierende Gesprächsführung als eine „klientenzentrierte direktive Methode zur Verbesserung der intrinsischen Motivation für eine Veränderung mittels der Erforschung und Auflösung von Ambivalenz" (Miller/Rollnick 2004: 47) definiert. Diese Definition betont den zielorientierten Charakter des Ansatzes. Mit der letzten Auflage (Deutschsprachige Ausgabe 2015) hat sich der Tonfall der Definition geändert: „Motivational Interviewing ist ein kooperativer, zielorientierter Kommunikationsstil mit besonderer Aufmerksamkeit auf die Sprache der Veränderung. Dieser Stil ist daraufhin konzipiert, die persönliche Motivation für und die Selbstverpflichtung auf ein spezifisches Ziel zu stärken, indem er die Motive eines Menschen, sich zu ändern, in einer Atmosphäre von Akzeptanz und Mitgefühl herausarbeitet und erkundet" (Miller/Rollnick 2015: 50). **MI-Haltung:** Die einzelnen Aspekte einer MI-Grundhaltung können folgendermaßen beschrieben werden:

- *Partnerschaftlichkeit:* Beratende verstehen sich nicht als Expertinnen und Experten für die Lebensführung oder die Lösung der Probleme des Adressaten, sondern als Begleitung bei der Problemlösung. Doch auch die eigenen Erwartungen und Ziele des Gesprächsführenden werden eingebracht. Die Ziele eines Beratenden resultieren neben persönlichen Wertvorstellungen vor allem aus dem jeweiligen Auftrag. Partnerschaftlichkeit bedeutet, „in einem Gespräch über Veränderung offen und ehrlich mit den eigenen Wert- und Zielvorstellungen umzugehen" (a.a.O., S. 32).

- *Evokation:* Dem Prinzip der Evokation liegt die Annahme der humanistischen Psychologie zugrunde, dass Lösungen und die dazu notwendigen Ressourcen schon in der Klientin oder im Klienten verborgen sind und darum lediglich „hervorgelockt" und nicht vermittelt werden müssen.
- *Akzeptanz:* „Der Aspekt der Partnerschaftlichkeit ist eng damit verknüpft, den Klienten in umfassender Weise so zu akzeptieren, wie er sich ihnen zeigt" (ebd.). In Anlehnung an Carl Rogers sehen Miller und Rollnick vier Hauptaspekte der Akzeptanz:
  - bedingungsfreie positive Wertschätzung im Sinne Carl Rogers,
  - Empathie als ein Beziehungsangebot und das Sich-Einfühlen in die und Verstehen der Lebenswelt der Klientin oder des Klienten,
  - Unterstützung der Autonomie als Ablehnung klassischer Beeinflussungsinstrumente wie Druck, Drohungen, Belehrungen und
  - Würdigung als Anerkennung der Lebensleistungen und Anstrengungen eines jeden Menschen, für sich selbst zu sorgen und Verantwortung für sein Leben zu übernehmen, selbst wenn sie misslungen scheinen.
- *Mitgefühl:* Unter Mitgefühl verstehen Miller und Rollnick den ethischen Impuls, zum Wohle des Adressaten zu handeln und nicht zum eigenen Nutzen. Damit wollen sie einen Unterschied markieren zu Gesprächsmethoden des Marketings, die z. B. eingesetzt werden, um etwas ohne Rücksicht auf die Interessen der Kundin oder des Kunden zu verkaufen.

3.4.3 MI in der Praxis

Im Folgenden werden MI und deren Anwendung noch ausführlicher vorgestellt und es wird auf die Frage eingegangen, wie MI in der Praxis aussieht.

MI-Beratungsstil: MI unterscheidet sich von Beratungskonzeptionen wie der systemischen Beratung, weil der Gesprächsführende zum Anwalt der Veränderung werden kann, auch wenn sein Gegenüber noch gar keine Motivation dazu entwickelt hat. Miller und Rollnick beschreiben den von ihnen kreierten Beratungsstil folgendermaßen:

> „Man kann sich vorstellen, dass helfende Gespräche entlang eines Spektrums angeordnet sind. Am einen Ende steht der lenkende Stil, bei dem der Helfer Informationen, Instruktionen und Empfehlungen einbringt. Lenkend ist, wer den Menschen sagt, was zu tun und wie vorzugehen ist. (…). Das andere Ende des Spektrums bildet der folgende Stil. Gute Zuhörer nehmen Anteil an dem, was ihr Gegenüber zu sagen hat, versuchen, es zu verstehen, und unterlassen es (zumindest zeitweilig), eigene Standpunkte einzubringen. Die Botschaft lautet: ‚Ich vertraue Ihrem Gespür, bleibe an Ihrer Seite und lasse Sie auf Ihre eigene Weise eine Lösung finden.' (…) In der Mitte

3 Fachliche Grundlagen der Gesprächsführung und Beratung

befindet sich der geleitende Stil. Stellen Sie sich eine Reise in ein anderes Land vor, für die Sie einen Fremdenführer engagieren, der Ihnen behilflich sein soll. Es gehört nicht zu seinen Aufgaben, Ihnen vorzuschreiben, wann Sie anreisen, wohin Sie gehen und was Sie sich ansehen oder unternehmen sollen. Ein guter Führer folgt Ihnen aber auch nicht blindlings, wohin immer es Sie zufällig verschlagen mag. Ein geschickter Führer ist ein guter Zuhörer und bietet gleichzeitig seine Fachkenntnis an, sobald sie gebraucht wird. MI bewegt sich in diesem mittleren Spektrum zwischen lenkend und folgend und greift Elemente aus allen Stilen auf" (ebd.: 18f.).

Einige Beispiele konkretisieren nun, wie es im MI gelingt, die Dialektik zwischen Autonomie und Fürsorge in Einklang zu bringen (vgl. Tab. 3).

Wie Gesprächsführende mit MI gleichzeitig in Richtung Veränderung führen und akzeptierend arbeiten		
	„Direktiv"	„akzeptierend"
Vereinbarungen über die Zusammenarbeit in den Gesprächen	Den eigenen Auftrag, die eigene Rolle und das eigene Anliegen klar benennen.	Den Willen, die Sichtweisen und die Eigenverantwortung der Adressaten wertschätzen und akzeptieren.
Interventionen, Methoden (Fragen, Zusammenfassungen, Würdigung)	Über die Auswahl der Interventionen und die Fokussierung von Fragen die Richtung vorgeben.	Die Äußerungen ernst nehmen, den Gedanken des Adressaten folgen.
Umgang mit Ambivalenzen	Sich auf die Suche nach Ambivalenzen begeben, sie thematisieren.	Nicht Partei für eine Seite der Ambivalenz ergreifen.

Tab. 3: Die Verbindung von Akzeptanz und Zielorientierung im Beratungsstil

Gesprächsführung als Prozess: Miller und Rollnick entwickeln ihr Modell entlang der in Abb. 1 skizzierten Prozessstufen. Sie plädieren dafür, in jeder einzelnen Gesprächsphase sorgfältig zu arbeiten und nicht zu schnell in Richtung der Veränderung zu stürmen, weil dies in der Regel Widerstand hervorruft. Dieser Versuch ist groß, wenn Fachkräfte selbst unter Veränderungsdruck stehen. Durch den „geleitenden" Beratungsstil bestimmt jedoch die Adressatin oder der Adressat das Tempo und das Vorankommen in der Beratung. Das Modell der Prozesse stellt keine einmalige Folge der einzelnen Stufen dar, sondern die Beratung kann sich vielmehr zwischen diesen Stufen vorwärts und rückwärts bewegen. Wenn etwa in einem Beratungsgespräch klar zu sein scheint, was das Ziel ist und wohin die Entwicklung geht, kann im nächsten Gesprächstermin schon wieder alles ganz anders aussehen und eine erneute Fokussierung notwendig werden.

3.4 Motivierende Gesprächsführung – Motivational Interviewing (MI)

Abb. 1: Die Prozesse im MI (eigene Darstellung)

Basismethoden: In enger Orientierung an Carl Rogers steht das *Aktive Zuhören* im Zentrum der Basismethoden. *Offene Fragen* helfen, das Gespräch in Gang zu bringen und Selbstreflexion anzuregen. Nach Miller und Rollnick gilt es als gutes MI, wenn mindestens genauso viele Interventionen aus aktivem Zuhören bestehen wie aus Fragen, besser noch, wenn doppelt so viel aktiv zugehört wie gefragt wird (vgl. Miller/Rollnick 2015, S. 463). *Wertschätzung und Würdigung* gehören ebenso zu den Basismethoden. Nicht zuletzt können *Zusammenfassungen* nicht nur am Ende des Gesprächs hilfreich sein, sondern auch immer wieder zwischendurch helfen, Struktur und Klarheit zu schaffen. Miller und Rollnick nutzen für diese vier Basismethoden prägnant das Akronym „OARS" (**o**pen question, **a**ffirmation, **r**eflexion, **s**ummary). Mit dem Ruder (= „oars") wird das Gespräch vorangebracht, so die Idee.

Diese Basismethoden erfordern in der Anwendung nicht das Erlernen neuer Kommunikationsstrategien, weil sie zum natürlichen Spektrum menschlicher Kommunikation gehören. Vielmehr wächst durch Reflexion und Training das Vertrauen darin, dass diese Methoden völlig ausreichen, um Menschen zur Selbstreflexion anzuregen und Optionen für Veränderungen herauszuarbeiten. Dies hört sich einfach an, doch gehört zu der Anwendung der genannten Basismethoden der Verzicht auf kontraproduktive Kommunikationsstrategien (vgl. dazu 4.7). Die Anwendung der Basismethoden stärkt den Aufbau von Kontakt und Beziehung, weil sie in der Regel als angenehm empfunden wird. Der oder die Gesprächsführende zeigt Empathie, Interesse und Achtsamkeit und scheint gleichzeitig eine gute Moderatorin bzw. ein guter Moderator zu sein. Dieser Rahmen erlaubt es Menschen in der Beratung, bei schwierigen Fragen über sich selbst nachzudenken.

Informationen und Rat anbieten: Als weitere Basismethode nennen Miller und Rollnick das Angebot von Rat und Informationen. Sie gehen hier einen pragmatischen, aus meiner Sicht guten Weg, anders als radikal systemische Vorgehensweisen („Ratschläge sind auch Schläge"). Allerdings definieren sie einen Unterschied zwischen einem professionellen Angebot von Informationen und Rat und spontanen Ratschlägen. Fachkräfte handeln demnach professionell, wenn sie sich vor einer Empfehlung oder vor der Vermittlung von Informationen ein Verständnis für die Situation des Adressaten erarbeiten, die Vorgeschichte der bearbeiteten Problematik eruieren und wenn *eine Bitte um Erlaubnis* dem Gegenüber Wahlfreiheit signalisiert. Im Anschluss an Rat und Informationen erarbeiten die Fachkräfte, ob das Angebot als hilfreich erlebt wird und wie es sich nutzen lässt.

Umgang mit Widerstand: Widerstand galt in vielen beratenden und therapeutischen Konzepten lange als Weigerung der Gesprächspartnerin oder des Gesprächspartners, sich auf für sie bzw. ihn wichtige Einsichten einzulassen. „So betrachten z. B. einige tiefenpsychologische Theorien Widerstand als ein System unbewusster Konflikte und psychischer Abwehrmechanismen, die in der frühen Kindheit entwickelt werden" (Miller/Rollnick 2004: 139). Die methodische Antwort darauf waren jahrelange Therapieprozesse. Diese Auffassungen werden heute überwiegend für antiquiert gehalten. Insbesondere MI, aber auch systemische Denkweisen sehen in Gesprächssituationen, in denen Eltern oder Heranwachsende zurückweisend, empört, aggressiv oder mit Rückzug reagieren, vielmehr eine Störung auf der Beziehungsebene. Miller und Rollnick haben sich mittlerweile vom Begriff des Widerstandes verabschiedet, weil er immer noch – trotz gegenteiliger Definition – als Merkmal der Klientin oder des Klienten gesehen werden kann.

> „In den zehn Jahren, die seitdem vergangen sind [gegenüber der letzten Ausgabe; M.B.], haben sich unsere Vorbehalte gegenüber dem Konzept des Widerstands weiter verstärkt, vor allem weil es das Phänomen im Klienten verortet und ihm die Verantwortung dafür zuweist. Es ist, als würde man damit dem Klienten vorhalten, er sei ‚schwierig'. Selbst wenn man ihm keine Absicht unterstellt, sondern von unbewussten Abwehrmanövern ausgeht, kreist das Konzept des Widerstands dennoch um pathologische Prozesse, die möglicherweise bei dem Klienten ablaufen, und misst zwischenmenschlichen Faktoren zu wenig Bedeutung bei. Die Phänomene, die wir oben genannt haben, ergeben sich aus dem Kommunikationsstil oder werden zumindest in starkem Maße von ihm beeinflusst. Je nachdem, wie der Therapeut vorgeht, verstärken sie sich oder schwächen sich ab" (Miller/Rollnick 2015: 232).

In der deutschsprachigen Rezeption ist der Gebrauch des Widerstandsbegriffs leider noch üblich. Miller und Rollnick sprechen stattdessen mittlerweile von „Dissonanz" („discord talk") und betonen, dass eine Dissonanz „ihren Ursprung auch in der Stimmung oder in der Vorgehensweise des Therapeuten haben" kann (Miller/Rollnick 2015: 242). Sie unterscheiden zwei Arten von Dissonanzen:

- **Beharren auf dem Status Quo:** Mit dem Begriff „Sustain Talk" (sustain = aufrechterhalten) beschreiben Sie Gesprächssequenzen, in denen die Adressaten sich gegen eine mögliche Veränderung zu wehren scheinen und stattdessen die Vorteile des Status quo betonen. Das kann zunächst ganz einfach darin liegen, dass das Gespräch noch nicht überzeugend war. Vielleicht hat die oder der Gesprächsführende aber auch noch nicht alle methodischen Optionen guter Gesprächsführung ausgenutzt oder erzeugt mit einer zu stark auf Veränderung drängenden Arbeitsweise selbst den Widerstand gegen eine Veränderung.
- **Störungen auf der Beziehungsebene:** Eine weitere Ursache für Widerstand können Störungen auf der Beziehungsebene sein. Das mag zunächst Veränderungsdruck aufgrund der vorgenannten Haltung sein, das können aber auch vielfältige Formen von Missverständnissen, Fehlinterpretationen, Sympathie/Antipathie, langatmiges Reden der oder des Gesprächsführenden, Gebrauch von Fremdwörtern, distanzierende oder herablassende Sprache und vieles mehr sein.

Ein professioneller Umgang mit den beschriebenen Situationen besteht darin, sensibel auf die hinter den vordergründigen Botschaften liegenden Empfindungen und Motive einzugehen und diese zu thematisieren. Miller und Rollnick beschreiben unterschiedliche methodische Optionen, die sich im Wesentlichen auf die Thematisierung dieser Wahrnehmung durch verschiedene Formen des aktiven Zuhörens konzentrieren (s. im Detail Kap. 4.1 und 6.2).

Veränderungsbezogene Kommunikation: Im Zentrum der Arbeit von Miller und Rollnick steht die Frage, wie im Gespräch Veränderungen unterstützt werden können. Sie haben ein umfangreiches Instrumentarium für unterschiedliche Gesprächssituationen bereitgestellt, das Menschen anregt, selbst über Veränderung nachzudenken und auch darüber zu sprechen. „Menschen lassen sich leichter von dem überreden, was sie sich selbst sagen hören" (Miller/Rollnick 2015, S. 28). Diese veränderungsbezogenen Äußerungen von Klienten nennen Miller und Rollnick „Change Talk". Wenn der Anteil dieser Äußerungen steigt, dann wächst die Wahrscheinlichkeit, dass es zu einer Veränderung kommt. Das Argumentieren und Beharren auf dem Status Quo („Sustain Talk") hat seine Berechtigung, sollte aber nicht zu viel Raum einnehmen. „Höre die Klagen, aber rufe keine Beschwerden hervor!" (Berg 2015, S. 2). Derartige Äußerungen zu unterdrücken oder davon abzulenken, wie es zum Beispiel in der lösungsorientierten Beratung geschieht, ist nicht selten kontraproduktiv, weil die Adressaten sich dann nicht ernst genommen fühlen. Konsequente lösungsorientierte Beratung ist immer dann sinnvoll, wenn die Motivation schon eindeutig gegeben ist.

3.5 Das „Transtheoretische Modell der Verhaltensänderungen"

Ergänzend zur systemischen Beratung und zur Motivierenden Gesprächsführung liefert ein theoretisches Modell über Verhaltensänderungen hilfreiche Aspekte für gute Gesprächsführung. Das „Transtheoretische Modell der Verhaltensänderungen (TTM)" wurde parallel zu MI in den 1980er Jahren von den amerikanischen Suchtforschern DiClemente und Prochaska entwickelt (DiClemente u. a. 1991). Es beschreibt unterschiedliche Stadien individueller Veränderungsprozesse und schlägt für die einzelnen Stadien jeweils geeignete pädagogische/beratende Interventionen vor. Dieses Modell erklärt, warum gute Beratungsmethoden in bestimmten Situationen zwecklos oder sogar kontraproduktiv sind. Das Konzept ist in den meisten Ausbildungen zur motivierenden Gesprächsführung integriert.

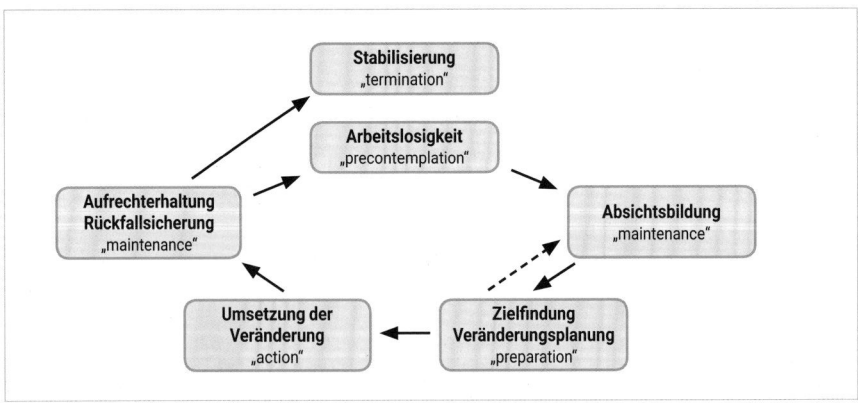

Abb. 2: Das „Transtheoretische Modell der Verhaltensänderungen (TTM)" (eigene Darstellung)

Das TTM als zirkuläres Stufenmodell: Die Folge von Entwicklungsschritten, die das TTM (Abb. 2) beschreibt, ist nicht als lineares Modell mit einem Endpunkt zu denken, sondern als zirkulärer Prozess, der sich im Idealfall als Spirale fortschreitender Entwicklung mit wiederkehrenden Veränderungsphasen darstellt und letztlich zu einer Stabilisierung von Veränderungen auf einem neuen Niveau führt. Tab. 4 stellt an zwei beispielhaften Veränderungsthemen typische Aussagen bzw. Verhaltensweisen von Eltern dar. Ausschlaggebend ist immer der Fokus bzw. das Ziel der Veränderung:

3.5 Das „Transtheoretische Modell der Verhaltensänderungen"

Beispiele für veränderungsbezogene Aussagen und Verhaltensweisen in den Phasen der Veränderung		
Thematische Beispiele und Veränderungsfokus	**Engagement von Eltern in der Schule**	**Gewaltfreie Erziehung**
	Status Quo: Kein Engagement der Eltern in der Schule **Fokus der Veränderung:** Eltern engagieren sich in der Schule	**Status Quo:** Eltern greifen zu gewaltsamen Erziehungsmethoden **Fokus der Veränderung:** Gewaltfreie Erziehung
Absichtslosigkeit („precontemplation")	• „Das ist der Job der Lehrer!" • „Das sollen die anderen machen, die haben mehr Zeit." • „Die Schule wird doch von meinen Steuergeldern finanziert, dann sollen die sich selbst kümmern!"	• „Eine Ohrfeige ist doch keine Gewalt!" • „Eine Ohrfeige hat mir früher auch nicht geschadet!" • „Ich finde diesen neumodischen Erziehungskram total luschig. Ein Kind braucht klare Grenzen, auch mal einen kleinen Klaps auf den Po." • „Die Kinder brauchen ab und zu einen „Schlag in den Nacken", die fordern das geradezu heraus!" • „In meiner Kultur ist es völlig selbstverständlich, dass es auch mal eine Ohrfeige gibt. Ich verstehe das hier alles gar nicht."
Absichtsbildung („contemplation")	• „Wenn ich die anderen sehe, denke ich, dass ich auch mehr machen könnte!" • „Es wäre vielleicht gut, sich zu engagieren, aber ich habe einfach keine Zeit!" • „Ich würde schon was machen, aber ich kann doch gar nichts!"	• „Ich finde es selbst nicht gut, dass sich beim Hausaufgabenmachen ab und zu ausraste, aber was soll ich machen?!" • „Wenn mein Sohn zum 1000. Mal nicht auf mich hört, setzt es irgendwann einen. Aber nachts liege ich im Bett und schäme mich." • „Ich weiß einfach nicht, was ich mit meinem Kind machen soll!"
Zielfindung Veränderungsplanung („preparation")	• „Ich suche nach einer Möglichkeit, mich hier in der Schule zu engagieren." • „Ich habe eine Idee, was ich hier in der Schule machen könnte."	• „Ich schäme mich jedes Mal, wenn es wieder zu einem Stress kommt, ich würde wirklich gerne wissen, wie man das anders regeln kann." • Ich wüsste gerne ganz genau, was man tun kann, um konsequent zu sein, ohne so auszurasten."

Durchführung der Veränderung („action")	• „Es macht Spaß in der Schule mit den Kindern was zu machen." • „Ich werde langsam sicherer als Lesepate".	• „Mittlerweile geht es auch ohne Schläge. Es klappt nicht immer perfekt, aber ich bin sehr zufrieden!"
Aufrechterhaltung/ Rückfallsicherung („maintenance")	• „Es hat lange Spaß gemacht hier mitzumachen, aber langsam wird es zu viel." • „Früher hatte ich mehr Zeit, aber jetzt ist meine Mutter erkrankt. Ich weiß nicht, ob ich das noch schaffe."	• „Manchmal ist es ganz schön schwierig, seine guten Vorsätze durchzuhalten. Wenn man von der Arbeit nach Hause kommt und erschöpft von dem neuen Job ist, dann macht mein Kind auch noch blöde Bemerkungen...!"
Stabilisierung („termination")	• „Ich habe meinen Platz in der Schule gefunden. Es fühlt sich gut an, Teil dieser Schule zu sein."	• „Ich merke jetzt im Nachhinein, wie schlimm die Zeit war, als ich immer so ausgerastet bin. Mittlerweile haben wir als Eltern aber gute Möglichkeiten, um uns auch so durchzusetzen mit dem, was uns wichtig ist!"

Tab. 4: Beispiele für die Einschätzung von Äußerungen in das TTM

TTM als Diagnosehilfe bei der Analyse von Veränderungsmotivation: Miller und Rollnick gehen davon aus, dass Motivation keine statische Größe ist, sondern sich – abhängig von Situations- und Beziehungsfaktoren – unterschiedlich zeigen kann. „Für den Therapeuten bzw. die Therapeutin ist es deshalb wichtig, über die Frage, ob ein Klient oder eine Klientin motiviert ist, hinauszugehen und in Erfahrung zu bringen, mit welcher Intensität der Klient bzw. die Klientin zum momentanen Zeitpunkt auf welche spezifischen Ziele hin motiviert ist" (Marzinzik/Fiedler 2005: 22). Das TTM kann als Orientierungsrahmen genutzt werden, um bei Gesprächen mit Schülerinnen und Schülern oder Eltern einzuschätzen, an welchem Punkt die Betreffenden in Bezug auf mögliche Veränderungen stehen. Zunächst bestand das Modell aus 5 Phasen, später kam eine 6. Phase hinzu (vgl. dazu Maurischat 2001).

3.5 Das „Transtheoretische Modell der Verhaltensänderungen"

Wie kann das Modell benutzt werden?		
	Grad der Motivation ist erkennbar an ...	**Sinnvolle Methoden**
1. **Absichtslosigkeit** („precontemplation")	• Bekräftigung des Status Quo. • Abwehrende Aussagen. • Ausweichen, Rückzug.	• Basismethoden der Kommunikation (s. Kap. 7): Offene Fragen stellen, aktiv zuhören, Wertschätzung äußern, zusammenfassen. • Empathie. • Umgang mit Widerstand. • Kontraproduktiv sind z. B.: Komplexe systemische Fragen, „Wunderfrage" der lösungsorientierten Kurzzeittherapie (vgl. das Praxisbeispiel in Kap. 6.3.2).
2. **Absichtsbildung** („contemplation")	• Ambivalenzen. • Konjunktivische Formulierungen. • Allgemeine, unkonkrete Wünsche.	• Basismethoden; zusätzlich wertfreie Spiegelung der Ambivalenz. • Kontraproduktiv, z. B.: Komplexe systemische Fragen. • „Wunderfrage".
3. **Zielfindung und Veränderungsplanung** („preparation")	• Äußerung klarer Wünsche. • Formulierte Ziele. • Eindeutige Sprache. • Aktivitäten, erste Schritte. • Aktive Suche nach entscheidungsrelevanten Informationen.	• Basismethoden, zusätzlich: Ziele herausarbeiten. • Mögliche Hemmnisse in den Blick nehmen. • Umsetzungsplan entwickeln.
4. **Durchführung der Veränderung** („action")	Ziele werden umgesetzt. Rückschritte werden überwunden.	• Begleitung, Ermutigung. • Bei Rückschritten: Geduld, Ermutigung, Basismethoden.
5. **Aufrechterhaltung/ Rückfallsicherung** („maintenance")	• Skepsis. • Resignation, Mutlosigkeit. • Verhalten aus dem alten Status Quo. • Rückfall.	• Rückfallrisiken im Blick haben. • Gründe für Rückfall analysieren, Strategien entwickeln. • Ermutigen. • Zurück zu Stufen 1-4.
6. **Stabilisierung** („termination")	• Dauerhafter Zustand ist erreicht.	• Feiern. • Rückblick. • Abschied in der Beratung.

Tab. 5: Beispiele für die Anwendung des TTM durch phasengerechten Einsatz der MI-Methoden

Für Fachkräfte ist es häufig schwer zu akzeptieren, dass – wenn Eltern einmal ein Motivationsniveau erreicht haben („Wir wollen endlich die eskalierenden Konflikte mit unseren Kindern beenden und werden uns für eine Erziehungsberatung anmelden") – dies beim nächsten Gespräch nicht mehr so ist („Wir haben mit Freunden über unsere Situation gesprochen. Die finden das auch gar nicht so schlimm!"). Selbst während eines Gesprächs können sich Menschen in diesem Modell vor- oder auch zurückbewegen. Für die Gesprächsführenden erfordert dies Geduld und langen Atem. Gute Beratung „schwingt" in diesen Bewegungen mit und begleitet sie, statt in Richtung des Ziels zu schieben oder zerren.

Praxis-Tipp
Meine wichtigste Erkenntnis war, dass man als Berater die größte Bremse sein kann, wenn man zu stark in Richtung Veränderung agiert. Und plötzlich war mir klar, warum Menschen in der Absichtslosigkeit auf die „Wunderfrage" (vgl. Praxisbeispiel in Kap. 3.3.2) nur verwirrt schauen und sagen: „Warum fragen Sie? So wie jetzt sieht es dann aus."

3.6 Zusammenfassung und Folgerungen

Die beschriebene Vielfalt von Beratungsmethoden und Gesprächsführungskonzepten kann den Arbeitsalltag von schulischen Fachkräften erleichtern. Bei der Entwicklung von Konzepten für den Berufsalltag von Lehrkräften und weiteren schulischen Fachkräften zeichnet sich ab, dass es nicht um die Entscheidung für eine bestimmte Beratungsschule geht, sondern dass es Konzepte bedarf, die explizit an den jeweiligen beruflichen Anforderungen ausgerichtet sind. Das heißt:
- Professionalität in der Gesprächsführung sollte sich an vorhandenen kommunikativen Kompetenzen orientieren und diese in Richtung Professionalität weiterentwickeln; das bedeutet auch, das Bewusstsein für ungünstige und kontraproduktive, gleichwohl häufig praktizierte Verhaltensweisen und Methoden zu schärfen, so dass Fachkräfte zunehmend darauf verzichten.
- Der Erwerb und die Weiterentwicklung der professionellen kommunikativen Kompetenzen sollte schon Teil der Lehrerbildung sein, wie es z. B. Sauter (2017) zeigt. Als Weiterbildung organisiert sollte der Lernprozess mit einem realistischen Zeitaufwand machbar sein, den explizite Beratungsausbildungen eindeutig übersteigen. Vielleicht bieten sich hier mehrstufige Weiterbildungskonzeptionen in Verbindung mit Selbst-

lernmodulen an, wie sie in diesem Buch ansatzweise angeboten werden.
- Haltung und Methodik der Gesprächsführungsprofessionalisierung sollte mit der gesamten pädagogischen Arbeit einer Schule kompatibel sein. Grundsätzlich profitieren alle Schulen in der Arbeit mit ihren Schülerinnen und Schülern von einer wertschätzenden, lösungsorientierten, ressourcenorientierten Arbeitsweise. Für moderne Schulen, die bereits ihren Weg der Schulentwicklung verfolgen, ist die professionelle Weiterentwicklung ihrer kommunikativen Kompetenzen meist nur ein kleiner Schritt.
- Es zeichnet sich eine Schnittmenge der unterschiedlichen Beratungskonzepte ab, die quasi das Zentrum eines Methodenbaukastens bilden können. Dazu gehören die hier vorgestellten Methoden, die – wie im Beispiel des Gmündener Modells zur Gesprächsführung – mit Methoden erweitert und ergänzt werden können, die auf vergleichbaren Haltungen beruhen und kompatible Methoden propagieren. Auch die Bausteine der Kommunikationstheorie in der Tradition Paul Watzlawicks gehören dazu, besonders die Modelle von Friedemann Schulz von Thun.

Dieser „Standardbaukasten" kann jeweils mit individuell bevorzugten Methoden erweitert werden, wie es das Gmündener Modell mit der Transaktionsanalyse macht.

4 Basismethoden für motivierende Gespräche und inspirierende Kommunikation

Wie können wir auch unter schwierigen Bedingungen und bei schwierigen Herausforderungen Motivation wachsen lassen, wie können wir in der Auseinandersetzung um schwierige Themen lustvoll und spannend kommunizieren, und wie können wir Menschen anregen und inspirieren, die keine Idee davon haben, was wir von ihnen wollen? Mit diesem Ziel werden – aufbauend auf den bis hierhin erarbeiteten Grundlagen – zentrale Basics für gute Kommunikation herausgefiltert. Sie gehören zum Repertoire intuitiver Kommunikation. Fachkräfte müssen sich also nicht völlig neue Verhaltensweisen antrainieren, sondern bewusster kommunizieren, achtsamer für die Auswirkungen ihrer eigenen Kommunikationsanteile sein und ungünstige Kommunikationsstrategien weglassen (4.7).

4.1 Praktiziertes Interesse: offene Fragen und aktives Zuhören

Am Anfang dieser Liste kommunikativer Basics – wie übrigens auch am Anfang jeden Gesprächs – stehen „Fragen". Gute Fragen basieren auf echtem Interesse. Sie helfen als Methode, ein Gespräch in Gang zu bringen, erbringen Informationen und erzeugen vor allem Reflexionsprozesse beim Gegenüber. Offene Fragen sind dazu besonders geeignet. Nach meinem Verständnis sind offene Fragen dadurch definiert, dass sie nicht mit einem Wort oder einer eindeutigen Angabe („ja", „nein", „15 Jahre alt" etc.) zu beantworten sind. Offene Fragen haben vor allem die Funktion, Selbstreflexionsprozesse zu initiieren, währen geschlossene Fragen eher dem Informationsgewinn dienen. Wenn Eltern sagen „Da habe ich noch gar nicht drüber nachgedacht", hat die Beraterin oder der Berater einen guten Job gemacht. Denn erst durch Nachdenken lassen sich ja Lösungen finden! Die Fokussierung auf „offene Fragen" ist allerdings keine dogmatische Vorgabe im Sinne von „Man darf keine geschlossenen Fragen stellen".

Offene Fragen zu stellen ist nicht so trivial, wie man zunächst denken mag. Gesprächsführende sind ständig gefordert mitzudenken, in welche Richtung sie eine Frage stellen wollen und wie sie eine Frage in geeigneter Weise stellen können. Der Inhalt der Fragen generiert sich aus den Aufgaben, die in einer bestimmten Gesprächssituation anstehen, und aus den Hypothesen, die die Gesprächsführende oder der Gesprächsführende über mögliche Zielrichtungen der Zusammenarbeit oder Ansätze für Problemlösung hat. Für das Stellen offener und hilfreicher Fragen bieten die verschiedenen Beratungsschulen unterschiedliche Hilfestellungen, es gibt sogar ganze Bücher zum Thema Fragenstellen („Fragen können wie Küsse schmecken" von Kindl-Beilfuß 2021 oder „Zirkuläres Fragen" von Simon/Rech-Simon 2018, letzteres besonders empfehlenswert). Offene Fragen sind auch eine der Basismethoden der Motivierenden Gesprächsführung ("OARS", vgl. Kap. 3.4.3).

Schauen wir uns die systemischen Fragen genauer an: Die systemische Schule hat sich darauf spezialisiert, einen großen Werkzeugkoffer systemischer Fragen zu entwickeln. Sie kombiniert Grundhaltung mit Interviewtechnik.

> „Eines der wichtigsten Elemente systemischer Therapie ist die Interviewtechnik. Das sogenannte ‚zirkuläre Fragen' zielt darauf, die gegenseitige Bedingtheit des Verhaltens von Menschen, deren Lebensgeschichte miteinander verknüpft ist, zu verdeutlichen"
>
> (Simon/Rech-Simon 2018, S. 6).

Durch zirkuläre Fragen können Beziehungen zu anderen Menschen und deren Perspektiven zueinander geklärt und entsprechende Reflexionen angestoßen werden.

Zirkuläres Fragen

Wenn es z. B. um ein Kind mit diffusen Problemen (Schweigen, innerer Rückzug, aggressive Ausbrüche) in der Schulklasse geht, über das eine Lehrkraft mit der Mutter spricht, haben beide möglicherweise schon Vermutungen über die Ursachen, die aber überhaupt nicht zutreffen müssen. Zirkuläres Fragen ermöglicht es, alle möglichen Perspektiven in den Blick zu nehmen und Hypothesen zu überprüfen. Mindestens folgende Personen gehören zu den „Systembeteiligten":

- Das Kind selbst: seine Sichtweise, Vermutungen der Mutter über seine Sichtweise;
- Der Vater: das, was der Vater mit der Mutter kommuniziert; das, was die Mutter darüber denkt, was er vermutet;
- Die Kinder in der Klasse: Mit wem ist das Kind befreundet, mit wem versteht es sich nicht? Wie reden die Kinder in der Klasse über das betroffene Kind? Trifft es sich mit anderen Kindern in der Klasse? Hat es noch andere Freunde?
- Möglicherweise gehören noch andere Beteiligte dazu, zum Beispiel Großeltern oder Verwandte (vielleicht ist jemand in der Verwandtschaft gestorben?) oder auch eine Person, die das Kind auf dem Schulweg oder im Internet belästigt.

Praxis-Tipp

Beim zirkulären Fragen ist es spannend, nicht nur über das Gesagte zu sprechen, sondern auch über die Vermutungen und Hypothesen der Beteiligten; insbesondere über die „vermuteten Vermutungen". „Was denken Sie, was glaubt Ihr Mann, worin die Ursachen der Probleme ihres Kindes liegen?"

4 Basismethoden für motivierende Gespräche und inspirierende Kommunikation

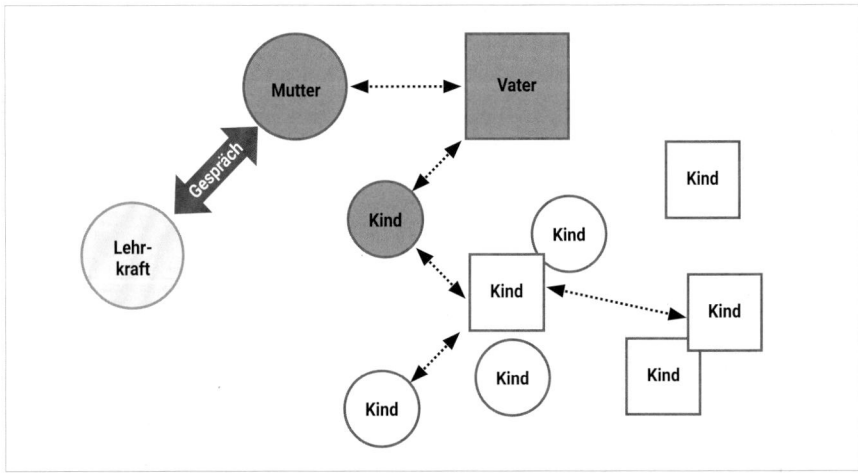

Abb. 3: Zirkuläres Fragen (eigene Darstellung)

> **„Perspektivfilter"**
> Wenn man nach geeigneten Fragen sucht, kann man über diese Systembeziehungen nun bestimmte „Perspektivfilter" legen (die folgenden Fragen dienen als Beispiele, es gibt jeweils viel mehr denkbare Fragen):
> - Der Ressourcenfilter: Wer könnte helfen? Wer ist wem wohlgesonnen?
> - Der Problemfilter: Wer hat ein Problem mit dem Kind? Mit wem hat das Kind ein Problem? Was denkt der Vater, welches Problem sein Kind hat?
> - Der Extreme-Filter: Vor wem hat das Kind die größte Angst? Was ist die größte Angst des Vaters? Wann hatte das Kind den besten Schultag in diesem Jahr?
> - Der Positive-Ausnahmen-Filter: Wann hat das Kind keine schlechte Laune, wenn es aus der Schule kommt? In welchen Unterrichtsstunden wirkt das Kind anteilnehmender?

Zirkuläre Fragen sind aber nur ein kleiner Ausschnitt systemischer Fragen. Sie basieren in ihrer Anwendung auf einer systemischen Haltung, die durch Unvoreingenommenheit, Neugierde, Interesse und das Ziel, den Adressaten zur Selbsterkundung anzuregen, definiert ist. Eine Besonderheit systemischer Arbeitsweise liegt in dem Prinzip der Irritation/Verstörung. Ziel der Beratung ist es, dass Denk- und Verhaltensgewohnheiten im positiven Sinne irritiert werden. Erst wenn eine Unterbrechung des gewohnten Denkens und Verhaltens gelingt, werden neue Denk- und Verhaltensmuster möglich.

⬇ Download 2: Systemische Fragen

Reflektierendes / aktives Zuhören

Das „Aktive Zuhören" ist in verschiedenen Beratungskonzepten unterschiedlich bezeichnet (z. B. „Spiegeln", „Reflektieren") und definiert worden. Im Ursprung geht es auf die personzentrierte Psychotherapie Carl Rogers zurück. Thomas Gordon hat den Begriff des „Aktiven Zuhörens" geprägt. Er hatte Rogers Gesprächsmethoden für Eltern angepasst und auch für Lehrkräfte in Gesprächen mit Schülerinnen und Schülern eingesetzt (Gordon 1974, 2012). Der Einstieg ins Zuhören ist das Ende des eigenen Redens: „Ein Schüler kann mit ihnen nicht über das sprechen, was ihn bedrückt, wenn sie das Sprechen übernehmen" (Gordon 1974, S. 64). Schweigend zuzuhören, zustimmend zu nicken, freundlich zu lächeln gibt der Schülerin oder dem Schüler das Gefühl, dass ihr/ihm zugehört wird. Doch reicht dies oft nicht aus, damit ein Dialog und eine Reflexion entstehen. Aktives Zuhören ist mehr. Für die Motivierende Gesprächsführung definieren Miller und Rollnick die Methode als „Reflektierendes Zuhören".

> „Reflektierende Äußerungen, die eine Vermutung über das vom Klienten Gemeinte anstellen, haben die wichtige Funktion, zu klären, ob das Vermutete zutrifft, und so das gegenseitige Verständnis zu vertiefen. Reflektierende Sätze geben den Betreffenden außerdem die Möglichkeit, die von ihnen geäußerten Gedanken und Gefühle noch einmal in möglicherweise etwas anderen Worten zu hören und abzuwägen. Gutes reflektierendes Zuhören animiert die Betreffenden zum Reden, Erklären und Durchdenken. Außerdem ist es notwendigerweise selektiv, weil man auswählt, welche von all den Aspekten, die eine Person erwähnt hat, reflektiert werden" (Miller/Rollnick 2015).

Für meine Gesprächsführungspraxis habe ich mir folgende Optionen zu eigen gemacht. Das Aktive Zuhören kann mindestens in drei verschiedenen Varianten praktiziert werden:

1. *Direkte Wiedergabe:* Die oder der Gesprächsführende gibt eine Aussage oder Teile einer Aussage entweder wörtlich oder mit eigenen Worten ohne weitere Deutung wieder; allein mit dem Ziel, zu signalisieren, dass und was man verstanden hat. Die wörtliche Wiedergabe eignet sich besonders unter konflikthaften Gesprächsbedingungen oder am Anfang einer Beziehung, die durch Fremdheit geprägt ist.
2. *Reflektierende Wiedergabe:* Die Wiedergabe des Gehörten wird mit einer Deutung, einer Interpretation verbunden. Sie kann sich auf Hypothesen über das beziehen, was in dem Gesagten mitschwingt, aber nicht ausgesprochen wird, oder sie kann Assoziationen des Zuhörers implizieren. Bei der Fokussierung dessen, was reflektiert wird, trifft die oder der Gesprächsführende schon machtvolle Entscheidungen über die weitere Richtung des Gespräches, er „führt das Gespräch" im besten Sinne.

3. *Wiedergabe mit Thematisierung der wahrgenommenen Gefühle:* Eine Sonderform der reflektierenden Wiedergabe ist die Spiegelung von Hypothesen über die emotionale Befindlichkeit, die der Adressat von sich aus nicht thematisiert hat.

Neben diesen drei Varianten kann man nach meiner Auffassung auch das Spiegeln der Ambivalenz als Aktives Zuhören praktizieren (im MI taucht es als eine Methode im Umgang mit Widerstand auf):

4. *Spiegeln der Ambivalenz:* Insbesondere bei Gesprächspartnerinnen und Gesprächspartnern, die hin und hergerissen sind zwischen unterschiedlichen Optionen, bietet sich das aktive Zuhören als Spiegeln der Ambivalenz an. Entscheidend ist hier, nicht Partei für eine der beiden Optionen zu ergreifen, weil dies meist Widerstand auslöst.

Das *aktive Zuhören* stellt eine der elementarsten Methoden guter Gesprächsführung dar. Das Risiko eines zu vorsichtigen Vorgehens (also nur „wörtlich zuzuhören") besteht darin, dass das Gespräch nicht vorankommt. Die Risiken zu offensiver Hypothesen und zu frühen Ansprechens von Emotionen liegen wiederum darin, Widerstand zu erzeugen. Gesprächsführende sollten also mit der Methode flexibel, einfühlsam und gleichzeitig mutig umgehen. Dabei geht es nicht um Perfektion. Vielmehr besteht immer die Möglichkeit, sich zu korrigieren und neue Versuche zu starten. Im Idealfall stellt sich ein Gesprächsfluss ein. „Gekonntes reflektierendes Zuhören kann beiden Seiten das Gefühl geben, wertvolle Zeit miteinander verbracht zu haben" (Miller/Rollnick 2015, S. 369). Miller und Rollnick geben für die Anwendung des aktiven Zuhörens folgende Empfehlung: Es ist besser, die Wiedergabe des Gehörten nicht als Frage, sondern als Aussage zu formulieren.

Beispiel:

> Vater: „Mich nervt es total, wenn meine Frau eingreift, wenn ich meinem Sohn den Laptop wegnehmen will". Aktives Zuhören als Frage: „Nervt es Sie, wenn Ihre Frau eingreift, wenn Sie Ihrem Sohn den Laptop wegnehmen?" Aktives Zuhören als Aussage: „Es nervt Sie also, wenn Ihre Frau eingreift, wenn Sie Ihrem Sohn den Laptop wegnehmen."

Bei der Formulierung als Frage ist der Vater jeweils aufgefordert, auf die Frage zu antworten, was häufig ein lapidares „Ja" hervorruft. Dann ist die oder der Gesprächsführende genötigt, eine neue Frage zu stellen. Im zweiten Fall fühlt sich die sprechende Person verstanden und geht in ihrem Gedankengang weiter voran.

Dazu einige Hinweise:
- Auf in anderen Konzepten empfohlene Einleitungssätze „Verstehe ich Sie richtig, dass…", „Ich höre aus ihren Worten, dass…" sollte man eher ver-

zichten, da sie einen psychologisierenden Charakter haben und auf Dauer eher als nervig empfunden werden.
- Es ist nicht notwendig, immer alle Details einer Aussage differenziert wiederzugeben. Häufig ist es von Vorteil, sich auf zentrale Aspekte zu fokussieren. Nach meiner Erfahrung sollen sich Gesprächsführende lieber kurzfassen. Es reicht manchmal, einen Halbsatz oder ein Schlüsselwort auszusprechen, um das Gespräch in Gang zu halten: „Frustrierend!" „Jede Menge zu tun!"
- Oft reicht es, zustimmend zu nicken, Laute wie „MhMh!" von sich zu geben oder kommentierende Worte wie „ojeh", „interessant" von sich zu geben. Diese Art zu arbeiten wird manchmal „Minimale Ermutigung, zu sprechen" oder despektierlicher „Therapeutisches Grunzen" genannt (vgl. Schäfter 2009: 79f.). Alle diese sprachlich hilfreichen Äußerungen und Gesten können den Gesprächsfluss unterstützen.
- Hinzu kommen nonverbale Spiegelungen des Gesagten. Die Sitzhaltung, die körperliche Zugewandtheit und das Anschauen der/des Anderen begleiten die verbale Kommunikation.

Praxis-Tipp

Die „offensiveren" Formen des Aktiven Zuhörens setzen allerdings nach meiner Erfahrung voraus, dass sich die Gesprächspartnerinnen und Gesprächspartner auf der Haltungsebene immer dazu eingeladen fühlen, mir bzw. ihrer Beraterin oder ihrem Berater zu widersprechen, falls das Aktive Zuhören nicht das Gemeinte trifft. Die Voraussetzung besteht also in einer guten Beziehung!

4.2 Praktizierte Ressourcenorientierung: Wertschätzung/ Würdigung

Die Mentalität meiner Heimat (Westfalen) zeigte sich in besonderer Weise in folgendem Satz: „Ich sage schon, wenn´s nicht schmeckt...". So geprägt habe ich es dann mit der ausdrücklichen Wertschätzung lange ebenso gehalten: Ich bin sehr sparsam damit umgegangen.

In der Beratungsausbildung erlebte ich dann, wie fruchtbar sich ernst gemeinte Wertschätzung auswirken kann, wenn sie ausgesprochen wird. Durch das positive Gruppenklima gegenseitiger Wertschätzung – vorbildlich gelebt von meinem Beratungslehrer Mohammed el Hachimi – konnte ich irgendwann im Verlauf des Ausbildungsprozesses mein Misstrauen gegen die geäußerte Wertschätzung aufgeben. Im Laufe der Jahre wurde mir die Achtsamkeit für die positiven Seiten meiner Mitmenschen und das Aussprechen meiner Wahrnehmungen immer selbstverständlicher – und heute lehre ich sie in meinen Trainings mit Freude.

Die Wertschätzung und Würdigung kann sich auf Geleistetes, auf das Bemühen um etwas, auf eine Haltung, auf Engagement und vieles mehr beziehen. Würdigung hat weder etwas mit Komplimenten, hinter denen sich meist Absichten verbergen, noch mit Loben zu tun. Lob sehe ich kritisch, denn es impliziert in der Regel eine Bewertung und verstärkt hierarchische Beziehungen.

Das Würdigen setzt dagegen eine Haltung voraus, die ehrlich wertschätzt, worum sich die oder der andere bemüht. Würdigung als prinzipielle Kommunikationsstrategie impliziert Anerkennung und gibt dem Bemühen eine Bedeutung. Diese Haltung erzeugt eine Aufmerksamkeit für Aspekte, die gewürdigt werden können, und schließlich die Bereitschaft, das auch mitzuteilen. Wertschätzung und Würdigung werden besonders dann „not-wendig", wenn Menschen in der Krise sind und sie scheinbar nichts Gutes mehr in ihrem Leben wahrnehmen. Damit unterscheiden sich Wertschätzung und Würdigung fundamental von einer gesellschaftlich aktuell populären Kultur gegenseitiger Komplimente.

Zu würdigen hat im Gesprächsführungs- und Beratungskontext unterschiedliche Funktionen:

- Zunächst stärkt eine Würdigung die Beziehungsebene. Jemand, der sich in seiner Persönlichkeit oder für sein Verhalten gewürdigt fühlt, fühlt sich besser angenommen, baut eher Vertrauen auf, als wenn keine Würdigung ausgesprochen wird.
- Würdigung und Wertschätzung können negative Selbstzuschreibungen, Bewertungen, Schuld- und Schamgefühle erschüttern und am Ende auflösen; somit Veränderungen überhaupt erst möglich machen.
- Mit einer Würdigung kann der Blick auf Ressourcen gerichtet werden, die motivieren und zu einer Veränderung beitragen können.

Würdigungen bestehen allerdings nicht nur in verbalen Äußerungen. Würdigung überschneidet sich in mindestens zwei Aspekten mit Empathie.

> „Zum einen beinhaltet die Praxis der Empathie eine Form der Würdigung. Indem wir uns bemühen, den inneren Bezugsrahmen des Klienten als den eines eigenständigen Individuums in angemessener Weise nachzuvollziehen, geben wir ihm zu verstehen: ‚Was Sie sagen, ist wichtig, und ich begegne Ihnen mit Respekt. Ich möchte begreifen, was Sie denken und empfinden'. Zum anderen sollte das Würdigen eine aufrichtige Geste sein, die zeigt, dass Sie etwas schätzen, was bei der Person wirklich vorhanden ist. Um das zu ermöglichen, ist es notwendig, zuzuhören und zu begreifen. Was man weder kennt noch zu schätzen weiß, kann man auch nicht aufrichtig würdigen"
>
> (Miller/Rollnick 2015, S. 87f.).

4.3 Praktizierte Moderation: Zusammenfassungen

Zusammenfassungen stellen professionelle moderative Dienstleistungen dar, die in ihrer Wirkung für den Beratungsprozess nicht zu unterschätzen sind. Wenn Fachkräfte sich klar darin sind, dass sie nicht für eine Lösung zuständig sind, sondern für einen guten Gesprächsprozess, sind Zusammenfassungen nicht nur am Ende eines Gesprächsprozesses notwendig, sondern sind auch zwischendurch immer wieder hilfreich. In Gesprächssituationen, in denen die Eltern ein Problem nach dem anderen erzählen, die Sichtweise aller möglichen Beteiligten beschreiben, schon viele Versuche einer Lösung gemacht haben oder nur einfach alles loswerden wollen, sollte die Beraterin oder der Berater das Gespräch fokussieren.

Hier sind Zusammenfassungen eine sehr gute Lösung, um dem Adressaten die Komplexität zu spiegeln und ihm selbst Steuerungsoptionen zu geben: „Wir haben jetzt über das und das und das gesprochen. Wo wollen wir weitermachen? Was ist am wichtigsten?" So ermöglicht die Zusammenfassung in Verbindung mit einer offenen Frage zum weiteren Vorgehen, das Gespräch durch „stürmische See" zu steuern, ohne selbst die Entscheidungen über die Richtung zu treffen.

Zusammenfassungen haben demnach folgende Funktionen:
- Sie helfen der oder dem Gesprächsführenden, für sich zu rekapitulieren, was zuvor besprochen wurde, und dann eine Entscheidung zu treffen, wie es gut weitergehen kann.
- Sie spiegeln dem Gegenüber, was alles gesagt wurde, und ermöglichen ihr oder ihm ebenso, Entscheidungen darüber zu treffen, was ihr oder ihm wichtig ist und wie es weitergehen soll.
- Sie stellen eine Erweiterung des Aktiven Zuhörens dar, weil sie sich auf längere Gesprächsabschnitte fokussieren.

4.4 Rat und Informationen anbieten – professionelle Optionen

Die Frage, ob man Klientinnen und Klienten Ratschläge geben darf oder nicht, ist zwischen unterschiedlichen Beratungsschulen umstritten. Die systemische Beratung spricht sich in dieser Frage tendenziell dogmatisch gegen Ratschläge aus (vgl. z. B. Barthelmess 2016), doch zeigen die Diskussionen in den Weiterbildungen immer wieder, wie sehr sich Fachkräfte unter Druck gesetzt fühlen, als Expertinnen und Experten sowohl den Jugendlichen als auch den Eltern konkrete Hilfestellungen geben zu sollen. Von den Adressaten werden sie mit Sätzen angesprochen wie „Sagen Sie mir doch, was ich tun soll!", „Ich habe alles ausprobiert, ich weiß nicht weiter!" „Sie haben das doch studiert!".

In der Entwicklung der Motivierenden Gesprächsführung haben Miller und Rollnick zu dieser Frage in den letzten Jahren einen vermittelnden Standpunkt eingenommen und schließen damit an das an, was König (2015) zur Komplementärberatung gesagt hat (vgl. 5.3):

> „Weil MI auf einem personenzentrierten Fundament aufbaut, wird mitunter fälschlicherweise der Schluss gezogen, dass Klienten niemals Informationen oder Ratschläge angeboten werden sollten. Jedoch gibt es in MI durchaus Situationen, in denen es angebracht ist, Informationen oder Ratschläge anzubieten – zum Beispiel wenn eine ratsuchende Person danach fragt. Aber dabei sind mindestens zwei wichtige Unterschiede im Vergleich zum ungefragten Vorbringen einer streng lenkend vorgetragenen Expertenmeinung zu beachten. Erstens gibt man in MI Informationen oder Ratschläge immer nur mit Erlaubnis. Zweitens überschüttet man niemanden mit Informationen, ohne seine Sichtweise und Bedürfnisse gründlich verstanden zu haben und ihm zu helfen, eigene Schlüsse zur Relevanz jeder angebotenen Information zu ziehen"
>
> (Miller/Rollnick 2015, 53f.).

Miller und Rollnick zeigen damit einen pragmatischen und gleichzeitig professionellen Weg auf und geben praktische Hinweise. Bei der Anwendung dieser Methode beschreiben sie einen „Dreischritt":

1. **Ankoppeln**[3]: Im ersten Schritt ist zu erfragen, welche Vorkenntnisse Eltern zu einem Thema haben, über das informiert werden soll, und welche Lösungsmöglichkeiten schon ausprobiert oder in Erwägung gezogen wurden. Bei profundem Vorwissen bietet es sich an, mit ihnen diese Informationen zu sortieren und zu bewerten; und zweitens ist um Erlaubnis zu bitten bzw. nachfragen, ob Interesse an einer Information oder Empfehlungen besteht. (Unvergesslich ist mir eine Situation, in der ich Eltern über Konzentrationsstörungen informieren wollte und dann feststellen musste, dass sie schon das gesamte Internet zum Thema ADHS durchsucht hatten. Umfassend, allerdings tendenziös informiert waren.
2. **„Rat und Infos zur Verfügung stellen"**: Die Informationen kurz und knapp darstellen; die Empfehlungen – möglichst mehrere – als Optionen anbieten.
3. **Rückkoppeln:** wiederum nachfragen, was die betroffene Person damit anfangen will, ob es verständlich ist, ob dies möglicherweise eigene Ideen hervorruft.

---

3   Miller und Rollnick nennen diesen Dreischritt „elicit" – „provide" – elicit".

Praxis-Tipp

Folgende weitere Hinweise sind nach meiner Erfahrung ebenfalls hilfreich:
- Bei der Vermittlung von Informationen sollte eine Fachkraft klar unterscheiden, ob es sich um ihre Meinung zu einem fachlichen Thema oder um wissenschaftlich evidente Informationen handelt. Sachgerechte Informationen kann sie nur dann vermitteln, wenn sie in dem Thema wirklich kompetent ist; im Zweifelsfall sollte sie besser Hinweise geben, wo die Eltern kompetent informiert werden. Sie kann auch ihre Meinung äußern, aber dann sollte diese eindeutig als persönliche Einschätzung gekennzeichnet sein!
- Bei regelmäßig vorkommenden Themen ist es hilfreich, entsprechende Fachinfos als Flyer mitzugeben oder gute Literatur zu empfehlen und ggf. die Bücher zur Ansicht zu zeigen. Auch der Verweis auf gute Youtube-Videos kann Eltern weiterhelfen.
- Bei Ratschlägen ist der Hinweis wichtig, dass es um Optionen, Möglichkeiten und Ideen geht, weniger um fertige bzw. richtige Lösungen.

Insgesamt haben Miller und Rollnick mit dieser Methode einen wirklich guten fachlichen Kompromiss zwischen „Abstinenz von Ratschlägen" und „Bevormundung" geliefert.

4.5 Feedback – „Ich-Botschaften"

Feedback ist einer derjenigen Kommunikationsakzente, der die Bildungslandschaft durchzieht. Schüler-Feedback ist nach John Hattie einer der wichtigsten wirksamen Optionen, die Lehrkräften für effektive Bildung zur Verfügung stehen. „Mit einer hohen Effektstärke (d=0.73) und der Umsetzungsmöglichkeit auf sämtlichen Ebenen des Bildungsbereichs, ist Feedback gemäß Hattie (2015, S. 206 ff.) ein Faktor mit starkem Einfluss auf das Lernen" (Hischier 2016, S. 1). Durch Feedback können Fachkräfte ihre eigenen Wahrnehmungen, Beobachtungen und Einschätzungen an die Eltern und Schüler zurückmelden und damit verfügbar machen. Auch Thomas Gordon hat eine effektive Rückmeldeform mit dem Begriff der „Ich-Botschaften" bekanntgemacht. Er empfiehlt sowohl Eltern (in Kommunikation mit ihren Kindern) als auch Lehrkräften den Gebrauch von derartigen Rückmeldungen, um z. B. mit als schwierig erlebten Verhalten konstruktiv umzugehen. Und in dem Elterntraining „Kinder im Blick" (www.kinder-im-blick.de) lernen Eltern, ihren Kindern positive Rückmeldungen zu geben, um sie vom Druck elterlichen Streits zu entlasten.

Hischier (2016) verweist darauf, dass Feedback eine Kommunikationsstrategie ist, die sich im Dreieck der Bildungs- und Erziehungspartnerschaft (El-

tern – Schülerin/Schüler – Lehrkraft) sehr gut gegenseitig einsetzen lässt. Aus didaktischer Perspektive würde Feedback oft als ein einseitiger Prozess verstanden, bei dem Lehrpersonen Rückmeldungen an Lernende geben. „Hattie betont jedoch, dass dieses Instrument in verschiedene Richtungen oder wechselseitig anwendbar ist. Ein mögliches Setting wäre (vgl. Pirani, 2014):
- Lehrende geben Feedback zu Aufgabenlösung, Lernprozess und zur Selbstregulation der Lernenden.
- Schülerinnen und Schüler geben Rückmeldung zu den initiierten Lernarrangements und dem damit verbundenen Erfolg des Unterrichts.
- Kommunikation mit Eltern und deren Feedback zum Schulbetrieb" (Hilschier 2016, S. 3).

Für die Qualität und positive Wirkung guten Feedbacks sind mindestens zwei Aspekte ausschlaggebend: die Qualität des Feedbacks nach bestimmten Kriterien und die Qualität der Beziehung bzw. der Kommunikationssituation.

Ziel des Feedbacks ist nicht eine Bewertung von Leistungen und Verhalten (= summative Evaluation), sondern der Abgleich der Entwicklung bezüglich gemeinsam formulierter Ziele auf dem Hintergrund (Wwh.) des Entwicklungsstandes zum Zeitpunkt des Feedbackgesprächs. Gegenseitige Wertschätzung, eine positive Fehlerkultur, Empathie und Respekt haben die Qualität von Gelingensbedingungen für Feedback (vgl. Pirani, 2014). Dabei darf Wertschätzung in Zusammenhang mit Feedback nicht mit Lob verwechselt werden. „Lob enthält meist nur wenig aufgaben-, prozess- oder selbstregulations-bezogene Informationen" (Hischier 2016, S. 2). Stattdessen gehe es darum, „das Lernen aus der Sicht der Lernenden zu sehen, ein echtes Interesse am Lernprozess und Freude über das entgegengebrachte Vertrauen zu zeigen" (a.a.O., S. 2). In Anlehnung an Hattie kann man drei Ebenen des Feedbacks unterscheiden:
- Das, was bezogen auf die gesteckten Ziele zielführend von den Eltern, dem Schüler oder der Lehrkraft unternommen worden ist; Feedback bedeutet hier, dass die Beteiligten sich mitteilen, welche Wahrnehmungen sie von den anderen Entwicklungspartnerinnen in Bezug auf diesen Punkt haben;
- wie der Entwicklungsprozess wahrgenommen wird, und welche Verbesserungsvorschläge es gibt;
- Rückmeldungen zur Selbstregulation des Lernenden bzw. zur eigenständigen Förder-Kompetenz und ggf. zum Unterstützungsbedarf der Eltern bei der Aufgabenumsetzung.

Hinzu kommen emotional-kommunikative Rückmeldungen; so werden „positive Emotionen angesprochen, um die Selbstwirksamkeitsüberzeugung der Lernenden und die Lehrer-Schüler-Beziehung zu stärken" (Hischier 2016, ebd.). Und man kann hinzufügen: auch zur Stärkung der Selbstwirksamkeit der Eltern.

„**Ich-Botschaften**" als eine Variante des Feedbacks stellen nach Gordon eine gute Option dar, um insbesondere Rückmeldungen zu als problematisch empfundenen Situationen und Verhaltensweisen zu ermöglichen. Dies in einer Weise, die Eskalation vermeidet (vgl. dazu 4.7) und zum gemeinsamen Klärungsprozess einlädt. Vorwürfe, Beschuldigungen und Anklagen tragen selten zur Lösungsfindung bei („Du-Botschaften"). Stattdessen empfiehlt Gordon, bei den „Ich-Botschaften" drei Ebenen klar zu unterscheiden:
- Beschreibung dessen, was für die Fachkraft ein Problem darstellt,
- Formulierung der Auswirkungen für die Fachkraft,
- Formulierung der Gefühle der Fachkraft.

Für Gordon ist die Reihenfolge nicht sklavisch einzuhalten, vielmehr wird eine Ich-Botschaft als „ehrliche, offene Feststellung des Lehrers, als ‚sein Standpunkt' aufgenommen und verstanden werden" (Gordon 1974, S. 128). Ausschlaggebend für das Gelingen ist es, alle Anflüge von Bewertung, Belehrung, Vorwurf etc. zu vermeiden und stattdessen zu betonen, dass es um die Suche nach gemeinsamen Lösungen geht. Mit der Beschreibung der eigenen Emotionen – wenn sie ehrlich und authentisch ausgesprochen werden – öffnen sich Fachkräfte und fühlen sich in diesem Moment (unter Verzicht auf die institutionelle Macht, die ihnen das System Schule eigentlich im Konfliktfall verleiht) möglicherweise verletzlich und schutzlos. Doch für gelingende Beziehungen ist dieser Weg prinzipiell wertvoller und zielführender.

Praxis-Tipp
Vielleicht gibt es in besonderen Fällen Beziehungskonstellationen, in denen institutionelle Mechanismen („Ordnungsmaßnahmen") als letzter Schritt unausweichlich sind, doch meine Erfahrung zeigt, dass diese rote Karte oft zu früh gezogen wird (vgl. auch 6.3: Grenzsetzung).

4.6 Selbstoffenbarungen

Schließlich stellt sich die Frage, wie viel Fachkräfte von sich persönlich, von ihrem Familienleben, von eigenen Lebenskrisen, von eigenen Schulerfahrungen berichten sollten. Wenn man manchen Elterngesprächen beiwohnen durfte, drängt sich der Eindruck auf, dass von dieser Option mitunter allzu freizügig Gebrauch gemacht wird, während andere Fachkräfte dies wiederum vollständig vermeiden. Für sie gilt mit der Begründung professioneller Distanz, nichts von sich persönlich preiszugeben.

Praxis-Tipp
Ich plädiere hier für einen „gesunden Mittelweg" aufgrund folgender Erfahrungen:
Viele der Hinweise, die Fachkräfte vor ihrem persönlichen Hintergrund geben, haben den Charakter unprofessioneller Ratschläge (vgl. 7.5). Sätze wie „Ich habe auch Kinder, und meine Kinder sind pünktlich in der Schule!", „Bei mir klappt es mit den Hausaufgaben am besten, wenn...", „Ich habe als Kind auch mal eine Ohrfeige bekommen, und ich schlage meine Kinder nicht!" oder „Fragen Sie mal meinen Mann, wie das bei uns morgens läuft..." tragen selten zu einer guten Lösungsfindung bei. Andererseits verstärkt eine völlige Tabuisierung von Mitteilungen aus dem Privatleben eine hierarchische Beziehung. Neutralität kann dann zu einer bedrohlich wirkenden Distanz führen.

In der Psychotherapie gibt es den etwas sperrigen, gleichwohl aussagekräftigen Begriff der „kontrollierten Selbstoffenbarung" (vgl. z. B. Anderssen-Reuter 2013, S. 117), der eingeführt wurde, um die Hierarchie zwischen einem gottähnlichen Therapeuten und dem abhängigen Klienten abzubauen und den intersubjektiven Charakter der Beziehung zwischen Klient und Therapeut zu stärken („Außerhalb der Praxis sind wir einfach nur Menschen!"). Diesen Gedanken kann man auch sehr gut für die Beziehungsgestaltung zwischen Eltern, Schülerinnen und Schülern sowie Fachkräften nutzen. Dabei ist zu unterscheiden zwischen unterschiedlichen Arten von Selbstoffenbarungen; Miller und Rollnick geben Hinweise, die dabei zu beachten sind:
- *Mitteilungen darüber, welche Impulse, Gefühle und Gedanken im Hier und Jetzt des Gesprächs ausgelöst werden:* Mit Bezug auf Carl Rogers plädieren Miller und Rollnick dafür, „im Einklang mit den eigenen Reaktionen zu sein, mit dem, was in der eigenen Erfahrungswelt vorgeht, wenn man mit Klienten arbeitet. Auf der Ausdrucksebene bedeutet Echtheit, diese Vorgänge dem Klienten mitzuteilen" (Miller/Rollnick 2015, S. 178). Damit sei aber etwas völlig anderes gemeint, als einfach Geschichten aus der eigenen Vergangenheit zu erzählen; und es sei keinesfalls notwendig, immer alle persönlichen Reaktionen mitzuteilen, sondern es könne unter den unten genannten Kriterien zu dem Gesprächsziel beitragen, in einzelnen Situationen gelegentlich diese eigenen Kommunikationswahrnehmungen zu kommunizieren.
- *Mitteilung eigener Erfahrungen, um Empathie zu veranschaulichen:* Das gelingt situativ da, wo es passende Erfahrungen gibt. Wenn es um Krisen oder Probleme geht, mit denen Fachkräfte selbst zu tun hatten (Tod eines Familien-

mitgliedes, Beziehungskrisen, Erziehungsschwierigkeiten, eigene Brüche in der Bildungsbiografie usw.), kann die Rückmeldung „Ich kenne das aus eigener Erfahrung, was sie da gerade durchmachen!" als hilfreich erlebt werden. Doch gilt auch die Wahrheit, dass nicht jeder Mensch süchtig gewesen sein muss, um Menschen mit Suchtproblemen gut helfen zu können.
- *Veranschaulichung von Problemlösungen:* Es mag hilfreich sein, mitunter von eigenen Lösungen der Probleme zu berichten, die gerade Thema sind; allerdings nie in dem Gestus, dass das die richtige Lösung sei.

Vor diesem Hintergrund bieten Miller und Rollnick folgende Kriterien für Selbstoffenbarungen an (a.a.O., S.178ff.):
- Selbstoffenbarungen sollten wahr sein; so wäre es kontraproduktiv, wenn eine kinderlose Fachkraft sagen würde: „Wissen sie, ich habe selbst Kinder, ich weiß, wie das ist!".
- Selbstoffenbarungen sollten keinen Schaden anrichten, indem man sich selbst z. B. zum Vorbild macht und Selbstabwertungen des Gegenübers unterstützt.
- Es sollte einen klar erkennbaren Grund geben, was die Selbstoffenbarung bewirken kann (s. o.).

Unter dem Strich sollten Selbstoffenbarungen immer reflektierte Äußerungen sein, die sich im Kontext begründen lassen.

4.7 Was wenig hilft: populäre und unpopuläre „Kommunikationsfallen"

Während ich zuvor dafür plädiert habe, dass wir auf einen Schatz guter intuitiver Kommunikationsgewohnheiten vertrauen sollten, auf die wir unsere professionelle Kommunikationskompetenz aufbauen können, kommt jetzt der unangenehmere Teil dieser Botschaft. Leider ist es so, dass wir in unserer gesellschaftlichen Gesprächskultur eine Reihe von Kommunikationsstrategien benutzen, die für gelingende Beziehungen eher ungünstig sind. So basiert mein Elternkabarettprogramm „Anleitung zur Unzufriedenheit für Eltern" (www.bartscher.info) darauf, die Absurdität solcher Kommunikationsstrategien im Erziehungsalltag vor Augen zu führen. So wirkungslos und kontraproduktiv sie auch sind: Sie werden täglich wiederholt – und an der Erfolglosigkeit haben immer die anderen Schuld. Wenn Eltern zum Beispiel Fragen stellen wie „Warum räumst du dein Zimmer nicht auf?" und dies in der Absicht tun, ein Kind dazu anzuhalten, mit dem Aufräumen zu beginnen, dann lässt sich das leicht als völlig hilflose Reaktion vorstellen; ändert aber nichts daran, dass viele Eltern das tausendfach tun.

Vergleichbar fruchtlose oder sogar kontraproduktive Kommunikationsstrategien gibt es auch von Fachkräften im Umgang mit Schülerinnen und Schülern oder Eltern. Thomas Gordon nennt zwölf solcher „Straßensperren auf dem Weg zur Kommunikation" (Gordon 1974, S. 52ff.; Beispiele von mir):

Thomas Gordons „Straßensperren"	Einige Beispiele
1. Befehlen, kommandieren, anordnen	• „Sorgen Sie dafür, dass ihr Kind den Tornister packt!" • „Sie müssen konsequenter sein!"
2. Warnen, drohen	• „Wenn ihr Kind jetzt sein aggressives Verhalten nicht in den Griff bekommt, werden wir es von der Schule verweisen müssen!" • „Wenn Ihr Sohn noch einmal andere Kinder ärgert, wird es eine schulische Ordnungsmaßnahme geben".
3. Moralisieren, predigen, mit „müsstest" und „solltest" argumentieren	• „Sie müssten häufiger den Tornister kontrollieren" • „Sie sollten sich mehr Zeit für ihr Kind nehmen!" • Wie können Sie als Vater ihrem Kind nur sagen, dass es zurückschlagen soll, wenn es geschlagen wird!"
4. Raten, Lösungen oder Vorschläge anbieten	• „Sie sollten sich mehr um die Hausaufgaben kümmern!" • Sie sollten früher aufstehen, damit ihr Kind pünktlich zur Schule kommen kann." • (Für diesen und für den folgenden Punkt gilt einschränkend, was in Kap. 7.5 zu professionellen Optionen des Rat und Informationen Anbietens gesagt wird)
5. Belehren, Vorträge halten, mit logischen Argumenten kommen	• „Eltern sollten sich gut um die Hausaufgaben kümmern!" • „Wie soll ihr Kind die Schule schaffen, wenn es nie die Hausaufgaben macht?"
6. Verurteilen, kritisieren, widersprechen, beschuldigen	• „Gute Eltern schlagen ihre Kinder nicht!" • „Es liegt an ihrem Kind, dass so viel Unruhe in der Klasse ist!" • „Sie lernen nicht genug Vokabeln mit ihrem Kind!"
7. Beschimpfen, Klischees verwenden, etikettieren	• „Ihr Kind passt nicht in unsere Schule!" • „Ihr Kind ist ein Störenfried!" • „Die Väter müssen sich mehr um die Kinder kümmern!" • „Sie sind eine richtige Helikoptermutter!"

4.7 Was wenig hilft: populäre und unpopuläre „Kommunikationsfallen"

8. Interpretieren, analysieren, diagnostizieren	• „Vermutlich haben Sie schlechte Schulerfahrungen gemacht, weil sie hier so aggressiv auftreten!" • „Ihr Kind hat ADHS."
9. Loben, zustimmen, positive Bewertungen geben	• „Sie sind sehr gute Eltern!" • Das machen Sie sehr gut mit ihrem Kind!" • „Sie sind so ein engagierter Vater!"
10. Beruhigen, mitfühlen, trösten, unterstützen	• „Das wird schon..." • „Sie tun mir aber wirklich leid!" • „Warten sie ein paar Wochen, dann sieht die Welt wieder ganz anders aus!" • „Ich stelle mir ihre Situation schrecklich vor..." • „Ich frage mal eine andere Mutter, ob die nicht nachmittags mit ihrem Kind die Hausaufgaben machen kann..."
11. Fragen, sondieren, verhören, ins Kreuzfeuer nehmen	• „Wie lange gehen Sie denn arbeiten?" • „Wie benimmt sich ihr Kind denn zu Hause?" • Wie ist denn ihre Beziehung als Eltern?"
12. Zurückziehen, ablenken, sarkastisch sein, aufheitern, zerstreuen	• „Kopf hoch!" • „Nehmen Sie das nicht so ernst!" • „Sie halten sich wirklich für eine gute Mutter?" • „Sie wollen gute Eltern sein?"

Tab. 6: Gordons Straßensperren der Kommunikation

Auf den ersten Blick könnte man die Frage stellen: „Ja, was bleibt uns denn dann noch übrig?", denn alle diese Strategien wenden nicht nur Fachkräfte an, sondern auch Eltern im Umgang mit ihren Kindern. Und wir sind ja auch nicht immer erfolglos mit diesen Methoden, nur implizieren sie alle Entwicklungstendenzen, die auf die Dauer ungünstig für gute Beziehungen sind:

- Viele der Strategien implizieren ein „Besserwissen" und erzeugen selbst dann, wenn sie funktionieren, beim Gegenüber eine Schwächung des Selbstwertgefühls.
- Manche Strategien betonen die Hierarchie in der Beziehung (als Lehrkraft, als Vater oder Mutter). Doch leider sind sie in den meisten Fällen Durchsetzungsstrategien, um Anordnungen und Befehle nachhaltig wirken zu lassen. Und hier stellt sich die Frage, ob hierarchiebasierter Gehorsam wirklich das Ziel unserer Erziehung sein sollte.
- Manche Strategien haben manipulative Tendenzen, und zwar dann, wenn Kinder durch Lob oder positive Bewertungen in eine bestimmte Richtung gedrängt werden sollen.

- Wiederum andere Strategien haben abwertende, herabwürdigende Implikationen, die im strengsten Sinne gegenüber Kindern sogar verboten sind, weil sie als eine Form der Gewalt verstanden werden können (z. B. Beschimpfungen, Etikettierungen).
- Und zuletzt: Einige Strategien signalisieren eine Unterwürfigkeit, die bei Heranwachsenden das Gefühl der Stärke und des Überlegen-Seins selbst im Unrecht verstärkt.

Gordon zeigt stattdessen in der Tradition Carl Rogers Möglichkeiten auf, wie mit wenigen elementaren positiven Kommunikationsstrategien Konflikte gelöst werden können; dies auf Basis einer Grundhaltung, in der es nicht darum geht, Rechtspositionen durchzusetzen, sondern gemeinsame Lösungen ohne Gesichtsverlust des anderen zu finden. So können Fragen, Mitgefühl oder Würdigungen des Gegenübers auf Basis einer professionellen Haltung und an der richtigen Stelle im Gespräch durchaus professionelle Optionen sein.

Miller und Rollnick kontrastieren ihrerseits Empfehlungen für gute Gesprächsführung durch einige typische Fallen, in die Gesprächsführende tappen können (Miller/Rollnick 2015, S. 60ff.):

- In die **Diagnosefalle** tappen Fachkräfte, wenn sie sich bewusst oder unbewusst am ärztlichen Modell orientieren. Durch viele geschlossene (anamnestisch oder diagnostisch wirkende) Fragen erzeugen sie möglicherweise den Eindruck eines Experten, der als Ergebnis Medikamente bzw. „richtige" Verhaltensweisen verschreibt. Eine solche Gesprächsführung erzeugt oder verstärkt eine passive oder unterwürfige Haltung des Adressaten, statt seine Eigenverantwortung für eigene Lösungssuche zu aktivieren.
- Mit der Diagnosefalle geht die **Expertenfalle** einher, in der Fachkräfte dazu neigen, sehr schnell Ratschläge zu geben und damit zu suggerieren, dass sie wissen, was für die Adressatin oder den Adressaten richtig ist. Auch hier wird die Kreativität und Eigenverantwortung der Klientin oder des Klienten geschwächt.
- Die **Etikettierungsfalle** geht mit der vorgenannten Falle einher. Fachkräfte sollten der Versuchung widerstehen, einem Problem vorschnell einen Namen zu geben. „Das Kind hat ADHS". „Die Eltern sind nicht mitwirkungswillig". „Das sind Mustereltern". Derartige Etikettierungen signalisieren eine Pseudo-Fachlichkeit, verstärken Hierarchie und verhindern differenzierte Problemanalyse und Lösungssuche.
- In die **Falle der vorschnellen Fokussierung** tappen Fachkräfte, wenn sie nach kurzen Gesprächssequenzen den Eindruck gewinnen, sie hätten verstanden, was das Problem ist, und sich nur noch von ihrer „Idee vom Problem" leiten lassen und auf eine von ihnen für richtig gehaltene Lö-

sung zusteuern. Hilfreicher ist es jedoch, für unterschiedliche Annahmen über das Problem und über verschiedene Lösungen offen zu bleiben und erst dann, wenn Beziehung und Anliegen gründlich geklärt sind, an einer Lösung zu arbeiten.

- Die **Schuldzuweisungs-Falle** bedient das Bedürfnis von Eltern zu sagen, es läge zum Beispiel am Partner, dass das Kind so schwierig ist. Darauf sollten Fachkräfte keineswegs eingehen, genauso wenig wie auf Selbstanklagen („Das liegt alles nur an meiner Inkompetenz als Vater, ich versage einfach!"). Die Suche nach der Schuld kostet viel Zeit, erzeugt negative Energien und bringt wenig bis nichts für eine Lösung.
- In die **Small-Talk-Falle** geraten Fachkräfte dann, wenn der zu Beginn eines Gespräches notwendige „Small Talk" („Joining") ausufert und es den gesprächsführenden Fachkräften nicht gelingt, das Gespräch zu strukturieren und zu steuern. In einer Therapiestudie zeigte sich, dass sich zu langer Smalltalk negativ auf die Veränderungsmotivation auswirkte (vgl. Miller/Rollnick 2015, S. 66).

5 Gespräche als Beziehungsprozess: vorbereiten, planen, durchführen, nachbereiten

Die verschiedenen Arten von Gesprächen (vgl. Tab. 1: Kommunikative Anforderungen im schulischen Alltag) stellen aus meiner Sicht und nach meiner langjährigen Erfahurng das Herzstück von Bildungs- und Erziehungspartnerschaften dar.

In den folgenden Kapiteln habe ich aus diesem Grund viele ganz unterschiedliche Anregungen zusammengetragen, die Leserinnen und Lesern helfen können, Gespräche im Rahmen ihrer Professionalität gut vorzubereiten, durchzuführen und nachzubereiten.

5.1 Gespräche als Beziehungsprozess

Ich möchte mit dem bekannten und dem deutschen Fußballtrainer Sepp Herberger zugeschriebenen, aber abgewandelten Satz beginnen: „Nach dem Gespräch ist vor dem Gespräch!" (Im Original: „Nach dem Spiel ist vor dem Spiel".)

Wenn man die von Miller und Rollnick genutzte Kategorie der Prozesse aufgreift (vgl. 3.4.3), dann kann man sich Beziehungen in den universalen Prozesskategorien „Orientierung – Kontakt – Klärung – gemeinsames Tun – Abschied" vorstellen. In diesen Prozessablauf sind die Gespräche, um die es in diesem Buch geht, eingebettet; quasi wie Punkte, an denen sich die Beziehung konkretisiert. Gute Gesprächsführung hat dies im Blick und will Beziehungen gestalten. Es geht bei guter Gesprächsführung also nicht nur um das einzelne Gespräch, sondern immer auch um den gesamten Prozess der Beziehung.

Die oben beschriebenen Prozessschritte finden sowohl auf der Makroebene der gesamten Beziehung statt als auch auf der Ebene des einzelnen Gesprächs. Was oft nicht mit bedacht wird: Die gesamte Kooperationsbeziehung beginnt vor dem allerersten Kontakt und endet (nicht unbedingt) mit dem Abschied. Jedes Gespräch beginnt mit einem Vorlauf, in dem einer der Entwicklungspartner über eine Kontaktaufnahme nachdenkt, schließlich zum Hörer greift oder eine Mail aufsetzt und um einen Gesprächstermin bittet. Das Gespräch endet mit dem Abschied und der Nachbereitung. Gute Gesprächsführung bedeutet, die Prozessebenen als Landkarte im Kopf zu haben und situationsgenau zu reagieren.

5.2 Kurze Gespräche – lange Gespräche

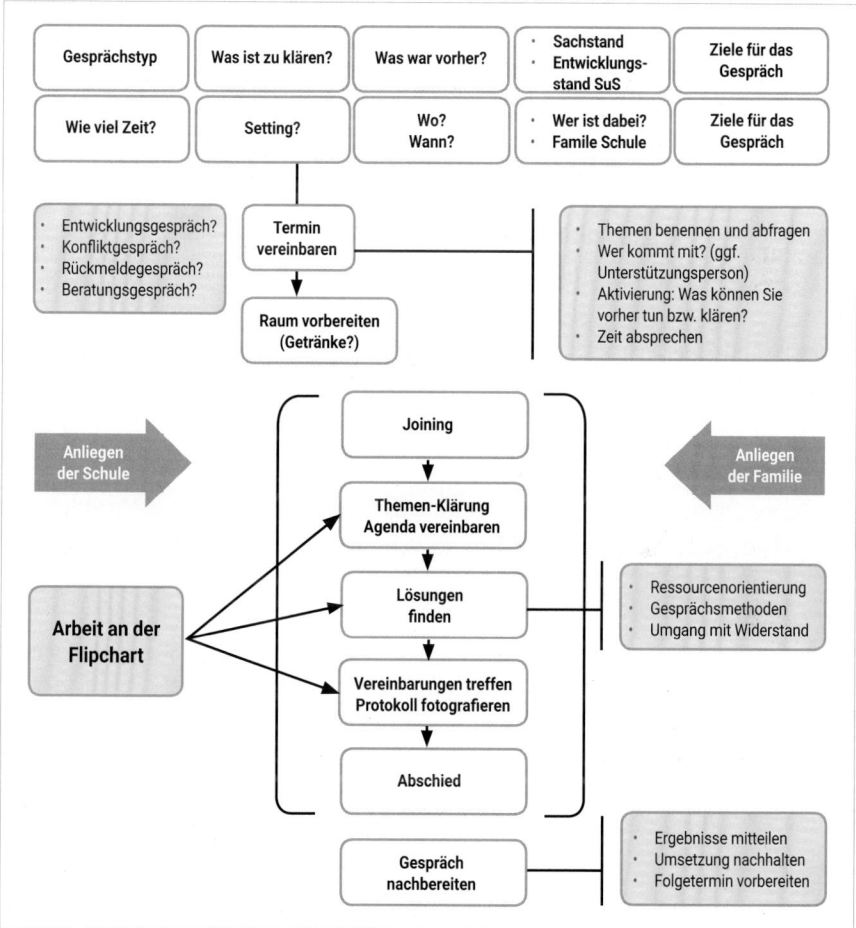

Abb.4: Landkarte für Gespräche

5.2 Kurze Gespräche – lange Gespräche

Da Konzepte der Professionalisierung von Kommunikation oft aus dem Kontext von Beratung und Therapie stammen, werden Standards übertragen, die auch die Länge von Gesprächen betreffen. Die Länge von Gesprächen ist häufig eine Frage der Team- oder Organisationskultur. Eine Kollegin im Jugendamt sagte einmal, als ich ihr vor einem Gespräch mitteilte, dass es für 30-45 Minuten geplant sei, sie mache keine Termine unter 90 Minuten. Das kann für die Kollegin sinnvoll sein, jedoch gibt es gerade im Kitabereich sinnvolle Ansätze, gerade die sogenannten „Tür- und Angelgespräche" als Teil der professionellen Beziehungsgestaltung zu betrachten. Solche beiläufigen Gesprächsgelegenheiten kommen im schulischen Bereich seltener vor, aber es gibt auch hier Anlässe, bei denen man sich unverhofft trifft. Miller und Rollnick vertreten dazu eine pragmatische Haltung: „MI ist keine Behandlungsform, die eine festgelegte Menge an Zeit erfordert. Sie ist eine spezielle Art, mit Menschen zu reden, Fragen zu stellen und auf das Gesagte zu reagieren. Schon eine einzelne Äußerung kann mehr oder weniger ‚MI-gemäß' sein" (Miller/Rollnick, S. 369). Schon die einfache Wendung der Frage „Warum versuchen Sie nicht …?" zu „Was meinen Sie, was bei Ihnen funktionieren wird …?" könne das Ergebnis der Interaktion verändern. Andererseits brauchen herausfordernde und schwierige Themen genügend Zeit, um alle wichtigen Aspekte zu besprechen. Wichtiger als die Frage, wie lange ein einzelnes Gespräch dauern sollte, scheint mir der oben beschriebene Gedanke zu sein, Kommunikation als Prozess zu betrachten. Nicht alle anstehenden Fragen müssen in einem einzelnen Gespräch abgearbeitet werden.

Praxis-Tipp

In der Praxis werden schulische Elterngespräche häufig mit zu vielen Anliegen überfrachtet, ganz nach der Devise: „Wenn man sich schon einmal trifft, dann soll auch alles erledigt werden." Das gelingt aber selten und erzeugt Frust und noch weiteren Aufwand. Aus meiner Sicht ist es viel sinnvoller, ein Gespräch an einer geeigneten Stelle – vor allem an einem Punkt, an dem gute Ergebnisse erarbeitet wurden – zu beenden und weitere Inhalte auf einen neuen Termin zu vertagen. An einem für Eltern positiven Punkt einen neuen Termin zu vereinbaren, hat den Vorteil, dass Eltern, die mit einem guten Gefühl aus dem Gespräch gehen, bereitwilliger wiederkommen. Das tut dem gesamten Beziehungsprozess gut.

Häufig höre ich den Einwand, für mehrere Gespräche sei die Zeit nicht vorhanden. Ich kann darauf nur antworten, dass nach meiner Wahrnehmung unglaublich viel Zeit durch unnütze Konfrontation oder überfrachtete Termine, bei denen hinterher niemand mehr weiß, was eigentlich das Thema war, vergeudet wird. Ich beobachte ebenso, dass durch zu spätes Miteinandersprechen Probleme so eskalieren, dass der Zeitaufwand für eine Klärung exponentiell steigt. Insofern gilt es für Fachkräfte, die professionell arbeiten wollen, ihren eigenen Zeit-Rhythmus zu finden und diesen mit den Eltern zu teilen.

Darüber hinaus gibt es Routinen für Elterngespräche, die man möglicherweise hinterfragen sollte. Eine unsinnige Routine ist z. B. die Vorgabe für viele Elternsprechtage. Wie will man in 7,5 oder 10 Minuten sinnvoll kommunizieren? Damit werden Chancen verpasst; und eine zu kurze Zeit ist möglicherweise noch ineffektiver für die Zusammenarbeit als gar kein Treffen. Man kann hier höchstens einige Informationen austauschen und sich, wenn dies möglich ist, bei weiterem Gesprächsbedarf zu neuen Terminen verabreden.

>
> **Praxis-Tipp**
> Viel besser ist es, einmal im Jahr oder besser zweimal im Jahr eigens anberaumte Termine für Entwicklungsgespräche zu vereinbaren und sich dafür ausreichend Zeit zu nehmen (vgl. auch den Bericht über internationale Standards der Zusammenarbeit in Kap. 1.1).

⬇ Download 3: Hinweise zu Gesprächsführungsregeln und Beratungs-Konzept der Schule

5.3 Vorbereitung eines Gesprächs in 10 Schritten

Wenn ein konkretes Gespräch vorzubereiten ist, sollten folgende 10 Punkte sorgfältig abgearbeitet werden:

Schritt 1: Wie sieht der Kontext des Gespräches aus? Was ist zuvor gelaufen, was kommt möglicherweise später auf die Gesprächspartner zu? Wer im Kollegium hat mit der Familie zu tun: Was ist über die Familie bekannt? Gibt es neben dem geplanten Gesprächsthema andere Kommunikationsstränge in der Schule (z. B. eine Beschwerde der Eltern bei der Schulleitung, ein Konflikt mit einer anderen Lehrkraft, ein Engagement des Vaters in einer Freizeit-AG, eine Betreuung der Familie durch das Jugendamt auf Initiative der Schule u.v.m.)?

Schritt 2: Was ist das Thema des Gesprächs? Wer hat in dem Gespräch welches Anliegen? (Dies muss natürlich später auch im Gespräch besprochen werden, aber häufig weiß oder ahnt man schon in der Vorbereitung, worum es geht.) Welches eigene Anliegen hat die Fachkraft oder welche Anliegen haben andere Fachkräfte der Schule? Worum könnte es möglicherweise noch gehen? Was sollte nicht besprochen werden?

Schritt 3: An dieser Stelle sind auch die Überlegungen zu den unterschiedlichen Gesprächstypen zu berücksichtigen (s. Kap. 1). Handelt es sich um ein Rückmeldegespräch, welches die Lehrkraft initiiert hat, um die Entwicklung des Kindes oder Jugendlichen anzusprechen oder ein Problem zu klären? Oder handelt es sich um ein Konfliktgespräch, weil die Eltern sich beschweren wollen? Oder handelt es sich um ein idealerweise regelmäßig stattfindendes Entwicklungsgespräch im Rahmen einer echten Bildungs- und Erziehungspartnerschaft (s. auch Kap. 1, internationaler Forschungsstand)?

Schritt 4: In diesem Schritt sollten Informationen über die Entwicklung des betroffenen Kindes oder Jugendlichen, aber auch Informationen über die Eltern ggf. mit anderen Fachkräften zusammengetragen werden. Bei schwierigen Gesprächen ist es besonders relevant, die „Ressourcenbrille" aufzusetzen. Denn wenn man im Kollegium nur die Probleme sammelt, die mit dem Kind und den Eltern bestehen, wird dieses Gespräch mit hoher Wahrscheinlichkeit eskalieren. Provokativ könnte man sagen: Wenn ich bei den Eltern und bei dem Kind überhaupt keine Ressourcen entdecken kann, brauche ich das Gespräch überhaupt nicht erst zu beginnen. Selbst dann, wenn wenn es um eine mögliche Kindeswohlgefährdung geht, gehört der Blick auf die Ressourcen immer dazu.

Schritt 5: Überlegen Sie auch: Wer soll an dem Gespräch beteiligt sein? Führt die Lehrkraft das Gespräch allein? Kommt die Schulsozialarbeiterin oder der Sonderpädagoge hinzu, vielleicht sogar die Leitung?

Wenn die Leitung hinzukommt: Warum geschieht das? Einfach nur, weil die Leitungskraft besonders gut in Gesprächsführung qualifiziert ist, oder weil es um schwierige Themen geht, sodass die Leitung in ihrer Rolle gefordert ist? Wenn Eltern hören, dass die Leitung dabei ist, werden sie noch mehr „auf der Hut sein" als bei einem normalen Gespräch.

Ebenso stellt sich die Frage, wer seitens der Familie bei dem Gespräch dabei sein wird. Ist das betroffene Kind bzw. der Jugendliche dabei? Sollten beide Eltern dabei sein? Wenn die Eltern getrennt sind und ggf. nur die Mutter oder der Vater eingeladen wird stellt sich die Frage, ob der andere Elternteil und von wem informiert werden soll/muss?

Ein Tipp: Oft kann es das Gespräch erleichtern, einer alleinerziehenden Mutter oder einem alleinerziehenden Vater anzubieten, eine Freundin, einen Freund oder eine andere Person des Vertrauens mitzubringen. Insbesondere bei schwierigen Gesprächen kann dies vertrauensbildend wirken.

Wenn mehrere Fachkräfte einer Einrichtung (zum Beispiel Lehrkraft, Fachkraft aus dem offenen Ganztag, Schulsozialarbeiterin, Leitungskraft, Beratungslehrerin) an dem Gespräch teilnehmen, wird ein Gespräch sich gruppendynamisch evtl. schwierig entwickeln, weil dieser „Armada" der Fachkräfte ein Elternteil alleine gegenübersitzt. Auch hier hilft es, Eltern anzubieten, eine vertraute Person mitzubringen.

Schritt 6: Weiterhin sollten in der Vorbereitung die Rollen geklärt werden. Wer moderiert das Gespräch? Wer spricht welche Themen an? Wenn man systemisch arbeiten will, könnte zum Beispiel eine Fachkraft zum „Ressourcenwächter" bestellt werden. Diese Fachkraft achtet darauf, dass das Gespräch nicht in eine Problem-Trance abgleitet. Auch die Rolle eines Zeitwächters kann hilfreich sein. Schließlich die wichtige Frage: Wer schreibt das Protokoll?

Schritt 7: Kalkulieren Sie den Zeitrahmen. Auf Basis der Hinweise zur Länge von Gesprächen stellt sich die Frage, wer wie viel Zeit zur Verfügung hat, um dann zu planen, was in dieser Zeit realistisch zu erreichen ist.

Schritt 8: Klären Sie das Setting: In welchem Raum findet das Gespräch statt? Werden Getränke angeboten? (Das Angebot von Getränken signalisiert Gastfreundschaft, aber auch, ausreichend Zeit zu haben.) Auch die Gestaltung der Sitzordnung sollte überlegt sein. Sitzen alle an einem Tisch? Gibt es einen Gesprächskreis mit Stühlen (diese Arbeitsweise hat sich z. B. in Beratungsstellen und Therapiepraxen durchgesetzt, weil Tische eine große Distanz schaffen; eigentlich auch für Schulen eine gute Lösung, finde ich!)? Ist der Gesprächsraum ansprechend gestaltet? Ist er leicht zu finden?

Schritt 9: Weitere Fragen brauchen Antworten: Wer sitzt neben wem? Wenn sich die Fachkräfte auf der einen und die Eltern auf der anderen Seite an einem Tisch gegenübersitzen, kann dies eine Konfrontation im Gespräch verstärken. Hilfreich kann es sein, über Eck zu sitzen.

Tipp: Insbesondere Eltern, die in Konflikte verstrickt sind, weil sie sich gerade in der Trennung befinden oder vielleicht sogar schon getrennt sind, sollte man besser nicht nebeneinander sitzen lassen (s. dazu auch Kap. 7.2 – Gespräche mit zerstrittenen Eltern) und sich darauf vorzubereiten, die Plätze mit Bestimmtheit zuzuweisen.

Schritt 10: Wenn die Schule mit vielen Fachkräften an einem Gespräch teilnimmt, kann eine entspannte Sitzordnung hergestellt werden, indem nur ein oder zwei Fachkräfte mit den Eltern am Tisch sitzen, während die weiteren Fachkräfte in einer Beobachtungsperspektive abseits sitzen, zuhören und sich nur bei Bedarf bzw. auf Einladung des Gesprächsführenden in das Gespräch einschalten. Sitzordnung und Vorgehen muss den Eltern erklärt werden, damit sie sich nicht von den abseits sitzenden Personen beobachtet fühlen. Die Situation wird dann als bereichernd erlebt, wenn sich die Beobachtenden auf positive Rückmeldungen konzentrieren.

5.4 Erstkontakt oder: Termin vereinbaren

Manfred Prior (2010) hat ein ganzes Buch darüber geschrieben, wie man einen ersten Telefonkontakt so gestaltet, dass er sich möglichst positiv auf die kommende Zusammenarbeit auswirken kann. Seine Überlegungen bieten gute Anregungen, um den Erstkontakt konstruktiv zu gestalten:

- *Transparenz:* Wenn Sie selbst als Fachkraft Kontakt aufnehmen, um mit Eltern zu sprechen, dann umreißen Sie möglichst klar die Themen, die sie besprechen wollen. Insbesondere bei unangenehmen Themen ist es hilfreich, wenn Sie nicht um den heißen Brei herumreden, sondern Ihr Anliegen klar benennen (vgl. 6.4). Das gleiche gilt auch umgekehrt. Wenn Eltern um ein Gespräch suchen, dann fragen Sie möglichst konkret nach, worum es geht, um sich gut vorbereiten zu können.

- *Lösungsorientierung:* Es ist hilfreich, wenn Sie direkt beim ersten Kontakt betonen, dass es um gemeinsame Lösungen in dem Gespräch geht (statt nur die zu klärenden Probleme zu nennen). Insbesondere dann, wenn es um schwierige Themen geht, ist der erste der beiden folgenden Sätze deeskalierender, der zweite verstärkt Probleme in der Zusammenarbeit.
  – „Ich möchte mit ihnen sprechen, weil ihr Kind im Moment in bestimmten Situationen andere Kinder schlägt. Und ich möchte gerne eine Lösung mit ihnen suchen, wie ihr Kind besser mit anderen Kindern klarkommt."
  – „Ich muss mit ihnen sprechen, weil Ihr Kind andere Kinder schlägt."
- *Beziehungsorientierung:* Sprechen Sie die gemeinsamen Ziele an (zum Beispiel die Entwicklung des Kindes, die Lösung eines Problems); betonen Sie dabei den Wunsch nach Kooperation und Ihr Anliegen, „an einem Strang zu ziehen".
- *Aktivierung:* Sie können die Eltern bitten, sich auf das Gespräch vorzubereiten, sich in der Zeit bis zu dem Gespräch Gedanken über Lösungen zu machen, ihr Kind in dieser Zeit unter besonderen Aspekten zu beobachten und vieles mehr.

Praxis-Tipp
Vermeintliche Effektivität im Sinne von „Ich möchte nur kurz den Termin vereinbaren, alles Weitere können wir bei dem Termin besprechen" kann kontraproduktiv sein. Wenn Eltern nicht wissen, was sie auf sie zukommt, können in der Zwischenzeit Befürchtungen wachsen. Es genügt, wenige Minuten in den ersten Kontakt zu investieren, um die vorgenannten Punkte zu berücksichtigen. Im Ergebnis kommen Eltern vertrauensvoller, positiver gestimmt und motivierter zum ersten Gespräch. Die Arbeit wird leichter.

5.5 Dramaturgie von Gesprächen – Gesprächsabläufe

Die Dramaturgie eines Gespräches beinhaltet eine Planung, mit der der Gesprächsführende einem hilfreichen Raster folgen kann, ohne sich alternativlos an eine festgelegte Tagesordnung zu halten. Die folgenden Anregungen stellen einen Orientierungsrahmen dar, sollten aber keinesfalls sklavisch abgearbeitet werden. Je nachdem, auf welchem Entwicklungsstand (oder Konfliktniveau) die Beziehung ist und wie schwierig ein Thema ist, kann es z. B. sein, dass man für die ersten Punkte des Leitfadens nur wenig oder aber sehr viel Zeit braucht. Es kann auch sein, dass es nicht gelingt, ein Ergebnis zu erarbeiten und dass die Fachkraft resümiert: „Es war gut, dass Sie das mal alles erzählt haben. Jetzt verstehe ich sie besser. Beim nächsten Mal reden wir darüber, wie wir ihr Kind noch besser unterstützen können." Mein persönliches Bild von einem Leitfaden ist die bereits genannte „Landkarte" (Abb. 4), an der ich mich orientieren kann – aber manchmal wandere ich nicht auf den vorgezeichneten Wegen, sondern gehe auch querfeldein.

Bei den folgenden Ablaufvorschlägen geht es zunächst um die normalen Abläufe eines Elterngespräches, vielleicht gemeinsam mit der Schülerin oder dem Schüler, und die sind schon kompliziert genug. Im Anschluss daran geht es dann um die besonderen Schwierigkeiten und Herausforderungen, die im Verlaufe eines Gespräches auftreten können (Kap. 6).

5.5.1 „Die Eltern abholen"

Wenn Eltern zu einem Gespräch eintreffen, brauchen sie Zeit, auch innerlich anzukommen. Sie kommen aus ihrer anderen Welt (z. B. von der Arbeit, vom Einkaufen, vom Haushalt, vom Shoppen) in die Welt der Schule, die den Fachkräften vertraut ist. Die Fachkräfte haben ein Heimspiel, die Eltern ein Auswärtsspiel. Zu einer Synchronisation der beiden Lebenswelten gehört zunächst eine freundliche und persönliche Begrüßung, vielleicht eine Nachfrage an die Eltern, wo sie herkommen, Hinführung zum Sitzbereich und Einladung, Platz zunehmen. Mit „Small Talk" zu beginnen ist keine Zeitverschwendung, sondern ermöglicht genau die oben gemeinte Synchronisation. Insbesondere wenn Eltern unter Zeitdruck gekommen sind, können sie erst einmal durchatmen. Der häufig benutzte Satz von Fachkräften „Wir haben wenig Zeit. Also lassen Sie uns sofort beginnen!" ist kontraproduktiv.

Praxis-Tipp
Nach meiner Erfahrung sind Fachkräfte häufig schon zu Beginn solchen Eltern gegenüber negativ eingestellt, die berichten, dass sie von Aktivitäten kommen, die die Fachkräfte für überflüssig halten oder auf die sie sogar verächtlich herabblicken. Auf dieser Hitliste steht der Besuch eines „Nail-Studios" der Mutter ganz oben; das sagt mehr über die Werte der Fachkräfte als die der Eltern aus!

Praxis-Tipp

Nach meiner Erfahrung ist der Satz „Wenn du wenig Zeit hast, nimm dir am Anfang viel davon" viel besser geeignet, um für das Gespräch eine gute Arbeitsbeziehung aufzubauen. Die Anfangsphase sollte aber auch nicht zu lange dauern, denn Forschungsergebnisse zeigen, dass ein Ausufern dieser Phase sich kontraproduktiv auf gute Ergebnisse auswirkt (vgl. Miller/Rollnick: 66). Professionalität bedeutet also, von Anfang an die Zügel in die Hand zu nehmen (nicht zu straff, aber auch nicht zu locker) und freundlich durch die Gespräche zu führen.

5.5.2 Zugangs- und Kontextklärung

Im ersten Schritt sollte *Transparenz* über alle wichtigen Informationen hergestellt werden, die das Thema des Gespräches und die aktuelle Situation betreffen. Wer hat im Vorfeld mit wem geredet? Gibt es aktuelle Entwicklungen in der Schule, die für die Eltern von Bedeutung sind? Welche Dinge sind noch wichtig? Wenn zum Beispiel eine getrennt lebende Mutter erfährt, dass im Vorfeld ohne ihr Wissen mehrere Gespräche mit dem Vater geführt wurden, wird sie dies in der Regel ärgerlich machen. Dann ist es gut, zu erklären, warum diese Gespräche geführt wurden und was besprochen wurde – und besser zu Beginn, als wenn der Ärger mitten im Gespräch ausbricht. Gut gemeinte Heimlichtuerei („Der Vater muss das ja nicht wissen") erzeugt meist am Ende großen Stress; mal abgesehen davon, dass das andere Elternteil ein Recht auf diese Informationen hat, wenn es sorgeberechtigt ist.

Weiterhin hilft es auch – wenn diese Aspekte nicht schon völlig transparent sind – Fragen zum *Zugang und Kontext* zu stellen. Es ist für den Gesprächsführungsprozess wichtig, herauszufinden, was vor dem Termin geschehen ist. Selbst bei bester Vorbereitung kann es vorkommen, dass es aktuell einen mächtigen Konflikt mit einem Fachlehrer gibt, von dem die Klassenleitung noch nichts weiß. Oder es hat Streit zwischen Eltern wegen eines Verhaltens der Kinder gegeben. Wenn derartige Fragen nicht gestellt werden, können sie den Beratungsprozess unterschwellig und subtil sehr stark beeinflussen. Dies kann geschehen, ohne dass der Gesprächsführende dies mitbekommt.

Folgende Fragen können hilfreich sein:
- Bevor wir beginnen: Gibt es irgendetwas, was für unser heutiges Gespräch wichtig ist?
- Mit wem haben Sie zum heutigen Thema schon einmal vorher Kontakt gehabt?
- Wer hat was vor dem heutigen Gespräch gesagt? Wer hat welche Ein-

schätzung? (Aussagen von Eltern könnten dazu etwa sein: „Das Jugendamt meinte, hier in der Schule würde kein Wert auf individuelle Förderung gelegt".)
- Was haben Sie seit unserer Terminvereinbarung schon unternommen?
- Beim ersten Kontakt: Was wissen Sie schon über unsere Schule / über mich als Schulsozialarbeiterin?
- Was redet man denn im Stadtteil so über unsere Schule?

Die Forschungslage zeigt (s. Kap. 1), dass derartige Fragen, wie sie oben aufgelistet sind, häufig völlig unterbleiben. Selbst bei Elternsprechtagen sollte diesen Punkten Aufmerksamkeit geschenkt werden, wenn auch nur sehr reduziert. Fragen wie oben genannt signalisieren Ihr Interesse, und wenn die Eltern dann mit dem Kopf schütteln, kann man weiter fortfahren, hat aber das Interesse an der Sichtweise der Eltern hier schon bekundet.

5.5.3 Anliegen- und Zielklärung – Erarbeitung der Tagesordnung

Die Klärung von Anliegen und Ziel eines Gespräches ist wesentliches Kennzeichen aller modernen Beratungsrichtungen. Dort heißt es oft „Auftragsklärung", doch ist dieser Begriff für unseren Kontext nicht passend. Die gesprächsführende Fachkraft ist ja keine neutrale Beraterin, die klären will, was ihr Auftrag durch den Klienten ist, sondern sie oder er ist im besten Sinne Bildungs- und Erziehungspartner – und alle Seiten können Anliegen haben. Auch die Anliegen der Schülerin oder des Schülers sollten natürlich zur Sprache kommen; entweder, weil sie oder er im Gespräch beteiligt ist oder weil sich die beiden erwachsenen Parteien zu seinem Anwalt machen. Möglicherweise haben sie ganz gegensätzliche Ideen dazu, was die Schülerin oder der Schüler will und/oder was für ihn oder sie gut ist. Schließlich gilt es weitere Anliegen weiterer Beteiligter zu berücksichtigen, möglicherweise sogar die Interessen eines anderen Schülers oder einer anderen Schülerin, weil diese z. B. einen Konflikt mit dem Kind der Familie haben.

5 Gespräche als Beziehungsprozess: vorbereiten, planen, durchführen, nachbereiten

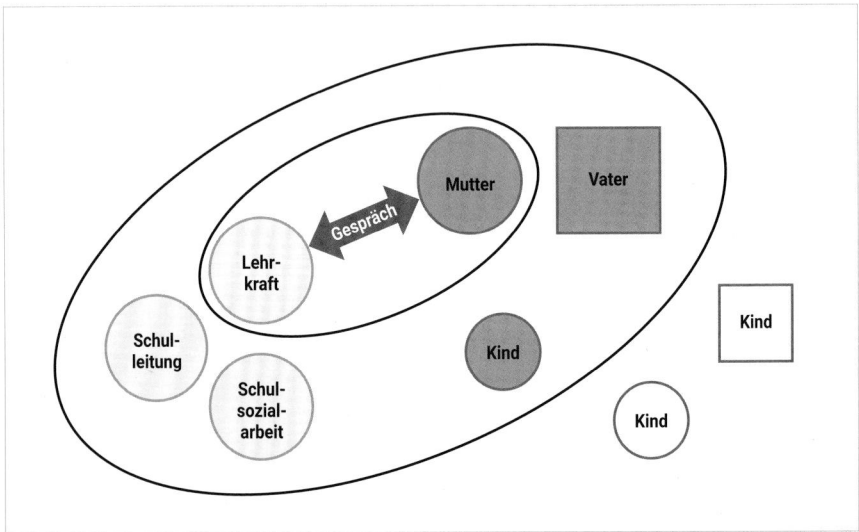

Abb. 5. Perspektiven der direkt und indirekt Beteiligten (eigene Darstellung)

In Abb. 5 sind nur zwei von vielen Varianten skizziert, die aufzeigen, welche Personen an einem Gespräch entweder direkt beteiligt sind oder deren Interessen berücksichtigt werden sollten.

Befassen wir uns nun mit weiteren Punkten, die bei dem Anlegen einer Tagesordnung zu berücksichtigen sind:

- *Themen und Ziele für das Gespräch:* Die gesprächsführende Fachkraft sammelt unter Berücksichtigung dieser Perspektiven Themen und Anliegen und entwickelt daraus Ziele für das Gespräch. Es ist zum Beispiel hilfreich, die Punkte an einer Flipchart zu sammeln, damit die sich entwickelnde Tagesordnung nicht nur auf dem Blatt Papier der Fachkraft liegt, sondern damit die Eltern mitverfolgen können, wo sich das Gespräch im Hinblick auf den geplanten Gesprächsstand befindet.
  - Tipp: In vielen Gesprächen habe ich auch mit Karteikarten gearbeitet, so dass die Tagesordnungspunkte auf dem Tisch lagen und flexibel hin und hergeschoben werden konnten.
  - Für den Ablauf macht die gesprächsführende Fachkraft möglicherweise einen Vorschlag, in dem sie die Themen sortiert und gewichtet. Als Ziel formuliert sie: „Wir besprechen heute folgende Themen in dieser Reihenfolge. Es könnte sein, dass wir die letzten beiden Punkte heute nicht mehr schaffen, aber dann können wir gern am Ende des Gesprächs einen neuen Termin vereinbaren. Es wäre prima, wenn wir heute Klarheit in der und der Frage erreichen und uns auf eine gemeinsame Vorgehensweise einigen können".

Damit die unterschiedlichen Rollen und die daraus resultierenden Gesprächsmethoden noch klarer werden, unterscheidet Tab. 7 die unterschiedlichen Ausgangspunkte; je nachdem, ob die Lehrkraft eigene Anliegen in das Gespräch einbringt oder ob das Anliegen von den Eltern kommt – oder ob beide mit einem Anliegen in das Gespräch gehen.

	Anliegen der Lehrkraft	Anliegen der Eltern
Mögliche Anliegen	Verhaltens- und Leistungsprobleme ansprechen.	Die Eltern sehen ihr Kind ungerecht bewertet.
„Problembesitz" (Thomas Gordon)	Die Lehrkraft hat das Problem.	Die Eltern haben das Problem.
Rolle der Lehrkraft	• Anliegen klar benennen und erläutern. • Mit Reaktionen der Eltern bei schwierigen Themen empathisch umgehen. • Zustimmung für Bearbeitung einholen. • Zu einem gemeinsamen Ziel entwickeln.	• Anliegen verstehen und klären. • Zu einem gemeinsamen Ziel entwickeln.
Sinnvolle Gesprächsmethoden	• Ich-Botschaften. • Beobachtungen und Fakten mitteilen. • Aktiv zuhören. • Würdigen.	• Offene Fragen stellen. • Aktiv zuhören. • Würdigen. • Zusammenfassen.

Tab. 7: Wer hat das Problem?

Die Wandlung von Anliegen in Gesprächsziele impliziert Steuerung. Hier entscheidet sich schon, ob das Gespräch erfolgreich beendet werden kann. Wenn in dieser Phase unrealistisch hohe Ziele gesetzt oder auch nur scheinbar akzeptiert werden, wird es zu einer hektischen Schlussphase und unzufriedenen Gesprächsteilnehmern kommen. Hier gilt wiederum der Satz: „Weniger ist mehr". Meine Erfahrung hat mir gezeigt, dass es immer besser ist, mit wenigen Punkten zu einem erfolgreichen Gesprächsabschluss zu kommen, als sich zu überfordern und dann mit einem schlechten Gefühl das Gespräch zu beenden.

Zu dieser Klärungsphase gehört auch die Vereinbarung des Zeitrahmens. Gesprächsführung bedeutet, zu einem gemeinsamen Zeitrahmen zu kommen, der von allen mitgetragen wird. Eltern zu überreden, länger als geplant bei dem Gespräch zu bleiben, rächt sich meistens. Genau so ungünstig ist es, wenn Fachkräfte die Gespräche mit einer überfrachteten Tagesordnung überziehen; sei es, weil die Probleme von ihr als so dringend wahrgenommen werden; sei es, weil sie einen weiteren Termin vermeiden wollen. Auch hier ist es besser, Themen auf ein weiteres Gespräch zu vertagen. Hier mag der Einwand kommen: „Wann soll ich das denn alles schaffen?" Fachkräfte unter Stress wollen am liebsten in einem Gespräch alles klären. Sie fürchten sich vor neuen Terminen, weil sie meinen, dazu keine Zeit zu haben. Nach meiner Erfahrung ist es eher umgekehrt: Durch Druck und Stress werden gute Gesprächsergebnisse verhindert, die zu Grunde liegenden Probleme verstärken sich und am Ende gibt es noch mehr Treffen.

Für eine gute Gesprächsführung ist es weiterhin wichtig, sorgfältig zwischen dem Anlass für das Gespräch, dem Anliegen und dem Gesprächsziel zu differenzieren (Abb. 6).

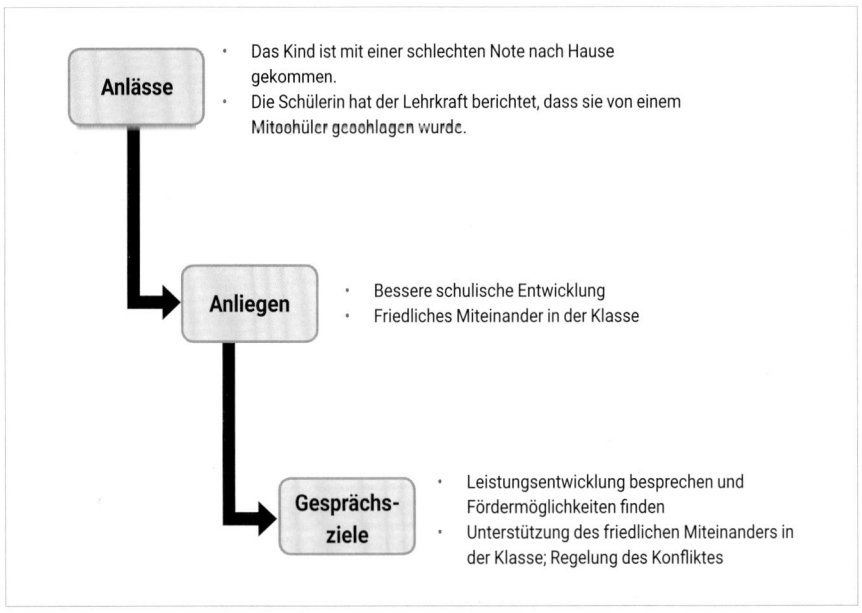

Abb. 6: Anliegen- und Zielklärung (eigene Darstellung)

In der Regel gibt es zunächst einen *Anlass*, der dazu führt, dass ein Gespräch zustande kommt. Der deckt sich aber nicht immer mit den *Anliegen*, die die Beteiligten haben. Als *Ziel* wird schließlich das definiert, was als *gemeinsames Thema* im Gespräch verhandelt bzw. bearbeitet werden soll. Im Prozess der Anliegen- und Zielklärung kommen die unterschiedlichen Perspektiven und Anliegen zur Geltung. Gute Anliegen- und Zielklärung bedeutet, diese im Blick zu haben, entsprechende Fragen zu stellen und dafür offen zu bleiben, dass es möglicherweise verdeckte Anliegen gibt.

Verdeckte Anliegen

In einem Gespräch, in dem ein Jugendlicher zu mir kam, der von Kollegen des Jugendamtes „geschickt" worden war und selbst ein Interesse an einer Beratung hatte, gab er als Thema der Beratung seine schulische Leistung vor. Ich akzeptierte das, auch wenn ich die Hypothese hatte, dass dies nicht sein wichtigstes Anliegen war. Nach einem ausführlichen Bearbeiten des Themas wurde deutlich, dass es wenig Aussicht auf Veränderung gab, denn wenn er plötzlich angefangen hätte, Hausaufgaben zu machen, wäre er bei seinen Kumpeln „unten durch" gewesen. Im Rückblick auf das Gespräch sagte er, dass bisher niemand so ernsthaft mit ihm gesprochen habe. Er kenne nur Druck, Vorhaltungen und Ermahnungen; sowohl von seiner Mutter als auch von der Schule. Nach dem Gesprächstermin nahm ich ihn im Auto mit und auf dem Weg erzählte er mir seine wirkliche Geschichte. Sein Vater war vor drei Jahren plötzlich gestorben, dann war er in einer Heimeinrichtung untergebracht gewesen, in der er furchtbar behandelt worden war; und er hatte Probleme mit Drogen und Alkohol entwickelt.

Das Praxisbeispiel zeigt, dass der Prozess der Anliegen- und Zielklärung ein komplizierter Ablauf ist, bei dem viele Dinge zusammenkommen. In diesem Fall wollte der Jugendliche mit einem für ihn unverfänglichen Thema zunächst testen, was denn „der Berater für einer sei". Danach öffnete er sich für die relevanten Themen. Wenn ich ihn zu Beginn des Gespräches damit konfrontiert hätte, dass die Schule doch nicht sein eigentliches Problem sei, hätte er sich vermutlich zurückgezogen und nicht geöffnet.

 Download 4: Arbeitshilfe Anliegen- und Zielklärung

5.5.4 Optionen erkennen, Lösungen finden und auf ein gutes Ende achten

Nachdem die bisher beschriebenen Schritte erfolgreich abgearbeitet wurden und die Ziele des Gespräches feststehen, steht jetzt an, sich der Tagesordnung anzunehmen und gemeinsame Lösungen für die Umsetzung der Ziele zu suchen. In Anlehnung an das GROW-Modell (vgl. das NRW-Coachingmodell in 2.3; Whitmore 2009) sind folgende Schritte im Gespräch hilfreich.

Sich über die Situation austauschen und Einigkeit über die Einschätzung der Situation erzielen

Im Sinne des „Reality Checking" tauschen sich die Gesprächsbeteiligten zunächst über den Entwicklungsstand der betroffenen Schülerin oder des betroffenen Schülers bzw. über das zu klärende Problem aus. Hier geht es zunächst vorrangig um den Austausch von Fakten, Beobachtungen und Wahrnehmungen, erst im zweiten Schritt um Interpretationen, Einschätzungen und Beurteilungen. Insbesondere in strittigen Situationen ist diese klare Unterscheidung hilfreich, aber auch generell sollte sie zumindest auf Seiten der Fachkräfte zum Grundbestand professioneller Kommunikation gehören.

- In **Entwicklungsgesprächen**, die sich auf die Leistungen in der Schule beziehen, sollte nicht einfach nur eine Note (*Ergebnis der summativen Evaluation*) vorgestellt werden, sondern die Lehrkraft sollte möglichst konkret beschreiben, auf welchen Leistungen der Schülerin oder des Schülers die Note beruht (*Ergebnis der formativen Evaluation*). Insbesondere im Bereich der mündlichen Mitarbeit sind Eltern auf konkrete Beschreibungen der Mitarbeit angewiesen, weil sie ja nicht im Unterricht anwesend sein können. Eltern ihrerseits können beschreiben, wie die häusliche Lernsituation aussieht. Kontraproduktiv sind Etikettierungen und Verallgemeinerungen wie „faul", „nie", usw.
- Bei **Verhaltensproblemen** ist es noch dringender, zwischen der Beschreibung der Problematik und der Beurteilung der Situation zu trennen. Gesprächsanlässe entstehen beispielsweise, wenn sich eine Schülerin oder ein Schüler einem anderen gegenüber aggressiv verhalten hat. Die Beschreibung der beobachtbaren Tatsachen können die Eltern in der Regel eher akzeptieren als zum Beispiel die Schuldzuschreibung für ein Verhalten. Genauso wichtig ist die Sichtweise der Schülerin oder des Schülers und die Perspektive der Eltern, die berichten können, was ihr Kind zu Hause erzählt hat; und vielleicht besitzen sie noch andere relevante Informationen. Anschließend geht es um die Frage, wie die Situation gelöst werden kann: Wer kann was tun, damit der Konflikt gelöst wird? Auf keinen Fall geht es um die Schuldfrage.
- In der **Gesprächsführung** bei schwierigen Situationen wird der ressourcenorientierte Blick entscheidend. Wobei es hier nicht aus taktischen Erwägungen darum gehen darf, erst mal etwas Positives zu sagen, bevor man das eigentliche Problem anspricht (die Eltern und der Schüler hören meist sowieso schon das „aber" kommen). Ernsthafte Ressourcenorientierung bedeutet,
  - achtsam zu sein für positive Aspekte und sie gleichwertig zu benennen;
  - nicht nur nach Problemen zu fragen, sondern auch nach positiven Aspekten;
  - eine negative Haltung der Eltern oder negative Selbstzuschreibungen einer Schülerin oder eines Schülers zu hören und auch empathisch damit zu sein, aber sie nicht ausschließlich zu akzeptieren, sondern auch nach positiven Aspekten zu fragen.
  - Wertschätzung und Würdigung zeigen.

Dazu eine persönliche Anmerkung: Es hat mich immer wieder erschüttert, wie verbittert Eltern ihrem Kind gegenüber sein können. Wenn Eltern auf die Frage „Was schätzen Sie an Ihrem Kind?" keine Antwort finden, wird es schwierig, festgefahrene Situationen in Gang zu bringen. Dann sollte man sich eher die Frage stellen, was die Eltern brauchen (möglicherweise Erziehungsberatung); und für das Kind im Rahmen der eigenen Möglichkeiten sorgen. Hier ist schon enorm viel gewonnen, wenn das Kind oder der Jugendliche (wieder) gerne in die Schule geht und sie als Entlastung zum häuslichen Stress empfinden kann. Aber das sind Grenzfälle der Zusammenarbeit.

Handlungsoptionen erarbeiten und Ziele definieren

Im nächsten Schritt suchen die Gesprächsbeteiligten nach gemeinsamen Optionen, was zu tun ist. Im Sinne einer Entwicklungspartnerschaft ist es sinnvoll, zwischen den verschiedenen Optionen für jeden Gesprächsbeteiligten zu unterscheiden. Was kann und will die Lehrkraft tun? Was kann und will die Schülerin oder der Schüler tun? Was können und wollen die Eltern tun? Die folgenden beiden Handlungspläne können das veranschaulichen:

	Ausgangsproblem: Die Leistungen im Fach Mathematik sind sehr schlecht		
	Perspektive der Fachkraft	Perspektive der Eltern	Perspektive der Schülerin/Schülers
Problemsicht	• Alle Arbeiten haben die Noten 5 oder 6. • Wenig Beteiligung im Unterricht (nicht einmal in jeder Stunde eine Meldung.) • Wirkt häufig abgelenkt, träumt.	• Hausaufgabensituation stressig, Kind weigert sich, Matheaufgaben zu machen. • Keine Lust, zur Schule zu gehen, verzögert morgens die Abläufe.	• Versteht die Aufgaben oft nicht. • Hat Angst vor den Arbeiten. • Fühlt sich als Versagerin oder Versager.
Ideen über Ursachen	• Viel Stoff nicht verstanden, Verstehens-Rückstände. • Mögliche Rechenstörung (Dyskalkulie).	• Eltern sind ratlos, Vater hat selbst große Probleme mit Mathe.	• Ratlos. • Entwickelt Ängste vor der Schule. • Selbstabwertungstendenzen.
Ideen über Lösungen	• Diagnostik. • Schulinterne spezielle Rechenförderung.	• Nachhilfe. • Schulwechsel.	• Keine.
Vereinbarungen	• Teilnahme an der Rechenfördergruppe. • Entlastung bei den Aufgabenstellungen.	• Anmeldung zu einer Schulleistungsdiagnostik in einer Schulberatungsstelle und einer Elternberatung.	• Teilnahme an der Rechenfördergruppe. • Einlassen auf Diagnostik.
Wer tut was bis wann?	...	...	...

Tab. 8a: Wer hat welche Perspektiven?

SMARTe Ziele: Die SMART-Logik zur Konkretisierung von Zielen wurde schon im ersten Band im Rahmen der Schulentwicklung angesprochen (s. Kap. 6.5 Band 1). SMART lässt sich auch wunderbar für die Herausarbeitung von Coachingfragen nutzen, wobei die gesprächsführende Fachkraft nicht unbedingt alle Aspekte durchchecken sollte, sondern passende Fragestellungen auswählen kann.

Beratungsfragen mit der SMART-Logik (am Beispiel des Ziels „Wir wollen in der Freizeit mehr gemeinsam in der Familie unternehmen, damit nicht mehr so viel Druck auf der schulischen Entwicklung liegt…")	
Spezifisch	• Was würden Sie gerne konkret gemeinsam tun? Wer hat welche Vorschläge? Worauf können Sie sich einigen?
Messbar/überprüfbar	• Wie oft wollen Sie etwas gemeinsam unternehmen? • Wie halten Sie fest, ob das klappt? • Wer könnte das nachhalten?
Attraktiv/Anspruchsvoll	• Entspricht das Ihrem eigentlichen Ziel, wenn Sie jetzt sagen, Sie wollen einmal in der Woche einen gemeinsamen Fernsehabend machen? Ist das etwas Neues? • Wenn Sie sagen: Sie wollen einmal in der Woche einen Spieleabend machen: Ist das für alle attraktiv genug, dass sich jeder beteiligt?
Realistisch	• Ist das realistisch, wenn Sie jetzt sagen: Wir wollen viermal in der Woche gemeinsam joggen gehen?
Terminiert	• Wann wollen Sie beginnen? • Wie oft wollen Sie das in der Woche machen? • Bis wann wollen Sie das durchziehen?

Tab. 8b: Beispiele für die Anwendung der SMART-Logik in Beratungsgesprächen

Vereinbarungen treffen – das Gespräch beenden

Wenn sich das Gespräch dem Ende zuneigt, sollte die gesprächsführende Person auf Folgendes achten:
- Rechtzeitig vor dem verabredeten Endzeitpunkt fasst die Fachkraft die *Ergebnisse* zusammen und liest zum Beispiel vor, was sie notiert hat oder geht das Flipchart durch.
- Zu den Verabredungen gehört eine *zeitliche Vereinbarung*. Bis wann sollten die Ziele umgesetzt sein? Ist ein Folgetermin notwendig? Wann findet ein weiteres Gespräch statt?
- Möglicherweise findet noch eine kurze *Reflexion* des Gesprächs statt: „Wie war es heute für Sie?" Die Fachkraft kann ihre eigene Einschätzung mitteilen: „Das war ein schwieriges Gespräch heute, doch ich denke, dass wir einiges geschafft haben. Wie sehen Sie das?".

- Am Ende macht die Fachkraft eine *Fotokopie vom Protokoll* oder teilt mit, bis wann sie es zusenden wird. Vielleicht wurde auch am Flipchart protokolliert und die Eltern machen ein Foto mit ihrem Smartphone.

Für einen zufriedenstellenden Gesprächsabschluss ist es gut, wenn noch ein paar Minuten der Zeit übrig sind. Was im Sport „cool down" heißt, stellen im Gespräch noch einige Minuten mit Small Talk am Ende dar; mit einem Ausblick auf die nächsten Tage in der Familie bzw. Schule, vielleicht auf besondere Ereignisse, die mit dem eigentlichen Thema nichts zu tun haben. Fachkräfte stehen meistens unter Druck, und die nächste Aufgabe wartet schon. Dies mag auch bei den Eltern so sein, doch haben sie häufig noch das Bedürfnis, einige Sätze zu sprechen. Vielleicht kommen auch noch Gedanken zu dem Gespräch, doch da sollte man aufpassen, nicht in eine neue thematische Gesprächsrunde zu gelangen. Sich gut zu verabschieden gehört zu einem professionellen Gespräch unbedingt dazu.

„Nach dem Gespräch ist vor dem Gespräch!" oder: Gesprächsnachbereitung

Zur Nachbereitung gehört, das Protokoll zu schreiben, es zu versenden, anderen Fachkräften im Team das Ergebnis mitzuteilen und die Ergebnisse nachzuhalten. Mit der Vorbereitung eines neuen Gesprächs beginnt der Zyklus von vorn. Darüber hinaus ist es, wo immer dies möglich ist, stets hilfreich, mit den Eltern im Gespräch zu bleiben, vielleicht durch einen spontanen Anruf mit der Frage, wie es im Moment um die besprochene Situation stehe (vgl. auch Praxisbeispiel „Postkartenrückmeldungen" der Stötznerschule in Band 1 Kap. 5.2). Wenn diese Schritte systematisch abgearbeitet werden und sich eine gute Beziehung zu entwickeln beginnt, wird die Zusammenarbeit mit diesen Eltern nach und nach leichter und weniger aufwendiger werden.

Abschied – Beendigung der partnerschaftlichen Beziehung

Wann ist eine professionelle Beziehung zu Eltern wirklich beendet? In Bildungseinrichtungen zunächst dann, wenn Kinder und Jugendliche sich verabschieden und zum nächsten Bildungsabschnitt übergehen. Aber stimmt das wirklich?

Mittlerweile gibt es sinnvolle Standards der Übergangsgestaltung, bei denen zum Beispiel Lehrkräfte einer weiterführenden Schule noch längere Zeit Rücksprache mit den Fachkräften der Grundschule halten können. Dies sollte mit Zustimmung und am besten in Anwesenheit der Eltern geschehen. Und vielleicht ist es sogar sinnvoll, bei Schwierigkeiten im nächsten Bildungsabschnitt noch einmal einen gemeinsamen Gesprächstermin zu vereinbaren. Wenn wir eine Zusammenarbeit als eine Beziehungsform betrachten, ist die Beziehung nicht mit dem Abschied beendet.

6 Umgang mit Widerständen und Dissonanzen

Widerstände und Dissonanzen sind schwer auszuhalten, und es ist auch nicht leicht, ihnen professionell zu begegnen. Vorhandene Kompetenzen zeigen sich beispielsweise dann, wenn es gelingt, mit aufgebrachten Eltern oder verschlossenen Jugendlichen schwierige Themen zu besprechen. Trotz guter vorhandener Gesprächsführungskompetenzen bleibt ein Anteil von Gesprächen bestehen, die unbefriedigend ausgehen oder sogar aus dem Ruder laufen. Bei der Professionalisierung der Gesprächsführung geht es in erster Linie um diese Gespräche, die als schwierig erlebt werden und vielleicht schon im Vorfeld entsprechende Befürchtungen auslösen. In diesem Kapitel habe ich dafür Anregungen zusammengestellt.

6.1 Achtsamkeit für Dissonanzen als Chance – Eine andere Haltung ist notwendig!

In Gesprächsführungsseminaren werden schwierige Situationen häufig als „Umgang mit Widerstand" behandelt. Widerstand galt in therapeutischen Konzepten lange als Weigerung eines Klienten, sich auf für ihn wichtige Einsichten einzulassen. Insbesondere MI, aber auch systemische Denkweisen sehen in Gesprächssituationen, in denen Eltern oder Heranwachsende zurückweisend, empört, aggressiv oder mit Rückzug reagieren, eine Störung auf der Beziehungsebene. „Wenn dies geschieht, ist es Ihre Hauptaufgabe, erst einmal kehrt zu machen, den Grund für das Widerstandsverhalten und die Dissonanz in der (...) Beziehung zu verstehen und diese Schwierigkeiten anzusprechen" (Miller/Rollnick 2004: 139). Die Verantwortung für die Beseitigung der Störung liegt – als Teil der Professionalität – zunächst bei den Fachkräften, aber natürlich auch bei den Gesprächspartnern. Miller und Rollnick listen eine Reihe methodischer Optionen auf, um in entsprechenden Gesprächssituationen angemessen reagieren zu können. Umgang mit Widerstand bedeutet, Sensibilität für Störungen des Gesprächsflusses zu entwickeln und zu vertiefen, die der Störung zugrunde liegenden Probleme zu erkennen und darauf professionell zu reagieren.

Eine Haltung, die von der Bereitschaft geprägt ist, sich selbstkritisch zu hinterfragen und dem Widerstand Wertschätzung entgegenzubringen, bildet die Basis geeigneter Kommunikationsstrategien: „Es ist gut, dass Sie ihrem Ärger Luft machen!" Dies bricht mit weit verbreiteten Mustern im Umgang mit Eltern, Kindern und Jugendlichen, nämlich der Zuschreibung und Etikettierung der Probleme bei den Eltern und Jugendlichen.

Wie sehen typische Dissonanzen in unseren Arbeitsfeldern aus? Die folgende Tabelle listet einige typische Dissonanzen auf und bietet mögliche subjektive Gründe für ein derartiges Verhalten bzw. entsprechende Äußerungen an:

„Widerstandsverhalten" verstehen	
Widerstandsverhalten / „Widerstandssätze"	Mögliche Gründe hinter dem erlebten Widerstand
Passivität, Schweigen.	Angst, Unsicherheit, mangelndes Vertrauen, Unverständnis.
Termine absagen oder verpassen.	Wichtigkeit des Gesprächs wird nicht gesehen oder akzeptiert; wenig Hoffnung auf gutes Ergebnis; Scham; Überforderung in der Terminorganisation; überforderte oder überlastete Eltern.
„Wollen Sie uns sagen, dass wir unsere Kinder nicht gut erzogen haben?" „Mir hat das auch nicht geschadet!"	Sich überredet oder unter Druck gesetzt fühlen, bewertet werden.
„Ich kann mir nicht vorstellen, dass es besser wird…" „Wie soll mein Kind denn in der Einrichtung klarkommen?"	Hoffnungslosigkeit; Angst vor Veränderungen; mangelndes Vertrauen.
„Was sollen denn die Nachbarn / meine Eltern sagen, wenn regelmäßig jemand vom Jugendamt zu uns kommt?"	Angst vor Gesichtsverlust.
„Jetzt machen Sie aus einer Ohrfeige eine Gewalttat! Wie soll ich denn ihrer Meinung nach mein Kind erziehen?"	Mangelndes Wissen über die Rechtslage.
„Tut mir leid, war so viel los – aber zum nächsten Mal mache ich es!"	Ausweichen, auf Zeit spielen, zu hohe Ziele; überredet, aber noch nicht überzeugt sein.

Tab. 9: Gründe für Widerstandsverhalten

Der Blick auf die Gründe zeigt die Ansatzpunkte, die sich dem Gesprächsführenden bieten. Oftmals ist man auf Hypothesen angewiesen. In den meisten Fällen ist es hilfreich, die Annahmen anzusprechen und Lösungen für den aktuellen Beziehungskonflikt anzubieten.

6.2 Optionen für einen konstruktiven Umgang mit Widerstand

Die folgenden Punkte beruhen zunächst auf dem Konzept von Miller/Rollnick (S. 231 ff.), an einigen Stellen habe ich die Methoden umformuliert. In der folgenden Auflistung zeigt sich, dass es sich im Wesentlichen um die Anwendung bzw. Abwandlung der Basismethoden handelt:

6 Umgang mit Widerständen und Dissonanzen

Methoden im Umgang mit Widerstand/Dissonanzen		
Methode	**Aussagen von Eltern**	**Mögliche Antworten von Fachkräften**
Aktives Zuhören	„Es nervt mich, wie alle auf mich einreden, dass ich mein Kind zur Förderschule schicken soll."	„Sie sind genervt (weil ihnen alle einreden wollen, dass ihr Kind zur Förderschule gehen soll)". (Vielleicht reicht der erste Halbsatz schon.)
Übertreibendes aktives zuhören	„Ich weiß gar nicht, was ich hier soll."	„Sie sind völlig ahnungslos."
Ausarbeitung von Ambivalenzen	„Am liebsten würde ich meine Kinder einpacken und in meine Heimat zurückkehren."	„Einerseits würden Sie am liebsten mit Ihrer Familie in Ihre Heimat zurückkehren, andererseits hält Sie irgendetwas hier in Deutschland."
Betonung der persönlichen Autonomie	„Das geht Sie doch gar nichts an, wie ich mit meinen Kindern umgehe!"	„Sie haben völlig recht: Sie sind die Eltern! Und es ist Ihre Verantwortung und Entscheidung, was Sie tun und nicht tun."
Reframing	„Jeden Tag versammelt sich die gesamte Nachbarschaft in meiner Wohnung, und ich weiß nicht, wo mir der Kopf steht."	„Bei Ihnen ist richtig was los! Das hört sich auch lebendig an."
Zustimmende Wendung	„Das ist doch keine Gewalt! Eine Ohrfeige hat mir auch nicht geschadet!"	„Für Sie zählt das nicht als Gewalt. Und Sie sind ja auch groß geworden und haben Ihr Leben bisher bewältigt."
Empathie / Besseres Verständnis für die Situation des Adressaten erarbeiten	„Es nervt mich, dass mir immer alle einreden wollen, dass ich alles anders machen soll."	„Ich kann das gut verstehen, dass Sie das nervt. Erzählen Sie doch noch mal, wie es aus Ihrer Sicht ist."
Um Entschuldigung bitten	„Das geht Sie doch gar nichts an, was ich zu Hause mache!"	„Es tut mir leid, wenn Sie meine Fragen als übergriffig empfinden. Ich würde einfach gerne mit Ihnen eine Lösung suchen."
Würdigung	„Ich mache alles für meine Kinder, und nie ist es genug. Und dann kommt auch noch die Schule und will mir einreden, dass ich noch mehr machen soll."	„Sie haben Recht. Es ist schon bewundernswert, was Sie alles schaffen und leisten." (Im Sinne einer guten Feedbackkultur könnte man hier noch einmal beschreiben, was die Eltern konkret leisten.)
Fokus verschieben	„Es mag ja sein, dass mit meiner Tochter hier nicht alles rund läuft, aber zu Hause kenne ich die Probleme einfach nicht."	„Sie merken auch, dass es hier in der Schule Probleme gibt. Lassen Sie uns doch noch mal drüber reden, was auch gut läuft."

Tab. 10: Methoden des MI im Umgang mit Widerstand

In Seminaren sind die Übungen zum Thema Widerstand in der Regel spannende Arbeitseinheiten, denn im Lernprozess begreift man, dass es keine perfekten Antworten gibt. Gesprächsführende können lehrbuchmäßig noch so richtig antworten, doch wenn das Gegenüber die Aussagen oder Fragen nicht akzeptiert, wird der Widerstand sogar noch verstärkt. Es braucht hier eine gute Intuition, und nicht selten hilft eine humorvolle Bemerkung. Ein Scherz kann die Spannung auflösen. Mit ein bisschen Übung macht es vielleicht sogar Spaß, experimentell mit Widerstand umzugehen. Trauen Sie sich, auszuprobieren, was funktionieren könnte; vielleicht mal provozieren; die Gesprächssituation unterbrechen und einen Kaffee holen; Fenster zum Lüften öffnen und vieles mehr.

6.3 Innere und äußere Grenzen erkennen und wahren – Rahmung von Kommunikation

Auch wenn man alles unternimmt, um konflikthafte Situationen gut zu lösen, wird es immer Situationen geben, in denen man an Grenzen kommt – eigene Grenzen, Grenzen der Gesprächspartnerin oder des Gesprächspartners oder Grenzen des Systems. In meinen Seminaren wird das Bild der „Rahmung" von Gesprächen als hilfreich erlebt (Abb. 7). Die Grafik symbolisiert, wie Gespräche eingebettet sind in institutionelle Bedingungen. Diese wiederum sind bedingt durch Gesetze, Strukturen, Konzepte usw.; das Gespräch selbst wird gerahmt durch Haltung, Regeln, Werte, Kompetenzen.

Grenzverletzungen durch Gesprächsteilnehmende
Gute Gesprächsführung bedeutet kontinuierliche Arbeit an der Rahmung, damit Grenzen eingehalten oder im Konsens verändert werden. Erst die Wachsamkeit für diese Grenzen schafft kommunikative Möglichkeitsräume. Grenzziehungen können dabei unterschiedlich geäußert werden, z. B.:
- „Ich bitte Sie, sich respektvoll zu äußern."
- „Das ist hier nicht unser Thema!"
- „Das gehört nicht zu meinem Auftrag."
- „Ich lasse mich nicht von Ihnen beleidigen. / Ich lasse nicht zu, dass Sie hier Ihre Frau vor meinen Augen beleidigen. Ich beende das Gespräch für heute."

Fachkräfte haben in Seminaren, vor allem dann, wenn sie verheißungsvoll angekündigt werden, häufig die Erwartung, dass es professionelle Optionen gibt, um „Wunder zu wirken". Dass man in Kommunikationstrainings aber keine Zaubertricks lernt, sondern die Klarheit in der Abgrenzung überhaupt erst Entwicklungen ermöglicht, die dann wieder an ein Wunder grenzen mögen, erzeugt zunächst Enttäuschungen. Doch für Teilnehmende, die sich erhoffen, wie sie hoch aggressive und übergriffige Adressaten durch kommunikative Methoden in eine Kooperation „motivieren" können, ist diese „Ent-Täuschung" notwendig.

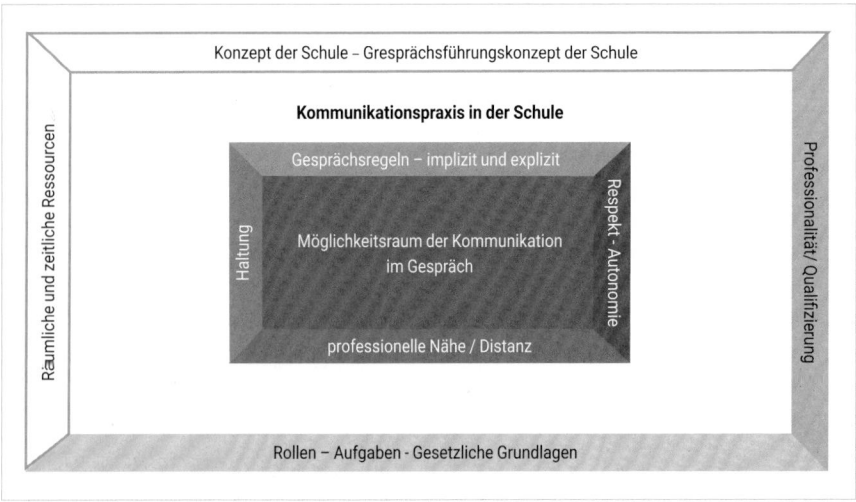

Abb. 7: Rahmung von Gesprächen (eigene Darstellung)

Um es noch einmal ganz klar zu sagen: Wenn die Grenzen des Beratenden verletzt werden, wenn Gesprächsteilnehmende ausfallend, beleidigend oder auch gegen andere Personen im Raum übergriffig werden, gilt es, die Grenzen zu wahren und den Übergriff zurückzuweisen. Es gibt Situationen, bei denen es nur eine Option gibt: Das Gespräch sofort beenden, die Schulleitung einschalten und vielleicht sogar die Polizei rufen. In anderen Fällen kann man vielleicht sagen: „Die Situation ist eskaliert, ich möchte gerne das Gespräch für heute beenden und wir können telefonieren, ob es Sinn macht, einen neuen Termin zu vereinbaren". In einem neuen Termin ergibt sich vielleicht eine neue Chance.

„Man muss nicht mit allem und jedem klarkommen"
Aber es gibt auch andere Grenzen: die persönlichen Grenzen einer Fachkraft. Sicherlich ist durch Lernprozesse persönliches Wachstum möglich und es kann gelingen, schwierige Situationen zu bewältigen, die man sich zuvor als nicht zu bewältigen vorgestellt hat. Doch kann jede Fachkraft in einer Beziehung an persönliche Grenzen kommen, die nicht ohne weiteres überwindbar sind, die eine Fachkraft vielleicht überhaupt nicht über-

winden will. So gibt es Menschentypen, mit denen man nicht klarkommen will, Gesprächsthemen, die man nicht professionell bearbeiten will und es gibt Lebensphasen, in denen man so belastet ist, dass es notwendig ist, sich abzugrenzen. Dies ist nach entsprechender Reflexion professionell, während Fachkräfte, die glauben, jedes Thema kommunizieren und mit jedem sprechen zu können, nach meiner Erfahrung eher unter Allmachtsphantasien leiden.

Institutionelle Grenzen akzeptieren
Hinzu kommen möglicherweise institutionelle Grenzen, innerhalb derer es nicht möglich ist, in einer bestimmten Art und Weise zu arbeiten. Diese beginnen schon bei geeigneten Räumen für gute Gespräche, führen über fehlende zeitliche Ressourcen für die Lösung eines größeren Problems und enden nicht bei fehlender kollegialer Beratung und Supervision. Auch mögen eingeübte Rituale verhindern, dass eine Lehrkraft in der Zusammenarbeit mit Eltern und Schülern einen neuen Weg ausprobiert. Und eine Fachkraft, die sich sehr in Beziehungen zu ihren Erziehungspartnerinnen engagiert, mag dem Vorwurf ausgesetzt sein, die professionelle Distanz zu verlieren; wobei hinter dem Vorwurf eher die Angst steckt, dass andere Eltern von anderen Fachkräften die gleiche Intensität und professionelle Nähe erwarten. Die Achtsamkeit und Akzeptanz der hier skizzierten Grenzen ist elementarer Bestandteil pädagogischer Professionalität. Wachstums- und Veränderungsprozesse sind dennoch möglich, brauchen aber häufig viel Zeit.

6.4 Schwierige Themen ansprechen

Eine der wichtigsten Fragen, die sich Fachkräfte bezüglich gelingender Kommunikation stellen, ist die Frage, wie man schwierige Themen und unangenehme Dinge so ansprechen kann, dass Kränkungen vermieden bzw. nicht verstärkt werden. Ich kenne selbst das Unbehagen und die Gedanken, die ich mir bei solchen Gelegenheiten mache.
Zur Vorbereitung des Ansprechens schwieriger Themen können Sie sich folgende Fragen stellen:
- **Für wen ist es schwierig – für mich, für den anderen, für beide?**
  Hinweise aus der Praxis:
    - Gesprächsanlass A: Den Eltern eine Einschätzung über ihr Kind mitteilen, die nicht deren Bild vom Kind entspricht. Mögliche Reaktion: Die Eltern werden sich gegen die Einschätzung wehren und es kann zum Konflikt kommen.

- Gesprächsanlass B: Ein Thema angehen, das der Fachkraft selbst unangenehm ist (z. B. über das Sexualverhalten eines Kindes sprechen) oder ein eigenes unangemessenes Verhalten gegenüber einem Kind zugeben, für das man sich entschuldigen möchte. Mögliche Reaktion: Es kommt zum Konflikt und zu Anfeindungen Ihnen gegenüber.
- **Ist es notwendig, das Thema anzusprechen?**
  - Notwendig ist es in der Regel dann, wenn es um Entwicklungsprobleme, Vorfälle in der Schule oder andere Dinge geht, über die die Eltern informiert sein müssen.
  - Müssen Eltern über jeden Streit des Kindes mit einem anderen Kind informiert werden? Nicht unbedingt, denn Heranwachsende sollten mit zunehmendem Alter in der Lage sein, Konflikte selbständig zu regeln.
  - Müssen Eltern darauf angesprochen werden, wenn ihr Kind in der Schule berichtet, dass die Eltern sich häufig streiten und das Kind darunter leidet? Wenn wir uns an den Leitlinien der Bildungs- und Erziehungspartnerschaft orientieren, sollte man diese Frage mit „ja" beantworten.
  - Wenn es um eine vermutete oder sogar klar erkenntliche Kindeswohlgefährdung geht (im familiären Bereich oder auch durch Mobbing / Ausgrenzung usw. in der Schule), sind Gespräche besonders notwendig und schwierig und müssen unbedingt geführt werden.
  - Muss ich es ansprechen, wenn ich den Partner einer Mutter intim mit einer anderen Frau gesehen habe? Eher nicht.
  - Muss ich einen Kleidungsstil des Kindes ansprechen, der nicht angemessen, aber auch nicht gefährdend ist, z. B. sehr knappe Kleidung einer Heranwachsenden? Wenn die Schulordnung hier Grenzen zieht (z. B. keine bauchfreien T-Shirts), dann ist ein Gespräch nur dann notwendig, wenn sich das Kind oder der Jugendliche nach wiederholter Ermahnung nicht an die Regeln hält.
- **Würde ich selbst wollen, dass man es bei mir anspricht?**
- **In welcher Rolle spreche ich es an? In meiner Rolle als Fachkraft und aufgrund meines Auftrags? Als „Mitmensch"? Als Leitungskraft?**
- **Welche Fakten sind mir bekannt, die das Problem betreffen? Welche Vermutungen und Hypothesen habe ich?**

Konkrete Hinweise zum Ansprechen schwieriger Themen:
- Es ist hilfreich, um Erlaubnis zu bitten, ein Thema zum aktuellen Zeitpunkt ansprechen zu dürfen: „Ich möchte ein schwieriges Thema mit ihnen besprechen. Ist es Ihnen recht, das jetzt zu tun?" Wenn es situativ nicht geht, dann auf jeden Fall eine Terminvereinbarung treffen! Wenn ein Termin vereinbart wird, sollte man prinzipiell klar das Thema benen-

nen, um das es geht – es sei denn, die Mitteilung gefährdet das Kind (s. Band 1, Kap. 8 und in diesem Band Kap. 10)! Die Bitte um Erlaubnis und die Beteiligung der Eltern bei der Suche nach einem geeigneten Zeitpunkt baut mögliche Widerstände ab. Gleichzeitig gibt es allerdings Situationen, in denen Eltern möglicherweise einem Gespräch nicht zustimmen. Dann ist es notwendig, auf die Dringlichkeit und ggf. auch auf rechtliche Aspekte hinzuweisen.

- Wenn man ein schwieriges Thema bei einer Terminvereinbarung benennt, wird es beim Gegenüber das Bedürfnis geben, unmittelbar darüber zu sprechen; selbst wenn die Person zuvor gesagt hat, dass sie jetzt nicht über ein schwieriges Thema sprechen wolle. Entweder lässt man sich dann darauf ein, auf das Thema sofort einzusteigen, oder man verweist auf die positiven Ziele und Absichten und den Wunsch, das in einem eigens anberaumten Termin gut klären zu können.
- Fachkräfte sollten sich ihrer Rolle gewiss sein und dies auch klarmachen: „Zu meinen Aufgaben als Lehrkraft gehört es, Sie als Eltern über einen Vorfall in der Schule zu informieren." „Als Schulsozialarbeiter bin ich verpflichtet, meine Vermutungen über eine mögliche Gefährdung mit den Eltern anzusprechen".
- Es ist stets sinnvoll, das schwierige Thema klar und eindeutig anzusprechen und die Fakten zu nennen (und nicht „drumherum" zu reden): „Ich habe beobachtet, dass ihr Sohn einen anderen Schüler in der Pause mit der Faust ins Gesicht geschickt hat. Dieser hat aus der Nase geblutet."
- Man sollte sich möglicherweise vor einem Gespräch zurechtlegen, mit welchen Worten man ein Thema anspricht, und diese sorgfältig auswählen; beispielsweise gegenüber einem Kollegen: „Mir fällt auf, dass du häufig sehr stark transpirierst, so dass deine Kleidung an den Achseln durchgeschwitzt ist. Für mein Empfinden riechst du dann sehr unangenehm" statt „Ich finde, dass du stinkst".
- Beschreiben Sie besser ein konkretes Verhalten anstatt Persönlichkeitsmerkmale: „Ihr Kind hat zweimal ein anderes Kind mit der flachen Hand ins Gesicht geschlagen" statt „Ihr Kind war heute sehr aggressiv".
- Es ist wichtig, sich der eigenen Gefühle bewusst sein, denn es ist oft höchst unerfreulich, unangenehme Dinge ansprechen zu müssen. Dies kann man allerdings nicht dem anderen vorwerfen, etwa nach dem Motto „Eigentlich will ich es ja gar nicht sagen, aber Ihr Kind zwingt mich, das anzusprechen". Man kann aber durchaus beiläufig mitteilen, dass es auch für die Fachkraft nicht leicht ist, über das heikle Thema zu sprechen. Noch viel wichtiger ist es jedoch, die Peinlichkeit für das Gegenüber anzuerkennen, anzusprechen, Verständnis dafür zu äußern und sie damit abzumildern.

6 Umgang mit Widerständen und Dissonanzen

> **Hintergrund**
>
> Im Jahr 2019 haben die Jugendämter in Deutschland bei rund 50.500 Kindern und Jugendlichen eine Kindeswohlgefährdung festgestellt. Das waren 10 % oder rund 5.100 Fälle mehr als im Vorjahr. Dies ist wie in 2018 nicht nur der höchste Anstieg, sondern auch der höchste Stand an Kindeswohlgefährdungen seit Einführung der Statistik im Jahr 2012 (Statistisches Bundesamt 2020). Konkret handelt es sich um:
> - 173.000 geprüfte Verdachtsfälle,
> - 28.000 Fälle als „akute" (eindeutige) Kindeswohlgefährdungen eingeschätzt (12 % mehr als 2018),
> - 27.500 ernsthafte Verdachtsfälle ohne eindeutiges Ergebnis (+8 %),
> - in 20 % Einschaltung des Familiengerichtes,
> - in 16 % aller Fälle Obhutnahmen zum Schutz des Kindes,
> - bei rund 59.100 Kindern und Jugendlichen keine Kindeswohlgefährdung, aber weiterer Hilfe- und Unterstützungsbedarf (+12 %),
> - in rund 58.400 Fällen keine Bestätigung des Verdachts und keine Hilfen notwendig (+8 %).

> **Praxis-Tipp**
>
> Einige „No-gos" aus der Praxis: Es ist nicht besonders professionell, wenn Fachkräfte
> - Gespräche mit der Frage eröffnen „Haben Sie eine Ahnung, warum wir Sie eingeladen haben?";
> - lange um das Thema herumreden ohne es klar zu benennen;
> - viel zu lange reden, um die eigene Unsicherheit zu bewältigen;
> - ständig betonen, wie schwierig das Thema für die Fachkraft selbst ist.

Weiterhin ist es auch nicht hilfreich, schwierige Themen abfedern zu wollen, indem erst einmal die Stärken des Kindes beschrieben werden, bevor dann das große „Aber" folgt. Gesprächsteilnehmende spüren dies. Selbst wenn die Wertschätzung echt ist, verpufft sie an dieser Stelle. Ein rhetorischer Tipp dazu: Rein sprachlich reicht es meistens schon, dass „Aber" durch „Und" auszutauschen: „Ich mag ihr Kind sehr, weil es sich meistens sehr sozial verhält, *und* ich muss mit Ihnen heute darüber sprechen, dass es ein anderes Kind geschlagen hat".

Abschließend bleibt zu sagen: Beim Ansprechen schwieriger Themen sind alle Empfehlungen hilfreich, die den Umgang mit Widerstand erleichtern (s. Kap. 6.2), denn aus meiner Erfahrung heraus ruft oft allein das Ansprechen schwieriger Themen genau diesen Widerstand hervor. Deshalb ist es wichtig, die Beziehung zu klären, bevor die Themen konstruktiv bearbeitet werden können.

6.5 Professionelles Stressmanagement

Schwierige Gesprächssituationen erzeugen bei einer gesprächsführenden Fachkraft häufig großen Stress, und unsere intuitiven Stressverarbeitungsmuster sind nicht immer hilfreich. Beim Umgang mit Dissonanzen in der Beziehung und bei konfliktreichen Gesprächen hilft deshalb ein professionelles Stressmanagement.

Je nach Persönlichkeitstyp kann Stress bei uns Fluchtimpulse („Was soll ich eigentlich hier? Am liebsten würde ich abhauen!"), Angstgefühle, inneres Erstarren oder Kampfimpulse auslösen. Diese Gefühle und Impulse sind vorhanden, man kann sie sich nicht abtrainieren. Doch wie sieht ein professioneller Umgang damit aus? Wenn Gesprächssituationen mächtige Gefühle auslösen, kann es sich dabei sowohl um Übertragungsmechanismen aus der betroffenen Familie (die Familie trägt z. B. ihre Gewaltstrukturen in die Bildungseinrichtung hinein und die Fachkraft ist damit konfrontiert) als auch um Übertragungsmechanismen aus der eigenen Familiengeschichte der Fachkraft (z. B. eigene Gewalterfahrungen) handeln. Ein professionelles Stressmanagement kann auf mehreren Ebenen stattfinden:

Situatives Stressmanagement:

- *Akute Systemunterbrechung:* Aus systemtheoretischer Sicht konstruiert sich in der Gesprächssituation ein neues eigenes System aus Systemaspekten der Familie und Systemaspekten der Fachkraft / der Schule. Wenn das System der Schule derart von dem Familiensystem überlagert wird, kann dies dazu führen, dass die Fachkraft sich völlig ohnmächtig fühlt und am liebsten den Raum verlassen würde. Ein Beispiel: In der Schule gilt die Regel „Wir lassen uns gegenseitig aussprechen"; in der realen Situation halten sich die beteiligten Eltern überhaupt nicht daran und fallen sich gegenseitig oder sogar der Fachkraft ständig ins Wort. Dann ist es häufig notwendig, diese Gesprächssituation zu unterbrechen und damit die aktuelle Konstellation aufzulösen. Das Gesprächssystem wird „auf Pause" gestellt. Mit räumlichem und zeitlichem Abstand gelingt es, nach neuen Optionen zu suchen, wie man weiter vorgehen kann und die eigenen Kommunikationsregeln besser zur Geltung zu bringen.
- *Professionelle Abgrenzung:* Insbesondere dann, wenn Eltern aggressiv, beleidigend oder in anderer Art und Weise übergriffig werden, kann es notwendig sein, eine Gesprächssituation völlig zu beenden und die Gespräche, wenn sie nötig sind, der Leitung einer Bildungseinrichtung zu überlassen oder das weitere Gespräch unter Anwesenheit der Leitungskraft zu führen.

Praxis-Tipp

Um ein Gesprächssystem „auf Pause" zu stellen reicht es nach meiner Erfahrung schon aus, das Gespräch zu unterbrechen, indem man zur Toilette geht oder die Eltern fragt, ob sie auch (noch) einen Kaffee wünschen, denn man brauche gerade selbst einen. So banal sich diese Lösungen anhören: Ich habe oft an der Kaffeemaschine gestanden, dabei kamen mir Ideen, wie ich weiter vorgehen konnte.

Manchmal ist es auch notwendig, einen Termin abzubrechen und einen neuen Termin zu vereinbaren. Dabei hilft mir die Methode des „Aktiven Zuhörens" hilft und ich kann z. B. sagen: „Ich merke, dass wir im Moment festgefahren und alle aufgebracht sind. Ich glaube, dass es für uns das Beste ist, wenn wir einen neuen Termin vereinbaren".

Situationsübergreifendes Stressmanagement:
- *Reflexionsmöglichkeiten nutzen:* Oft ist es notwendig und auch ausgesprochen hilfreich oder entlastend, sich durch die Verschiebung des Gespräches auf einen anderen Termin Zeit für eine kollegiale Beratung oder für ein Gespräch mit Leitung oder sogar für einen Supervisionstermin zu verschaffen. Bei einer vermuteten Kindeswohlgefährdung gibt eine Vertagung Gelegenheit, sich mit einer im Kinderschutz erfahrenen Fachkraft zu beraten.
- *An „Killersituationen" wachsen:* Jede Fachkraft kennt sicher ihre ganz persönlichen „Killersituationen, Killertypen und Killersätze". Damit meine ich solche Aspekte oder Personen, bei denen man sich lahmgelegt fühlt, sich vielleicht sogar als hilflos empfindet, unweigerlich in Stress gerät, selbst vielleicht sogar aggressiv wird; das sind dann Situationen und Sätze, die einen nachts wachwerden und nicht mehr einschlafen lassen. Meine persönlichen Klippen waren und sind z. B. Vielredende, die sich nur schwer unterbrechen lassen, oder Sätze in meinen Weiterbildungen wie „Sie haben gut reden, aber mir bringt das alles gar nichts. Bei uns in der Schule würde das nie funktionieren". Beide Themen haben mich manche kollegiale Beratung und Supervisionsstunde gekostet. Was ich auch kenne: Bei Kolleginnen oder Kollegen kann es eine extrem riechende Person sein, die solche persönlichen Reaktionen auslöst; Weinen oder Wutausbrüche, depressives Schweigen, überangepasstes Verhalten, schmeichelnde Personen und vieles mehr. Viele kinderlose Fachkräfte fürchten die Frage: „Haben sie eigentlich Kinder?" Bei all diesen Aspekten, die immer wieder auftauchen, hilft es, sich innerlich vorzubereiten und Optionen und Sätze tatsächlich auswendig zu lernen (weil man sie unter Stress leider schnellvergisst!).

Hierzu einige Beispiele:

Auf „Killersituationen, Killertypen und Killersätze" vorbereitet sein	
Herausforderungen	Lösungsoptionen
„Haben Sie eigentlich Kinder?"	• „Ja, jeden Tag 25 Kinder in der Klasse!" • „Wie viele Kinder müsste ich denn haben, damit Sie mich akzeptieren?" • Angenommen, ich hätte keine Kinder: Würden Sie jetzt das Gespräch beenden?" • „Glauben Sie mir: Ich beherrsche meinen Job!"
Vielredner	• Im Verlauf des Gesprächs: • Metakommunikation: „Ich höre, dass sie unglaublich viel zu erzählen haben. Gleichzeitig habe ich das Gefühl, kaum zu Wort zu kommen. Wie können wir das regeln?" • Halt, Stopp (ggf. winken): „Ich möchte Sie unterbrechen! Wir hatten darüber schon gesprochen!" • Im Extremfall: Aufstehen und den Raum mit der Bemerkung verlassen „Ich glaube, Sie brauchen mich hier nicht!" • Reflexion des Gesprächs und Plan für das nächste Gespräch: • „Bevor wir beginnen, möchte ich mit Ihnen über unser letztes Gespräch sprechen. Wie können wir regeln, dass wir beide ausreichend zu Wort kommen? Wie kann ich Sie am besten unterbrechen, ohne dass Sie sich gekränkt fühlen?"

Tab. 11: Lösungen für „Killersituationen"

6.6 Professionelles Deeskalationsmanagement

Meine Erfahrung zeigt, dass regelmäßig Grenzen verletzende, übergriffige Eltern sich häufig viel zu viel Raum nehmen und ihn auch bekommen. (Das gilt übrigens auch für Schüler.) Die Beschäftigung mit ihnen raubt viel Zeit, die an anderer Stelle (für andere Eltern, für andere Schülerinnen und Schüler) besser eingesetzt wäre. In der Eingangsrunde eines Seminars beschrieben einmal Mitarbeitende aus Jugendämtern fast durchweg Beispiele von übergriffigem Verhalten von Eltern; in dem Seminar wollten sie jetzt kommunikative Strategien erlernen, wie solche Situationen harmonisch zu lösen wären. Gleichzeitig gab es in ihren Institutionen keinerlei Ansätze von professionellem Deeskalationsmanagement (vgl. Anni Peller 2010, die ein evaluiertes Konzept des Deeskalationsmanagements beschreibt, das zunehmend auch in Schulen praktiziert wird). In den beschriebenen Situationen wären Absprachen über den gegenseitigen Schutz durch Büronachbarn oder eine Bürogestaltung, in der ein Kunde nicht den Ausgang versperren kann, und vor allem Leitungskräfte, die ihren Mitarbeiterinnen und Mitarbeitern bei Beschwerden nicht in den Rücken fallen, notwendig gewesen.

Wenn in Gesprächen Grenzverletzungen stattfinden, sind mehrstufige Reaktionen sinnvoll:
- Unterbrechung des Gespräches mit einer Pause, in der sich alle beruhigen können;
- Beendigung des Gesprächs und Neuterminierung
- Beendigung des Gesprächs und Neuterminierung mit oder durch Leitung
- Beendigung der Kommunikationsbeziehung und Verweis auf Beschwerdemöglichkeiten

Wenn Schulen mit derartigen Vorfällen häufiger zu tun haben, ist es sinnvoll und vielleicht sogar notwendig, ein Deeskalationskonzept zu entwickeln (s. noch einmal Peller 2010 sowie Konzepte zur „Neuen Autorität in der Schule, vgl. Lemme/Körner 2020, Schiermeyer-Reichl 2020). Ein solches Konzept kann sich sowohl auf aggressive Schüler als auch auf übergriffige Eltern beziehen.

Kernelemente sollten mindestens sein:
- eine Kultur der Grenzziehung bei Grenzverletzungen (gemäß dem Satz der Antigewaltpädagogik: „Verhalten, das du tolerierst, gilt als Verhalten, das du erlaubst");
- Erwerb von Kompetenzen zur deeskalierenden Kommunikation;
- präventive Absprachen zur Unterstützung bei herausfordernden und absehbar eskalierenden Gesprächen durch Kollegen im Nachbarraum;
- Raumgestaltung, die Rückzug ermöglicht (Fachkräfte sitzen an der Tür);
- direkte kollegiale Beratung oder Beratung durch Leitung im Anschluss an das Gespräch;
- Angebot der kurzfristigen Supervision und
- Rückendeckung durch Leitung und Träger.

7 Gespräche mit besonderen Zielgruppen und in spezifischen Situationen

Über die bisher dargestellten Hinweise und Empfehlungen für gelingende Kommunikation hinaus werden im folgenden Kapitel noch weitere Empfehlungen für besondere Zielgruppen und spezifische Situationen zusammengestellt. Im Fokus stehen zunächst Menschen mit einer Zuwanderungsgeschichte und Verständigungsschwierigkeiten vor dem Hintergrund des in diesem Buch vertretenen Verständnisses von Interkulturalität. In der Praxis stellen zudem Eltern, die miteinander sehr zerstritten sind und nicht selten diese Auseinandersetzungen in die Schule tragen, schulische Akteure vor große Herausforderungen. Auch Kinder und Jugendliche bringen kommunikative Besonderheiten mit, die Fachkräfte in den Gesprächen mit Ihnen berücksichtigen sollten. Nicht zuletzt stellen Gespräche im Kinderschutz besondere Herausforderungen dar; sowohl in der Arbeit mit den Kindern, wenn es um die Aufdeckung eines Sachverhaltes geht, als auch mit Eltern zur Abklärung einer Gefährdung und zur Motivierung von Hilfen. Abgeschlossen wird das Kapitel durch Überlegungen, die sich auf die digitale Kommunikation in Beratungsbeziehungen richten.

7.1 Gespräche bei gravierenden Verständigungsschwierigkeiten

Nach meinem Verständnis von Interkulturalität sollte es tendenziell keine Sonderthemen für Migrantinnen und Migranten sowie zugewanderte Eltern geben (s. Band 1, Kap. 2.1 und 4.2.6). Vielmehr gilt es, ihre jeweiligen Besonderheiten herauszufinden und sie genauso individuell zu behandeln wie alle anderen auch. Der Trainer für interkulturelle Öffnung Andreas Foitzik verweist zu Recht darauf, dass Sondermaßnahmen für Migrantinnen und Migranten häufig die unangenehme Nebenwirkung haben, „diese Gruppe als besonders hilfsbedürftig zu deklarieren und sie damit auf ein vermeintliches Defizit festzulegen" (Foitzig 2017, S. 156). Bei vielen Hinweisen, die für die Zusammenarbeit mit Migrantinnen und Migranten gegeben werden, frage ich mich, warum diese nicht auch für alle Eltern gelten sollen. Viele Migrantinnen und Migranten fühlen sich allein durch derartige Tipps im Umgang mit ihnen diskriminiert; zumal sie sich häufig gar nicht angesprochen fühlen, wenn sie in Deutschland gut zurechtkommen, einen hohen sozialen Status haben, beruflich etabliert oder trotz Migrationshintergrund die deutsche Staatsangehörigkeit besitzen. Interkulturelle Arbeit richtet sich ja in der Regel an Eltern, die in der Schule nicht integriert sind – und um das ganz klar zu sagen: Nicht gut integriert sind in der Schule nicht nur Eltern mit Migrationshintergrund.

Grundsätzlich gilt für gute Gesprächsführung und Beratung, auf alle Eltern individuell einzugehen, unabhängig von Herkunft, Werten und sozialem Status. Ich möchte hier trotzdem auf eine besondere Gruppe eingeben, und dies sind Eltern, die noch nicht ausreichend gut Deutsch sprechen, um sich verständigen zu können. Dies sind in aller Regel zugewanderte Eltern, aber vergleichbare Herausforderungen gibt es auch natürlich auch mit hörgeschädigten oder stummen Eltern.

In aller Regel sind Fachkräfte bei diesen Gesprächen auf Dolmetscherinnen und Dolmetscher angewiesen. Und hier zeigt sich wieder die Qualität der Rahmenbedingungen. In einer Schule, in der es eine gewisse Anzahl von fremdsprachigen Eltern gibt, sollte es eine strukturelle Lösung für das Dolmetschen geben. So könnte die Schule mit einem professionellen Übersetzungsdienst zusammenzuarbeiten, oder es gibt einen Pool von Übersetzerinnen und Übersetzern innerhalb des Bildungsnetzwerkes. Mit erheblichem Aufwand kann die Schule auch einen eigenen Übersetzungspool aufbauen, oder dies gelingt in einem Stadtteilnetzwerk, in dem alle Bildungspartner entsprechende Bedarfe haben.

„Die gängige Praxis ist oft eher beliebig und handgestrickt. Mal übersetzen die Kinder selbst, mal Verwandte, mal die Putzfrau. Das ist in mehrfacher Hinsicht unbefriedigend und unprofessionell" (Foitzig 2017, S. 161). Es ist leicht einzusehen, dass bei solchen „Lösungen" sowohl die sachliche Neutralität gefährdet ist als auch die sachgerechte Übersetzung.

Kinder als Dolmetscher

Ich halte es für unverantwortlich, Kinder in die Rolle der Übersetzenden zu bringen, besonders wenn es um schwierige Themen geht. Rührend und gleichzeitig bedrückend zeigt der Film „Jenseits der Stille" (Regie: Caroline Link), wie die ca. zehnjährige Lara bei Gesprächen zu Krediten in der Bank für die taubstummen Eltern übersetzen soll und am Ende den Bankberater darauf hinweist, dass die Eltern die Gesprächspartner sind und nicht sie. Auch die Gespräche in der Schule muss sie dolmetschen und sie fühlt sich verpflichtet, unangenehme Themen von den Eltern fernzuhalten. „Der Einsatz von Kindern als Dolmetscher und Dolmetscherinnen verstärkt den ohnehin vorhandenen Rollenkonflikt" (ebd.).

Aber auch Freunde und Verwandte und andere Schuleltern werden in schwierige Situationen gebracht, wenn sie z. B. in Konfliktsituationen übersetzen sollen. Ihnen fehlt zudem häufig das notwendige Vokabular, wenn es um Fachbegriffe geht. Ich habe auch schon erlebt, dass Eltern als Dolmetscher hinzugezogen wurden, von denen die Schule annahm, sie könnten aufgrund einer gleichen regionalen Herkunft übersetzen und sich dann herausstellte, dass sie zu völlig unterschiedlichen soziokulturellen Gruppen gehörten und vor diesem Hintergrund nicht „die gleiche Sprache" sprachen.

Ein zusätzlicher ungünstiger Effekt entsteht, wenn Dolmetscherinnen oder Dolmetscher Partei ergreifen; sei es, dass sie sich als Anwälte der Familie betrachten und gegen die Schule argumentieren, sei es, dass sie sich als Vertretung der Schule betrachten und plötzlich endlos auf die Eltern einreden, während die Fachkraft schweigend und staunend daneben sitzt. (Ich habe das selbst erlebt.) Ein weiterer kritischer Punkt ist die Übermittlung von Fragen und anderen Interventionen, die auf beraterischen Annahmen beruhen, die die Dolmetschenden nicht wissen und nicht nachvollziehen und folglich auch nicht adäquat übersetzen können.

7.2 Gespräche mit zerstrittenen Eltern

Fachkräfte in der Schule kommen immer wieder in die Situation, dass sie mit strittigen Beziehungen zwischen Eltern konfrontiert sind (s. dazu Band 1 Kap. 3.1). Die Kinder leiden häufig sehr unter den Spannungen zwischen ihren Eltern. Sie zeigen möglicherweise ein auffälliges Verhalten in der Schule, sei es, dass ihr Lernverhalten gestört ist, sei es, dass es Probleme im Sozialverhalten gibt. Insofern gibt es häufig einen Gesprächsbedarf seitens der Schule – und nicht selten wollen Eltern auch die Schule zum Handlungsfeld ihrer Auseinandersetzungen machen. Mein Plädoyer für Empathie, das ich in beiden Bänden dieses Buches unaufhörlich halte, gilt an dieser Stelle nur eingeschränkt.

7 Gespräche mit besonderen Zielgruppen und in spezifischen Situationen

Perspektiven aus zwei Welten: Gespräche mit strittigen Müttern und Vätern

Als ich 2009 (nach einer Gesetzesänderung, die es Gerichten erlaubte, vor einer Sorgerechtsentscheidung Eltern eine Beratung aufzuerlegen) mit der Beratung gerichtlich überwiesener Eltern begann, war es üblich, zunächst mit beiden Elternteilen einzeln zu sprechen. So kam beispielsweise am Montag eine Mutter und berichtete ausführlich über ihre Perspektive auf die Familie. Ich gewann den Eindruck von einem Vater, der verantwortungslos, rücksichtslos oder interessenlos war. Am Mittwoch kam dann der Vater zum Einzelgespräch und ich hörte von einer egozentrischen, intriganten und verwöhnenden Mutter. Beide versuchten mehr oder weniger bewusst und mit allen Mitteln, den Berater auf seine bzw. ihre Seite zu ziehen. Der Weg in der Beratung, sie zu Perspektivwechseln und gemeinsamen Lösungen zu führen, war bei vielen Elternpaaren meist ausgesprochen lang und nicht selten erfolglos.

Fachkräfte in der Schule, die engagiert und kompetent beraten wollen, können in eine „Empathie-Falle" tappen. Das liegt daran, dass Empathie für eine der beteiligten Personen deren Bedürfnis verstärkt, die Fachkraft auf ihre Seite ziehen zu wollen. Der andere Elternteil reagiert dann häufig misstrauisch, weil er annimmt, dass die Fachkraft parteiisch ist. Insofern empfehle ich für die Gesprächsführung mit zerstrittenen Eltern besondere folgende Regeln; insbesondere dann, wenn die Streitigkeiten sich über einen gewissen Zeitraum hinziehen.

- **Klare Mitteilung / Vereinbarungen über die Kommunikationswege:** Unter Berücksichtigung der Sorgerechtslage und der allgemeinen Rechtslage gilt es seitens der Schule zu entscheiden, wie die Eltern über schulische Belange informiert werden. Die Schule sollte sich Unterlagen über ein eingeschränktes oder entzogenes Sorgerecht geben lassen. Weiterhin sollte sie sich besonders in konfliktreichen Fällen entsprechende aktuelle rechtliche Informationen bei der Schulaufsicht oder beim Schulträger einholen und, sofern sich keine gemeinsamen Vereinbarungen über die Informationen treffen lassen, beiden Eltern schriftlich mitteilen, wie die Schule die Eltern über einerseits alltägliche und andererseits grundsätzliche Belange zu informieren gedenkt. Daran sollten sich alle Beteiligten in der Schule halten.
- **Formen der Kooperation klären:** Je nach Streitniveau können die Gespräche gemeinsam oder auch getrennt geführt werden. Die Fachkraft der Schule sollte immer wieder deutlich ansprechen, dass sie mit beiden Eltern ein Interesse an Kooperation hat und sich nicht in den Streit hineinziehen lassen will. Wenn die Erfahrung zeigt, dass gemeinsame Gespräche immer wieder eskalieren, sollte man sehr schnell auf sie verzichten.

- **Neutral im Konflikt – parteilich für eine gute Entwicklung für alle:** Ich habe gute Erfahrungen damit gemacht, das Thema der Parteilichkeit selbst zu thematisieren – zumal ich meist die Gespräche alleine geführt habe. Dabei habe ich den Eltern zugesichert, nach besten Wissen und Gewissen neutral bezüglich der differenten Elternpositionen zu handeln und habe zum Ausdruck gebracht, mich als „Anwalt einer guten Lösung zugunsten aller" verhalten zu wollen. Zusätzlich habe ich die Eltern eingeladen, immer dann, wenn sie den Eindruck einer Parteilichkeit hätten, dies im Gespräch oder auch im Nachhinein anzusprechen. Diese Transparenz und die Einladung, sich zu äußern, haben dazu geführt, dass es kaum jemals Beschwerden über ein parteiliches Verhalten meinerseits gab.
- **Setting gemeinsamer Gespräche:** In Bezug auf die Sitzordnung ist es vorteilhaft, wenn beide Eltern mit Blickrichtung auf die Gesprächsführende sitzen und dabei möglichst wenig Blickkontakt untereinander haben können. Sie sollten außerdem mit einem Abstand von mindestens 1,5 m voneinander entfernt sitzen (unabhängig von Corona). In der Beratungspraxis habe ich deshalb die Stühle in einem gleichseitigen Dreieck gestellt. Die Zeit der Gespräche sollte möglichst knappgehalten werden, da das Eskalationsrisiko steigt, je länger das Gespräch dauert; der Adrenalinspiegel steigt von Minute zu Minute, auch beim Berater. Selbst wenn das Gespräch in ruhigen und konstruktiven Fahrwässern läuft, reicht manchmal eine einzige Bemerkung, und die Dynamik eskaliert.
- Die **Protokollführung** sollte sich bei hochstrittigen Eltern nur auf gemeinsam erarbeitete Entscheidungen und auf Mitteilungen der Schule reduzieren. Hier ist die Idee eines Flipchartprotokolls besonders hilfreich, da Widerspruch zu einer Notiz sofort geklärt werden kann und beide Eltern am Ende ein Foto als Dokumentation machen können.
- **Gesprächsführungsmethoden:** In der Anmoderation ist es gut, anzukündigen, dass seitens der Schule ausschließlich an Lösungsvorschlägen zu den zu besprechenden Themen gearbeitet wird und dass alle Versuche, den partnerschaftlichen Streit und die damit verbundenen Schuldzuweisungen zu thematisieren, unterbunden werden.

Bei diesen Gesprächen ist die Fokussierung auf die Basismethoden der Kommunikation sehr hilfreich. Wenn man eine Frage stellt, sollte man sie beiden Eltern einzeln und nacheinander stellen. Insbesondere das beidseitige aktive Zuhören signalisiert, dass man an den Perspektiven beider Eltern Interesse hat. Wenn der oder die Gesprächsführende einem Elternteil aktiv zuhört, bekommt der andere Elternteil durch die Spiegelung eine andere Perspektive auf das Gesagte und bestenfalls ein besseres Verständnis der Beweggründe oder des Verhaltens des anderen Elternteils.

Die Suche nach Ressourcen, die meist selbst in schwierigsten Konfliktlagen zu finden sind, ermöglicht es, Wertschätzung und Würdigung zu praktizieren. Diese sollten sich immer auf eine gemeinsame Leistung der Eltern beziehen. Oder: Wenn eine Würdigung für einen Elternteil ausgesprochen wird, sollte gleichfalls eine Würdigung des anderen Elternteils stattfinden. Wichtig ist auch die Achtsamkeit für gleiche Redeanteile. Dies ist mitunter schwierig, wenn ein Elternteil sehr eloquent und das andere eher schweigsam ist. Weiterhin sind häufige Zusammenfassungen mit Fokus auf erreichte Schritte Bausteine eines guten Gesprächs. Zudem können sich die Zusammenfassungen auf gemeinsame Interessen beziehen.

Praxis-Tipp

Die ausführliche Darstellung unterschiedlicher Sichtweisen und Interessenlagen beider Elternteile kann kontraproduktiv sein, weil sie den Dissens verstärken kann. Alle Versuche eines Elternteils, die Entstehung des Konfliktes zu schildern, lehne ich in Gesprächen mit zerstrittenen Eltern mit freundlicher Bestimmtheit und mit dem Hinweis, dies trage nicht zur Klärung bei, ab. Wenn Sie in eine solche Situation kommen, können Sie zusätzlich hin und wieder einmal den Hinweis geben, dass diese Konflikte möglicherweise in einer fachlich kompetenten Beratungsstelle geklärt werden können, wenn beide Eltern dazu bereit sind, aber eben nicht in der Schule. Es ist zudem sinnvoll – und oft auch erfolgreich – konsequent auf die Interessen des Kindes und die Auswirkungen des Streits auf seine Entwicklung hinzuweisen, auch wenn dies mitunter zunächst zu einer neuen Runde der gegenseitigen Beschuldigungen führt („Ich will ja, es liegt nur an Dir!").

In dem Onlinematerial zu diesem Buch finden Sie einen Einschätzungsbogen, der Fachkräften wichtige Anhaltspunkte für den Grad des Konfliktniveaus zwischen den Eltern liefert.

⬇ Download 5: Einschätzungsbogen zum Konfliktniveau von Eltern

7.3 Gespräche mit Kindern und Jugendlichen

Die zuvor beschriebenen allgemeinen Hinweise und Empfehlungen zu geeigneten Basismethoden und guter Gesprächsführung treffen genauso auf Gespräche mit Kindern und Jugendlichen zu, die Fachkräfte in der Schule ja häufig täglich zu führen haben. Ergänzend habe ich noch einige Empfehlungen zusammengestellt, die auf Besonderheiten eingehen und ergänzend berücksichtigt werden können.

7.3.1 Allgemeine Hinweise

Zunächst besteht zwischen Fachkräften und Schülerinnen und Schülern ein Machtgefälle, das auf den Erziehungsrechten der Lehrkräfte und den schulischen Richtlinien beruht. Insofern gilt, dass eine „Kommunikation auf Augenhöhe" keine gleichberechtigte, sehr wohl aber eine „gleichwürdige" (Jesper Juul) Beziehung ist. Für die Fachkräfte besteht eine besondere Verantwortung darin, das Machtgefälle zu beachten und reflexiv damit umzugehen.

Entscheidend ist eine altersgemäße, aber auch den gesamten Entwicklungsstand eines Kindes oder Jugendlichen berücksichtigende angemessene Kommunikation. Hier gilt – wie bei den Eltern auch – ihre Individualität zu beachten und in jedem Fall herauszufinden, wie ein guter Kommunikationsweg gemeinsam zu gehen ist. Gleichzeitig sind viele Erwachsene selbst verunsichert, wenn sie mit Kindern sprechen wollen, möglicherweise getriggert durch eigene Kindheitserfahrungen. Und nicht selten kommt es zu einem „kindertümelnden", anbiedernden Kommunikationsverhalten, welches eher ein „nicht-ernst-nehmen" signalisiert als ein Bemühen um Verständigung.

Einige Hinweise zum Alter einer Schülerin oder eines Schülers:
- Je jünger ein Kind ist, desto weniger kann es verstehen und einordnen, wie Erwachsene denken und warum sie etwas machen; und umso mehr sollten Erwachsene „sich erklären".
- Wenn Kinder schweigen, ist dies meistens ein Signal, dass sie etwas nicht verstehen – und kein Zeichen für Widerstand.
- Themen sollten alters- bzw. entwicklungsstandangemessen besprochen werden, besonders bei persönlichen bzw. belastenden Themen; gleichzeitig ist es manchmal unausweichlich, diese Themen anzusprechen, z. B. bei innerschulischen Konflikten oder familiären Problemen. Auch hier gilt – wie bei Eltern – meine Empfehlung, nicht um den Brei herumzureden, sondern die Probleme klar anzusprechen (wobei dies in der Forschung nicht eindeutig zu belegen ist, s. auch den Hinweis dazu unter Kap. 10.1).
- Auch die Länge der Gespräche sollte angepasst sein – in der Regel kürzer als mit Erwachsenen. Wobei hier ganz eindeutig das Temperament eines Kindes eine Rolle spielt: Mit dem einen kann man lange und ausführlich alle Fragen besprechen, und mit einem anderen ist das Gespräch nach wenigen Sätzen vorbei.
- Je älter Schülerinnen und Schüler sind, umso geringer ist die Bedeutung der elterlichen Meinungen und Vorgaben. Viel wichtiger werden die Gleichaltrigen, die „Peergruppe". Aus Sicht der Jugendlichen gehören Fachkräfte zur „Elterngeneration" und vertreten auf jeden Fall die Perspektive der Erwachsenen. Somit neigen Heranwachsende dazu, ihre eigenen Muster

7 Gespräche mit besonderen Zielgruppen und in spezifischen Situationen

aus den Eltern- Kind-Beziehungen und Lehrer-Kind-Beziehungen auf den jeweiligen Gesprächspartner zu projizieren.
- Bei Heranwachsenden können die Erkenntnisse, die wir der Gehirnforschung verdanken, zu einem besseren Verstehen und somit zu einem besseren Verständnis beitragen. Dazu gehören z. B. die mangelhafte Fähigkeit zur Risikobewertung und hohe Risikobereitschaft, aber auch das völlige Aufgehen in bestimmten Themen, der schnelle Wechsel emotionaler Befindlichkeiten und die teilweise hohe Beeinflussbarkeit durch Gleichaltrige; etwa durch neue Gedankenwelten oder was auch immer. Die Haltung „Alles egal, weiß ich nicht" ist damit besser nachvollziehbar. Hinzu kommt häufig ein veränderter Schlaf-Wach-Rhythmus, der sich gerade in der ersten Schulstunde häufig auswirkt, anders gesagt: Viele Jugendliche sind um 8 Uhr hundemüde.

7.3.2 Kommunikation auf Basis vermuteter Erwartungen

Tatsächlich sind aber Kinder und Jugendliche zum Teil sehr talentiert und geübt, Gespräche mit Erwachsenen zu führen. Sie ahnen, was diese gern hören und werden betonen, dass sie die Hausaufgaben gemacht haben, wie fleißig sie sind, dass sie im Prinzip gegen Gewalt sind, nur in diesem einen Falle hätte man nichts anderes tun können.

„Brave Jungs" brauchen Klartext

Als ich meine ersten Anti-Gewalt-Trainings leitete, war ich mir sehr bewusst, dass ich die Lebenswelten dieser Jugendlichen aus meiner eigenen (dörflichen) Jugenderfahrung nicht kenne und nur sehr bedingt verstehe. „Gewalt spricht eine eigene Sprache". Am ersten Trainingsabend saßen scheinbar brave Jungs im Stuhlkreis und betonten, wie leid ihnen die Vorfälle täten, derentwegen sie zur Teilnahme an dem Training verurteilt waren. Und sie seien total motiviert, zu lernen, wie man sich gewaltfrei verhält. Weil ich um meine eigene Sprachlosigkeit in solchen Situationen wusste, hatte ich einen jungen Mann, der selbst wegen Gewaltdelikten im Gefängnis gesessen hatte, sich mittlerweile aber beruflich und mit eigener Familie und drei Kindern sehr gut etabliert hatte, als Co-Trainer engagiert. Kirschli (so sein Sintiname) durchschaute die Strategien der „braven Jungs" sofort und konnte die Jugendlichen in der gleichen Sprache mit Klartext ansprechen. Das war für den Lernprozess der Jugendlichen sehr förderlich. Auf die Aussage eines Jungen „Ich möchte mich nicht mehr prügeln" reagierte Kirschli z. B. mit dem Satz: „Erzähl keinen Scheiß. Das glaub' ich Dir nicht". Das hat die Jungs irritiert, und so nach und nach wurden sie dann ehrlicher und wir konnten gut miteinander arbeiten. Ich habe mir für meine Arbeit sozusagen den Respekt von Kirschli geborgt.

In unnahmlicher Weise schildert der Roman „Heldensommer" von Andi Rogenhagen aus der Perspektive des jugendlichen Helden Philipp, wie er die Kommunikation mit Erwachsenen strategisch gestaltet. Ein absolut lesenswertes Buch, zumal unglaublich witzig. Nach dem Lesen traut man seinem eigenen Kind nicht mehr so richtig über den Weg. Doch wie können Erwachsene damit umgehen?

- Zunächst einmal ist die Achtsamkeit für vermutlich erwünschte Äußerungen in Verbindung mit einer gesunden Skepsis eine gute Basis der Gesprächsführung mit Kindern und Jugendlichen, übrigens genauso wie mit Erwachsenen. Sie einzuladen, offen zu sprechen, und gleichzeitig zu wissen, dass sie nicht ohne weiteres alles offenbaren, was zum Thema gehört, gehört zu einer guten Professionalität. Und hier gilt: Beziehungs-Aufbau und Vertrauen braucht Zeit. Wenn Erwachsene sich für Jugendliche Zeit nehmen, wird das von Ihnen sicherlich irgendwann honoriert gestellt und sie können sich vielleicht öffnen.
- Die soziale Erwünschtheit von Äußerungen kann mitunter vorsichtig thematisiert werden. „Hier möchte ich einmal nachfragen: Meinst du, dass du das jetzt sagst, weil ich von dir erwarte, dass du das sagst?" Zumindest weiß ein heranwachsender Gesprächspartner oder eine heranwachsende Gesprächspartnerin dann, dass sein/ihr Gegenüber nicht allzu naiv ist.

7.3.3 Methodische Varianten – Setting-Arrangements

Fachkräfte sollten in Gesprächen mit Kindern und Jugendlichen Optionen für Variationen der Gesprächsmethoden und des Gesprächssettings haben. Das Gegenübersitzen und sich in die Augen schauen erleben viele Jugendliche als irritierend und beängstigend. Die wichtigsten Gespräche in meiner Jugendzentrumszeit habe ich in der Holzwerkstatt geführt; beim Handwerken wurden die wichtigen Themen „beiläufig" besprochen. Je nach Alter und Vorlieben können Fachkräfte mit ihren Gesprächspartnern spielen oder einen Spaziergang machen. Die Bewegung hinaus aus der traditionellen Gesprächssituation am Tisch ins Freie oder in eine gemeinsame Tätigkeit kann Spannungen abbauen, das Gespräch auflockern und so einen besseren Kontakt und Beziehungsaufbau ermöglichen.

Beratung auf dem Fahrrad

Ich habe z. B. mit einem 14jährigen Jungen, der beim Anmeldungsgespräch nicht verschlossen, aber total gehemmt wirkte, verabredet, ihn mit dem Rad zu Hause abzuholen. Er könne mir dann auf dem Rad „seine Welt" zeigen. Als Reiseführer in seinem Stadtteil konnte er dann immer freier sprechen. Daraus entwickelte sich eine längere Beratung, die wir komplett auf dem Rad verbracht haben.

7.3.4 Die Arbeit mit „analogen Methoden"

„Analoge Methoden" als Bestandteil systemischer Beratung wollen über bildhafte Elemente den Wahrnehmungs- und Kommunikationsraum und damit die Reflexion erweitern.

> „Durch analoge Verfahren geschieht Erkennen vielmehr in der sinnlichen Wahrnehmung intuitiv. Der Klient wählt für die gemeinte Situation ein Symbol oder eine Metapher, malt ein Bild oder stellt die Situation szenisch dar. Dabei erfolgen Auswahl oder Darstellung nicht rational, sondern intuitiv. Der Klient stellt während der sprachlichen Beschreibung des Analogen neue Bezüge her und gewinnt dabei eine neue Sichtweise der Problemsituation" (Kiel 2020, S. 131f.).

Schulische Fachkräfte irritieren ihr jugendliches Gegenüber möglicherweise mit einem Angebot analoger Methoden, doch das tun Therapeuten in der Kinder- und Jugendpraxis auch. Kein Jugendlicher sagt von sich aus „Endlich nimmt mich jemand ernst und ich kann meine Familie malen!". Doch wenn das Angebot einer analogen Methode überzeugend und gleichzeitig mit Wahlfreiheit vorgetragen wird, greifen Kinder und Jugendliche nach einer ersten Irritation gerne zu.

Abb. 8: Analoge Methoden – Der „Grabbelkorb" (privates Foto)

Einfachste analoge Methoden entstehen mit Gegenständen, die vorhanden sind. Ich habe z. B. Familienaufstellungen mit dem Geschirr oder den Flaschen auf dem Tisch gemacht. Meine persönliche Lieblingsmethode ist mein „Grabbelkorb", den mir ein Freund anlässlich einer neuen Stelle liebevoll zusammengestellt und geschenkt hat (Abb. 8).

Ich habe meinen „Grabbelkorb" häufig in Beratungsgesprächen mit Heranwachsenden, aber auch mit Eltern genutzt, wenn es um Themensuche, Brainstorming oder Problemdifferenzierung ging. Auf die Eingangsfrage „Wie geht es dir?" antworten Jugendliche ja häufig einsilbig. Aber bei der Frage, welcher Gegenstand ihre heutige Situation am besten repräsentiere, ist der Griff zur Zitrone nicht selten. Auch die Frage „Welche Ideen haben Sie denn im Moment? Suchen Sie für jede Idee einen Gegenstand aus!" führt häufig zu produktiven Gesprächsphasen. Oder: Wenn es um Entscheidungsalternativen geht, kann man seinen Gesprächspartner bitten, für jede Alternative einen Gegenstand zu wählen und dann – durch das Legen der Gegenstände näher zu sich oder weiter von sich weg – Präferenzen ausloten, oder man kann jeden Gegenstand in die Hand nehmen und Assoziationen aussprechen.

Auch die Arbeit mit Bildkarten gehört zu den analogen Methoden (vgl. z. B. das Bildkartenset von Maja Storch und Frank Krause, 2010). Dieses habe ich bereits im ersten Band als Methode der Zielfindung bei der Schulentwicklung angesprochen (s. dort Kap. 6.5.3). Bei der Arbeit mit diesem Set können sich Heranwachsende zu bestimmten Fragestellungen „ihre Bilder" auswählen und dann von ihren Assoziationen berichten. Auch die gute alte „Collage" kann als analoge Methode eingesetzt werden. Sicher sind diese Methoden nicht in jedem Gespräch einzusetzen, doch lassen sie sich

- vielleicht nach einer kleinen Probe mit einer Kollegin oder einem Familienmitglied
- ohne tiefergehende Schulung nutzen (wobei eine Schulung sicher nicht verkehrt ist).

7.4 Gesprächsführung im Kontext Kinderschutz

Es kann immer einmal vorkommen, dass schulische Fachkräfte mit der Situation konfrontiert werden, dass sie mit einem Kind oder Jugendlichen über Vermutungen einer familiären oder schulischen Gefährdungssituation sprechen wollen und müssen. Dies kann geschehen, wenn eine Schülerin oder ein Schüler sich mit Problemen einer Fachkraft anvertraut oder wenn Fachkräfte aufgrund von Hinweisen („gewichtige Anhaltspunkte") entsprechende Vermutungen haben.

Nach Verabschiedung des Kinder- und Jugendstärkungsgesetzes (KJSG) im Juni 2021 gelten weiterhin die im Band 1 (Kap. 8) beschriebenen rechtlichen Grundlagen. Fachkräfte können weiterhin nicht „einfach" das Jugendamt einschalten (wie es vor 2012 die Regel war), sondern müssen selbst tätig werden, um Hilfe zu ermöglichen. Interessenvertretungen der „Berufsgeheimnisträger" (so werden in dem Gesetz die verschiedenen Berufsgruppen genannt, zu denen u. a. Ärzte und Ärztinnen sowie im schulischen Kontext Lehrkräfte und Fachkräfte der Schulpsychologie und der Sozialen Arbeit gehören) hatten sich im Reformprozess vor der Gesetzesänderung dafür eingesetzt, wieder stärker die alleinige Verantwortung der Jugendämter zu betonen und sie von den anspruchsvollen Aufgaben zu entlasten. Doch nach wie vor bildet der § 4 des Gesetzes zur Kooperation und Information im Kinderschutz (KKG) (Beratung und Übermittlung von Informationen durch Geheimnisträger bei Kindeswohlgefährdung) als Teil des Bundeskinderschutzgesetzes die Grundlage für die Rolle der schulischen Fachkräfte und den Auftrag an diese.

7 Gespräche mit besonderen Zielgruppen und in spezifischen Situationen

Wörtlich heißt es: Werden ihnen „in Ausübung ihrer beruflichen Tätigkeit gewichtige Anhaltspunkte für die Gefährdung des Wohls eines Kindes oder eines Jugendlichen bekannt, so sollen sie mit dem Kind oder Jugendlichen und den Erziehungsberechtigten die Situation erörtern und, soweit erforderlich, bei den Erziehungsberechtigten auf die Inanspruchnahme von Hilfen hinwirken, soweit hierdurch der wirksame Schutz des Kindes oder des Jugendlichen nicht in Frage gestellt wird".

Nachfolgend werden nun Hinweise und Anregungen zusammengestellt, die einerseits die Gespräche mit den Kindern und Jugendlichen, andererseits die mit den Eltern betreffen.

7.4.1 Gespräche mit Schülerinnen und Schülern zur Abklärung einer vermuteten Gefährdung

Entsprechende Gespräche mit Schülerinnen und Schülern stellen Fachkräfte vor hochgradige emotionale und fachliche Herausforderungen, zu denen sie sich ggf. durch eine „Insoweit erfahrene Fachkraft" Unterstützung holen und sich selbst beraten lassen können.

Rechtliche Grundlagen für Gespräche mit Schülern über familiäre Themen
Wie weit sind Fachkräfte legitimiert, Kinder und Jugendliche zu intimen familiären Belangen zu befragen, ohne dass die Eltern davon wissen? Für Fachkräfte aus der Kinder- und Jugendhilfe ist SGB VIII oder: § 8 maßgeblich, der die Fachkräfte autorisiert: „(3) Kinder und Jugendliche haben Anspruch auf Beratung ohne Kenntnis des Personensorgeberechtigten, wenn die Beratung auf Grund einer Not- und Konfliktlage erforderlich ist und solange durch die Mitteilung an den Personensorgeberechtigten der Beratungszweck vereitelt würde." Für Lehrkräfte und andere schulische Akteure kann die Rechtslage analog interpretiert werden. Lehrkräfte haben anders als Fachkräfte in der Kinder- und Jugendhilfe keinen von den Personensorgeberechtigten abgeleiteten, sondern originären Erziehungsauftrag. Wenn sich Schüler an sie wenden – oder Lehrkräfte Schülerinnen oder Schüler ansprechen – kann im Rahmen dieses Erziehungsauftrags auch das Gespräch auf familiäre Konflikte oder Probleme kommen. Da das Erziehungsrecht der Lehrkräfte neben demjenigen der Eltern steht, letzteres aber uneingeschränkt bestehen bleibt, hat das Bundesverfassungsgericht im Jahr 1982 noch festgestellt, dass Eltern „aufgrund des GG Art 6 Abs. 2 S 1 einen Anspruch auf Information über Vorgänge im Bereich der Schule [haben], deren Verschweigen die ihnen obliegende individuelle Erziehung des Kindes beeinträchtigen könnte" (BVerfGE 9.2.1982 - 1 BvR 845/79).

Doch führt das Bundesverfassungsgericht weiter aus:

„Zu einem sinnvollen Zusammenwirken von Eltern und Schule bei der gemeinsamen Erziehung des Kindes gehört ein offenes gegenseitiges Vertrauensverhältnis. Der Informationsanspruch der Eltern bezieht sich grundsätzlich auch auf die Erkenntnisse der schulischen Berater. Deren Einsichten und Erfahrungen im Umgang mit dem Kinde in der Schule können gerade für die individuelle, den Eltern zuvörderst obliegende Erziehung von erheblicher Bedeutung sein. (...) Es ist jedoch nicht zu verkennen, dass in besonders gelagerten Fällen eine Information der Eltern zu Reaktionen führen kann, die im Interesse des Kindeswohls nicht zu verantworten sind. Die Probleme und Schwierigkeiten des Kindes können gerade in einem Elternhaus ihre Ursache haben, in dem kein Vertrauensverhältnis zwischen Eltern und Kind mehr besteht (z. B. bei Kindesmisshandlungen). (...) Hier kann es im Interesse des Kindes geboten sein, daß der Berater auch den Eltern gegenüber schweigt, um den Heilerfolg nicht zu gefährden und das Vertrauensverhältnis zwischen ihm und dem Kinde nicht in Frage zu stellen. Die mit einem derartigen, durch das Kindeswohl gebotenen Vorgehen verbundene Einschränkung des elterlichen Informationsrechts ist mit Art. 6 Abs. 2 Satz 1 GG vereinbar; denn der treuhänderische Charakter des elterlichen Erziehungsrechts bindet dieses an das Kindeswohl und enthält in sich keine Befugnisse, welche dieses gefährden oder vereiteln" (vgl. Böckenförde 1980, S. 65).

(BVerfGE 9.2.1982 - 1 BvR 845/79)

Gespräche mit Kindern und Jugendlichen im Kinderschutz: Erkenntnisse aus der Forschung

Die folgenden Erkenntnisse über Gespräche mit Kindern und Jugendlichen im Kontext des Kinderschutzes beruhen im Wesentlichen auf den Erkenntnissen des bundesweit im Bereich Kinderschutz anerkannten Psychologen und Forschers Heinz Kindler (2012). Sie stammen aus unterschiedlichen Forschungsergebnissen, vor allem bezüglich der Gespräche von Fachkräften der Kinder- und Jugendhilfe und der Familiengerichtsbarkeit. Daraus lassen sich aber auch Hinweise für den schulischen Kontext ableiten.

Kindler betont, „dass sich die Fachkräfte innerlich in aller Regel dem Wohlergehen derjenigen Kinder und Jugendlichen verpflichtet fühlen, die ihnen zusammen mit den Eltern in ihrer Berufsrolle begegnen. Fälle einer möglichen oder belegten Kindeswohlgefährdung mobilisieren dabei häufig ein hohes Maß an Engagement und innerer Beteiligung, bis hin zu unerwünschten emotionalen und gesundheitlichen Folgen für einen Teil der Fachkräfte" (Kindler 2012, S. 203). Man muss sich klarmachen, dass ein solches Gespräch auch dann stattfinden muss, wenn eine innerschulische Gefährdung zu vermuten ist, etwa durch andere Schülerinnen oder Schüler oder durch eine Lehrkraft. Die Forschung zeigt, dass Kinder und Jugendliche immer wieder **nicht** einbezogen werden, wenn es um die Abklärung einer Gefährdung geht. Gründe dafür sind z. B.:

- Der Fokus liegt auf den Eltern als Verantwortliche.
- Es gibt Bedenken gegen die Fähigkeit und den Entwicklungsstand der betroffenen Kinder; ein adäquater eigener Wille wird den Kindern nicht zugetraut (z. B. bei der Frage nach ihrem Aufenthalt, wenn er zwischen den Eltern strittig ist).
- Fachkräfte sehen ein Risiko der Überforderung, möglicherweise sogar der Traumatisierung, wenn Kinder zu bestimmten Themen befragt würden (z. B. zu Gewalt unter den Eltern).
- Fachkräfte fühlen sich für die Gespräche mit den Kindern nicht qualifiziert.

Kindler unterscheidet vier Arten von Gesprächen:
1. Gespräche mit Kindern, um Informationen über Gefährdung zu erhalten
Wenn es Vermutungen bezüglich einer Gefährdung eines Kindes gibt, ist ihre Einbeziehung teilweise notwendig, weil nur das Kind die Gefährdung kennt und darüber berichten kann. In diesen Gesprächen kommt es zu der Doppelfunktion, die weiter unten bezüglich der Gespräche mit Eltern beschrieben wird. Einerseits hat dieses Gespräch eine Aufklärungsfunktion, gemäß derer Fakten gesammelt werden müssen und die Einschätzung des Kindes dokumentiert wird, um dies möglicherweise mit den Eltern zu besprechen oder – wenn dieses Gespräch das Kind selbst gefährden würde – um die Informationen direkt dem Jugendamt mitzuteilen. Andererseits ist es aber auch das Ziel, die Bedürfnisse des Kindes zu erkennen und alles Mögliche zu tun, und die Gefährdung abzumildern, solange sie nicht beseitigt ist. In diesen Gesprächen geht es zudem darum, den Willen des Kindes bezüglich der weiteren Verfahrensweisen zu erfragen, und mit ihm die weiteren Schritte zu besprechen.

Unter Berücksichtigung der Wünsche des Kindes muss die Fachkraft dann die Entscheidung treffen, ob mit den Eltern gesprochen werden soll und was besprochen wird. Grundsätzlich ist es bei diesen Gesprächen wichtig davon auszugehen, dass Kindesaussagen tendenziell vertrauenswürdig sind. Die Anwendung suggestiven Drucks schädigt die Befragten nachhaltig.

Es ist notwendig, dass Fachkräfte auf derartige Situationen vorbereitet sind, sowohl für geplantes als auch für ungeplantes Anvertrauen der Kinder in unterschiedlichen Alltagssituationen der Schule, denn Kinder vertrauen sich eher in Alltagskontexten an.

Kindler gibt folgende Hinweise für nichtsuggestive Gespräche:
- Zunächst ist es hilfreich, Kinder in einer Phase des freien Erzählens mit ermutigenden und offenen Fragen berichten zu lassen.
- Dabei ist es nicht notwendig, sich im Hinblick auf die Abfrage von Fakten emotional neutral zu verhalten; eine freundliche Befragungshaltung erzeugt eher mehr Informationen, aber nicht mehr falsche Angaben.
- Die Erfahrungen der letzten 20 Jahre haben gezeigt, dass die von Fach-

kräften gelegentlich verwendeten Befragungshilfen im Hinblick auf Fehleinschätzungen und Fehlinterpretationen hoch risikobehaftet sind (dazu gehören projektive Verfahren, Satzergänzungen, Kinderzeichnungen etc.). Insofern sollte man darauf verzichten.
- Kinder, die von ihrem Naturell her schüchtern und zurückhaltend sind oder sich durch die Situation eingeschüchtert fühlen, benötigen mehr Zeit.
- Wenn Fachkräfte feststellen, dass die befragten Kinder sich nicht von sich aus öffnen, sollten sie sich selbst nicht unter Druck setzen und auch keinen Druck erzeugen. Die Wahrscheinlichkeit ist hoch, dass die Kinder keine Aussagen machen wollen und dabei bleiben.
- Auf jeden Fall sollten sich Fachkräfte in der Vorbereitung und Durchführung derartiger Gespräche fachgerechte Beratung suchen.
- Fachkräfte sind sich häufig unsicher, wie ein solches Gespräch auf das betroffene Kind wirkt. Nach Kindler sind Belastungsreaktionen bei den Kindern nach Befragungen eher selten.
- Kindler benennt als offene Baustelle in der Forschung die Frage, ob eine Gesprächseröffnung mit Benennung des Anlasses sinnvoll ist und Fachkräfte direkt auf das Thema zusteuern sollten, oder ob eine indirekte Befragung eher sinnvoll ist.

2. Gespräche mit Kindern über ihre Beziehungswahrnehmung
Kinder werden immer wieder z. B. in strittigen Sorgerechts-Verfahren oder einer im Raum stehenden stationären Unterbringung zu den Beziehungen zu den beteiligten Personen, vorrangig den Eltern, befragt. Bei Befragungen hinsichtlich ihrer Wünsche zu einem dauerhaften Aufenthalt bei Vater oder Mutter zeigte sich in Studien, dass die Umgebung bzw. der Befragungsort ausschlaggebend ist. Je nachdem, ob ein Kind in der Wohnung der Mutter, der Wohnung des Vaters oder an einem neutralen Ort befragt wurde, machte es jeweils unterschiedliche Aussagen. Bei Befragungen bezüglich eines Aufenthaltes in einer stationären Einrichtung zeigte sich, dass Kinder häufig Zeit brauchen, um einen neuen Aufenthaltsort annehmen zu können. Hilfreich ist es bei diesen Befragungen, die Kinder nicht zu einer Positionierung zu drängen, sondern ihre Perspektiven auf die unterschiedlichen Optionen differenziert zu erkunden. Interessant ist auch, dass globale Statements in die eine oder andere Richtung häufig nicht mit der Wahrnehmung der Fachkräfte übereinstimmten bzw. das Kind in der konkreten Beschreibung seines Lebens an dem einen oder anderen Ort durchaus abweichende Statements abgab. Laut Kindler kann dies durch einen möglicherweise unbewussten Loyalitätsdruck bezüglich eines oder beider Elternteile erklärt werden.

3. Gespräche mit Kindern zur Information über Kinderschutzmaßnahmen
Immer wieder sind Fachkräfte gefordert, mit Kindern über Schutzmaßnah-

men zu sprechen, um diese zu erläutern oder ihre Fragen dazu zu beantworten. Dabei kann es z. B. um eine stationäre Unterbringung, Gerichtsentscheidungen über den Aufenthalt des Kindes bei einem Elternteil gegen seinen geäußerten Willen oder vom Gericht angeordnete Jugendhilfemaßnahmen gehen. Laut Kindler ist eine altersgerechte Transparenz auf jeden Fall hilfreich. Weiterhin gilt es, vermutete typische Belastungsreaktionen nicht direkt nachzufragen („Hast du Schuldgefühle wegen der Trennung deiner Eltern?"), sondern allgemein und sachlich zu informieren („Viele Kinder haben Schuldgefühle, dass die Trennung der Eltern an ihnen liegt. Die Kinder brauchen aber keine Schuldgefühle zu haben, denn die Verantwortung liegt allein bei den Erwachsenen.")

4. Einbeziehung von Kindern in Kinderschutzgespräche

Grundsätzlich ist die *Einbeziehung von Kindern in Hilfeplangespräche* eher mit positiven Effekten verbunden (wenn sie professionell moderiert werden), während die *Einbeziehung der Kinder in jene Gespräche eher kritisch zu sehen ist, in denen Fachkräfte mit den Eltern eine Kindeswohlgefährdung abklären wollen (möglichweise eine Gefährdung sogar durch sie selbst)*. Voraussetzung ist in jedem Fall, dass das Kind beteiligt sein will. Es kann sich allerdings auch durch eine Vertrauensperson vertreten lassen (Tante, Paten, Vertrauenslehrkraft usw.). Hier gilt umso mehr: Ausschlaggebend für gute Gespräche ist der Aufbau einer Vertrauensbeziehung der gesprächsführenden Fachkraft zu dem betroffenen Kind z. B. durch Vorgespräche – und dafür benötigen diese ausreichend zeitliche Ressourcen.

7.4.2 Gespräch mit Eltern bei der Abklärung einer vermuteten Kindeswohlgefährdung

Die nächste Aufgabe in diesen Prozessen besteht in einem Gespräch mit den Eltern. Deshalb geht es jetzt um den Einsatz von Methoden der Gesprächsführung mit Eltern, wenn Fachkräfte u. a. durch das Gespräch mit dem Kind „gewichtige Anhaltspunkte" für eine Gefährdung haben, etwa weil ein Kind vernachlässigt wird, Gewalt erlebt oder seine Entwicklung in sonst einer Weise gefährdet ist.

Gespräche im Kinderschutz erfordern zunächst keine andere Art von Gesprächsführung als die zuvor beschriebene, sondern vorrangig die besonders sorgfältige *Anwendung* dieser Methoden. In diesen Gesprächen werden für die betroffenen Kinder und Jugendlichen unter Umständen die Weichen für das gesamte spätere Leben gestellt. Die Fach-Diskussion dazu wird in Deutschland überwiegend mit dem Fokus auf die Frage geführt: Was passiert, wenn im Falle einer Gefährdung kein staatlicher Eingriff und keine Hilfe erfolgt? Nach meiner Erfahrung gibt es aber für Kinder und Jugendliche auch negative Konsequenzen, wenn überhastet, überengagiert oder unprofessionell vorgegangen wird. Nach meiner Auffassung sollte ein kritischer Blick immer auf beiden Seiten liegen: auf den Folgen eines Nichthandelns oder zu wenig Engagement der Fachkräfte ebenso wie auf den Folgen eines Eingriffs.

7.4.3 „Zwischen den Stühlen" – Gespräche unter hohem Druck

Was macht gute Gesprächsführung im Kinderschutz aus? Georg Kohaupt, Mitarbeiter des Berliner Kinderschutzzentrums, hat in einem Vortrag (2003) die besonderen Spannungsverhältnisse bei Gesprächen im Kinderschutz beschrieben. Die Abb. 9 greift diesen Gedanken der Spannungsfelder auf und zeigt, wie sehr diese Gespräche von gegensätzlichen Herausforderungen geprägt sind. Im Vordergrund steht immer das Ziel, Eltern zur Annahme von Hilfe zu motivieren, damit das Kindeswohl gesichert werden kann. Gleichzeitig kommen aber auch – wenn Kinder misshandelt werden oder vernachlässigt sind – strafrechtliche Aspekte ins Spiel, die Fachkräfte nicht außer Acht lassen können. Anhand einiger gravierender Fälle in den letzten Jahren wird immer deutlicher, dass Fachkräfte bei nicht sachgerechtem Handeln selbst mit strafrechtlichen Konsequenzen zu rechnen haben. Insofern müssen sie sich in Krisensituationen entscheiden, ob sie bereit sind, nach einer guten Beratung Eltern zuzutrauen, das jeweilige Problem zumindest bis zum nächsten Gespräch lösen zu können, oder ob sie auf Nummer sichergehen und ein Kind in Obhut nehmen (lassen).

Abb. 9: Spannungsverhältnisse in Gesprächen im Kinderschutz (eigene Darstellung)

Neben den kommunikativen Anforderungen, in denen es darum geht, Eltern zur Annahme zur Hilfe zu motivieren, wofür die dargestellten Methoden der Gesprächsführung besonders gut geeignet sind, kommen Anforderungen an Dokumentation und Beachtung des Datenschutzes hinzu. Insgesamt geht es also bei Gesprächen im Kinderschutz um erhöhte Anforderungen, die sehr viel Stress mit sich bringen, Unsicherheit auslösen, vielleicht sogar Ängste erzeugen. Insofern folgt an dieser Stelle ein ganz deutlicher Appell an jede Fachkraft, die in eine derartige Situation kommt, in jeder Phase dieses Prozesses die Beratung durch eine im Kinderschutz erfahrene Fachkraft in Anspruch zu nehmen. Die entsprechenden Kontaktadressen sollten die örtlichen Jugendämter vorhalten, denn sie sind gesetzlich verpflichtet, diese Beratung zu gewährleisten. Hilfreich sollten hier auch die Ausführungen zum Umgang mit Widerstand (s. Kap. 6.2), zum Ansprechen schwieriger Themen (s. Kap. 6.4) und zum professionellen Stressmanagement (s. Kap. 6.5) sein.

Doppelfunktion der Gespräche mit Eltern im Kinderschutz
Der Soziologe und Wissenschaftler Jörg Fertsch-Röver hat die beiden unterschiedlichen Funktionen von Gesprächen mit Eltern im Kinderschutz analysiert (2010). Diese Gespräche haben eine Doppelfunktion: Sie sind einerseits Aufklärungsgespräche, bei denen die Vermutungen aufgeklärt und Fakten gesichert werden müssen, und andererseits Beratungsgespräche, die darauf abzielen, für die Annahme von Hilfen zu motivieren. Fertsch-Röver empfiehlt, diese Funktionen in zwei aufeinanderfolgenden Gesprächsphasen abzuarbeiten. Nach meiner Erfahrung ist es jedoch sinnvoller, zwischen diesen beiden Funktionen zu switchen, denn vor allem die erste Funktion erzeugt häufig Widerstand, den Fachkräfte dann situativ und unmittelbar abbauen sollten. Dies kann ganz gut gelingen, wenn man das andere Ziel des Gespräches betont, nämlich gemeinsam nach Lösungen zu suchen.

Diese Doppelfunktion lässt sich in Kommunikationstrainings sehr gut visualisieren, z. B. durch unterschiedliche Hüte (z. B. einen Zylinder für das staatliche Wächteramt und eine Baseballkappe für die kooperative Unterstützung) oder durch zwei Stühle, die „Aufdeckung" und „Motivation" repräsentieren. Beim Training entsprechender Gesprächssituationen können Fachkräfte flexibel zwischen diesen beiden Stühlen wechseln bzw. die Kopfbedeckungen auf- und absetzen.

Fertsch-Röver hat in seinem Aufsatz die ungünstigen Folgen beschrieben, wenn man sich auf einem dieser Stühle „festsetzt":
- In der Beratungsfunktion besteht das Risiko, sich durch Appelle, viele Hilfsangebote, gutes Zureden in eine Position der Ohnmacht zu manövrieren, während sich die Eltern in ihrer Verweigerung sicher wähnen.
- In der Aufdeckungsrolle besteht das Risiko, sich angesichts der staatlichen Macht im Rücken durch Drohungen und das Aufzeigen von Konsequenzen in eine machtvolle, hierarchisch höhergestellte Position zu begeben, die die Eltern ohnmächtig macht und ihre Verweigerung aktiviert.

Die Empfehlungen Fertsch-Rövers zur Lösung dieser Situationen schließen sich an die Empfehlungen dieses Buches an. Er nennt explizit als hilfreiche Qualitäten: Interesse, Respekt, Empathie und Beharrlichkeit.

Dokumentationspflichten

Neben allgemeinen Grundsätzen der Dokumentation von Gesprächen besteht bei Gesprächen im Kinderschutz eine besondere Dokumentationspflicht. Die Protokolle dieser Gespräche und entsprechende Aufzeichnungen können später im juristischen Verfahren, wenn das Jugendamt sich z. B. zum Schutz eines Kindes an das Familiengericht wendet, eine Rolle spielen. Die Dokumentation dient aber auch der Fachkraft als Absicherung ihres sachgerechten Handels. Ohne hier alle Aspekte der Dokumentationspflichten darstellen zu können oder zu auch zu wollen verweist eine Arbeitshilfe des Landes Nordrhein-Westfalen zum Kinderschutz in der Schule, die insgesamt empfehlenswert und kostenlos downloadbar ist, auf folgende Aspekte hin: „Bei einer Dokumentation sollten folgende drei Ebenen sorgfältig auseinandergehalten werden:

- Konkrete, ‚verhaltensnahe' Beobachtungen und wörtliche (nachträgliche) Protokolle von Äußerungen des Kindes bzw. der/des Jugendlichen [und der Eltern in den Elterngesprächen; M.B.];
- Interpretationen, Bewertungen und Meinungen der Beobachtenden;
- Planungen und Festlegungen für die weitere Vorgehensweise" (Bathke u. a. 2014, S. 25).

Zu den Dokumentationspflichten gehört auch die Niederschrift einer Güterabwägung. Dies ist z. B. wichtig, wenn Fachkräfte sich entscheiden, kein Gespräch mit den Eltern zu führen, weil dadurch das Kind gefährdet würde, und sie stattdessen das Jugendamt direkt einschalten. Darüber hinaus verweise ich noch einmal auf die Empfehlungen und die Onlinematerialien des ersten Bandes. Und nicht zuletzt wird es in jedem Bundesland Arbeitshilfen und Empfehlungen zum Kinderschutz in der Schule geben.

7.5 Digitale Formen der Beratung und Gesprächsführung

Durch die Coronakrise sind die digitalen Formen der Beziehungsgestaltung in den Vordergrund getreten. Schülerinnen und Schüler hatten (oder haben immer noch) Unterricht in Form von Video-Meetings. Aufgabenstellung und Aufgabenkontrolle erfolgen über Online-Lernplattformen und auch die Beziehungsgestaltung zwischen Schule und Elternhaus über digitale Kommunikationsformen weitete sich notgedrungen aus. Im Übergang zu einer zukünftigen, möglicherweise anderen Normalität wird die Digitalisierung viel stärker als Chance wahrgenommen als zuvor. Auf allen Ebenen geschehen rasante Entwicklungen, etwa bei der Schaffung der notwendigen Infrastruktur, bei der Gerätebeschaffung und nicht zuletzt bei den digitalen Kompetenzen. Ohne dieses komplexe Thema umfassend behandeln zu können, möchte ich trotzdem einige Überlegungen zu der Frage einer digitalen Beratung und Gesprächsführung anstellen.

Bisherige Formen technikgestützter bzw. digitaler Kommunikation:
Telefongespräche/Telefonberatung: Gespräche per Telefon sind für einen Teil der Lehrkräfte schon lange selbstverständlich geworden. Die meisten Lehrkräfte nehmen gelegentlich telefonisch Kontakt zu Eltern auf und vereinbaren Termine oder besprechen anliegende Themen. Erreichbar sind sie über die Sekretariate der Schulen, die den Lehrkräften dann die Rückruf-Bitte der Eltern mitteilen. Auf der Basis guter Beziehungen sind ein kleinerer Teil der Lehrkräfte bereit, Eltern ihre private Telefonnummer mitzuteilen und für Telefongespräche zur Verfügung zu stehen. Andere Lehrkräfte investieren privat in separate Smartphones, die sie für dienstliche Gespräche nutzen. Dies alles geschah und geschieht in einer Grauzone unklarer Standards sowohl fachlicher als auch finanzieller Art. Die meisten Eltern schätzen es sehr, wenn Lehrkräfte für sie kurzfristig erreichbar sind, vor allem bei dringenden Fragen. Doch ist davon auszugehen, dass keine Schule eine kurzfristige telefonische Erreichbarkeit aller Lehrkräfte wird durchsetzen können.

Unter fachlichen Gesichtspunkten kann Telefonberatung eine gute Ergänzung persönlicher Kontakte sein. Vor allem bei kurzfristigen Klärungsbedarfen sind Telefonate einfacher zu realisieren als Präsenz-Termine. Die Beratung per Telefon hat sich auch in der professionellen Beratung durchaus etabliert, z. B. in der Erziehungsberatung oder schulpsychologischen Beratung; in der Telefonseelsorge ist sie sogar der Standard. Der fehlende Blickkontakt reduziert zwar das Wahrnehmungsspektrum, doch sind nach meiner Auffassung auch gute Beratungsgespräche per Telefon möglich.

Videoberatung: Videokonferenzen sind in der Coronazeit für die allermeisten Fachkräfte selbstverständlich geworden. Zunehmend wurde es auch geläufiger, bilaterale Absprachen nicht mehr nur am Telefon, sondern auch per Video-Chat zu erledigen. Diese Möglichkeit ist auch von Fachkräften in der Zusammenarbeit mit Eltern benutzt worden. Neben den technischen Hürden (Geräteausstattung und Datentransferraten) sind hier datenschutzrechtliche Aspekte zu beachten. Während Eltern untereinander in Messenger-Gruppen auch per Video in Kontakt treten, ist dies für Fachkräfte aus rechtlichen Gründen in den meisten Fällen nicht möglich. Dies ist bedauerlich, da Eltern dieses Format in der Regel beherrschen, doch arbeiten Bildungsinstitutionen unter anderen rechtlichen Datenschutzbedingungen. Neue Optionen entstehen möglicherweise durch technische Lösungen wie Lernplattformen oder durch spezielle Schul-Apps. Hier werden datenschutzrechtlich akzeptable Plattformen für Chat, Gruppen-Chat und auch Video-Chat bereitgestellt. Diese Techniken müssen manche Eltern beherrschen lernen, was sicherlich für einen Teil der Eltern noch längere Zeit dauern wird.

Unter beratungsfachlichen Aspekten können professionelle Gespräche per Video-Chat eine sinnvolle Ergänzung der Kommunikationsstrategien sein. Sie bieten ein erweitertes Wahrnehmungsspektrum im Vergleich zur Telefonberatung und sie bieten praktische Vorteile. Im Bereich der Psychotherapie wird diese Option gerade fachpolitisch unterstützt, indem die Kosten für Videoberatung durch den Kostenträger übernommen werden und auch die Beratung etwas besser vergütet wird.

Ich plädiere dafür, sich mit diesen Optionen offensiv und gleichzeitig nicht unkritisch auseinanderzusetzen. Ich selber habe als Berater schon seit einer Reihe von Jahren Videoberatung praktiziert, z. B. dann, wenn ein Elternteil in einer Trennungs-Beratung weiter entfernt wohnte und durch die Videoberatung der Anfahrtsweg zu einer Einzelberatung gespart werden konnte. Eine erhebliche Rolle spielt bei diesen Entwicklungen sicherlich die Technikaffinität der Fachkräfte und auch der Eltern. Selbst wenn alle technischen Voraussetzungen perfekt gelöst sind, wird es immer Menschen geben, die diese digitalen Kommunikationsstrategien ablehnen und das persönliche Gespräch grundsätzlich bevorzugen. Aber der Großteil sowohl auf Seiten der Fachkräfte als auch der Eltern wird sich diesen Optionen weiter öffnen.

E-Mail- und Chat-Beratung: Auch hierfür gibt es im Bereich der professionellen Beratung gute Beispiele. Die Bundeskonferenz für Erziehungsberatung e.V. (bke) hat 2003 begonnen, eine Internetberatung aufzubauen und bietet den Zugang für Eltern und für Jugendliche getrennt über ihre Homepage www.bke.de an. Auf der Basis einer datenschutzgerechten Internetplattform können sich Benutzer registrieren und haben dann Zugang zu den entsprechenden Kommunikationskanälen. In der Coronakrise wurde dieses Angebot mit Unterstützung der Bundesregierung offensiver angeboten.

> „Insgesamt waren es im Jahr 2020 mit 7.088 Neuregistrierungen über 60% mehr als im Vorjahr. 4.903 Eltern (2019: 2.873) und 2.185 Jugendliche (2019: 1.473) meldeten sich 2020 neu bei der bke-Onlineberatung an. Alle Ratsuchenden können für ihre persönlichen Anliegen zwischen verschiedenen Formen der Beratung wählen. Per webbasierter Mailberatung oder im Einzelchat erfolgt die Begleitung im vertraulichen Einzelkontakt mit einer Beraterin oder einem Berater. Im moderierten Gruppenchat oder im fachlich begleiteten Forum ist ein Austausch auch mit anderen Jugendlichen bzw. Eltern möglich" (bke 2021, S. 4).

Dieses leider immer noch viel zu wenig bekannte Angebot zeigt, wie die digitalen Kommunikationskanäle für Beratung zu nutzen sind. Die Beratung wird durch Fachkräfte aus den verschiedenen Erziehungsberatungsstellen durchgeführt, die sich speziell für diese Aufgabe qualifiziert haben.

Mein Fazit: Insgesamt zeigt sich, dass die digitalen Kommunikationskanäle für Beratungsarbeit gut zu nutzen sind. Ohne jemals den persönlichen Kontakt ersetzen zu können, schaffen sie neue Möglichkeiten, die Kommunikation unter bestimmten Bedingungen und in bestimmten Situationen zu erleichtern. Die Zukunftsaufgabe wird darin bestehen, die entsprechenden technologischen Voraussetzungen und beratungsfachlichen Kompetenzen zu schaffen. Entscheidend ist aus meiner Perspektive, dass es zu Beginn eines jeden Bildungsabschnittes klare Vereinbarungen über die gegenseitig zu nutzenden Kommunikationswege und die Erreichbarkeit gibt und entsprechende Grenzen auf beiden Seiten auch gewahrt bleiben.

Teil II:
Beziehungen stiften – Kompetenz in der Arbeit mit Gruppen

8 Grundlagen der Arbeit mit Gruppen

Während es in der Gesprächsführung und Beratung darum geht, Beziehungen einzugehen und zu pflegen, geht es in diesem Kapitel um den Aspekt der „Beziehungsstiftung". Denn durch die Arbeit in und mit Gruppen steht nicht mehr so sehr die Beziehung der Fachkraft zu den einzelnen Gruppenmitgliedern im Vordergrund, sondern hier spielen die Beziehungen der anwesenden Gruppenmitglieder untereinander die zentrale Rolle.

Über welche Gruppen sprechen wir hier? Im schulischen Kontext wird eher von Gremien, Veranstaltungen, Bildungsangeboten oder Projekten gesprochen. Doch alle diese Arbeitsformen – der Elternabend, der Elternstammtisch, das Schulfest, die Schulkonferenz, der pädagogische Abend oder das Schulhofgestaltungsprojekt – sind Varianten von Gruppen. Schulische Fachkräfte haben diese Gruppen zu leiten, zu moderieren und inhaltlich zu strukturieren. Sie fördern die Beziehungsgestaltung der Eltern untereinander, den Aufbau einer Klassen- und Schulgemeinschaft, den Abbau von Vorurteilen, die Lösung von Konflikten und können so das Potenzial der Eltern für die Entwicklung aller Kinder aktivieren. Fachkräfte agieren in einer professionellen Rolle und brauchen dafür Optionen. Einerseits haben sie es gelernt, mit Gruppen von Schülerinnen und Schülern zu arbeiten, stehen täglich vor der Klasse, unterrichten, betreuen als Klassenleitungen die sozialen Prozesse in einer Gruppe. Andererseits lassen sich diese pädagogischen Kompetenzen nicht ohne weiteres und nur sehr begrenzt auf die Arbeit mit Erwachsenen übertragen.

8.1 Die Entwicklung der professionellen Arbeit mit Gruppen

Die Wurzeln professioneller Gruppenkonzepte reichen in die 1920er Jahre zurück und wurden vor allem in der amerikanischen psychologischen und soziologischen Gruppenforschung erarbeitet. Ein sehr kleiner, doch wertvoller Diskussionsstrang durchzog die deutsche schulbezogene Reformpädagogik (s. Kap. 8.3.1) schon seit Beginn des 20. Jahrhunderts. Die amerikanischen Erkenntnisse wurden in Deutschland erst nach dem 2. Weltkrieg in Deutschland verbreitet, weil die Besatzungsmächte demokratische Impulse setzen und dies durch Gruppenerfahrungen anregen wollten. Diese Impulse wurden vor allem in der Jugendfreizeitarbeit und in der Sozialen Arbeit aufgegriffen. Die einschlägigen deutschen Veröffentlichungen dieser Jahre haben ihre Gültigkeit bis heute behalten und manche werden immer noch aufgelegt (z. B. Schiller 1966, Konopka 1968, Cohn 1975, Richter 1978,

Schmidt-Grunert 1998). Neuere grundlegende Veröffentlichungen sind selten (z. B. Edding/Schattenhofer 2009, Simon/Wendt 2019) oder sie sind sehr pragmatisch anwendungsorientiert gestaltet (z. B. Hansen 2017). Was Menge, Breite und Tiefe der Veröffentlichungen zur Arbeit mit Gruppen angeht, gibt es keinen Vergleich mit der Beratungs- und Therapieliteratur. Die Arbeit mit Gruppen wurde aber „niemals in Frage gestellt, weil in der Praxis unverändert relevant, wohl aber als althergebrachtes Relikt etwas ins Abseits geraten" (Simon/Wendt 2019, S. 12).

Der Arbeit mit Gruppen wird innerhalb moderner schulischer und sozialpädagogischer Praxis nach wie vor eine hohe Relevanz zugesprochen, denn:
- „alle Akteure haben Gruppenerfahrungen;
- Gruppen haben eine zentrale Bedeutung für die Sozialisation einzelner sowie die Herausbildung von sozialen Strukturen;
- gesellschaftlich organisierte Arbeit hat meistens mit Gruppen zu tun;
- Gruppen können als Arena gesehen werden, in welcher sich helfende, unterstützende Prozesse für Menschen in Problemkonstellationen entwickeln lassen;
- (…) Gruppenarbeit ist immer dort angezeigt, wo sich mehrere Menschen in einer ähnlichen Lebenssituation befinden oder ähnliche soziale Probleme zu lösen haben" (Simon/Wendt 2019, S. 18).

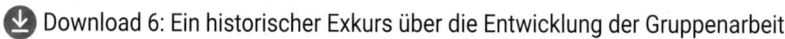
Download 6: Ein historischer Exkurs über die Entwicklung der Gruppenarbeit

8.2 Was sind Gruppen?

„Wo sich Lebens- und Erlebenslinien mehrerer Wesen miteinander mehr oder minder dauerhaft verknoten, haben wir eine Gruppe vor uns" (Simon/Wendt 209, S. 18; vgl. zum folgenden auch Edding/Schattenhofer 2009b). Genauere Definitionen in der Gruppensoziologie und Gruppenpsychologie gehen davon aus, dass eine Gruppe mindestens aus drei Menschen besteht, zwei Menschen werden als Dyade bezeichnet. Eine „Kleingruppe" (hier im soziologischen Sinne gemeint, nicht als methodische Aufteilung einer Gruppe für bestimmte Arbeitsaufgaben) besteht aus bis zu etwa 20 Mitgliedern, doch Gruppen können ganz allgemein auch viel größer sein.

Charakteristische Merkmale einer Gruppe sind:
- eine gemeinsame Aufgabe, ein gemeinsames Ziel;
- kürzere oder längere Existenz, beginnend bei Stunden bis hin zu vielen Jahren;
- Entwicklung einer Gruppenidentität, „Wir-Gefühl";
- gemeinsame Themen, evtl. gemeinsame Werte, Normen und Regeln;

- Interaktionsgeflecht auf Basis von Rollen und Beziehungen.

Weiterhin haben sich folgende Unterscheidungen etabliert:
- Primärgruppen (z. B. Familie, Peergruppen) vs. Sekundärgruppen (Schulklasse, Fußballmannschaft).
- Formelle Gruppen vs. informelle Gruppen.
- Geleitete Gruppen vs. selbstorganisierte Gruppen.

Der Psychotherapeut und Trainer für Gruppendynamik Karl Schattenhofer verweist auf den Unterschied zwischen einem kategorialen und einem systemischen Verständnis von Gruppen. Wenn man nur auf die formalen Aspekte o.g. Definitionen achtet (= kategoriales Verständnis), dann ist eine Schulklasse vom ersten Tag an eine Gruppe. Nach einem systemischen Verständnis sind aber Beziehungen, Strukturen, Regeln und Emotionen von Bedeutung. Dann können manche Schulklassen möglicherweise nie zu einer Gruppe werden (s. Kap. 8.3.1).

Während Edding/Schattenhofer (ebd.) noch davon ausgehen, dass eine direkte Face-to-Face-Kommunikation definierend für eine Gruppe ist, wird in den letzten Jahren immer relevanter, dass Gruppen auch virtuell existieren, teilweise ausschließlich (z. B. in Messengergruppen, sozialen Netzwerken, regelmäßigen Videomeetings). Ulrich Gehring, Psychologe und Lehrtrainer im Bereich Motivierender Gesprächsführung, nutzt in seinen Seminaren folgendes Schaubild (Abb. 10), welches Typen von Gruppen nach der Strukturiertheit und Ich-Nähe in einer Matrix differenziert.

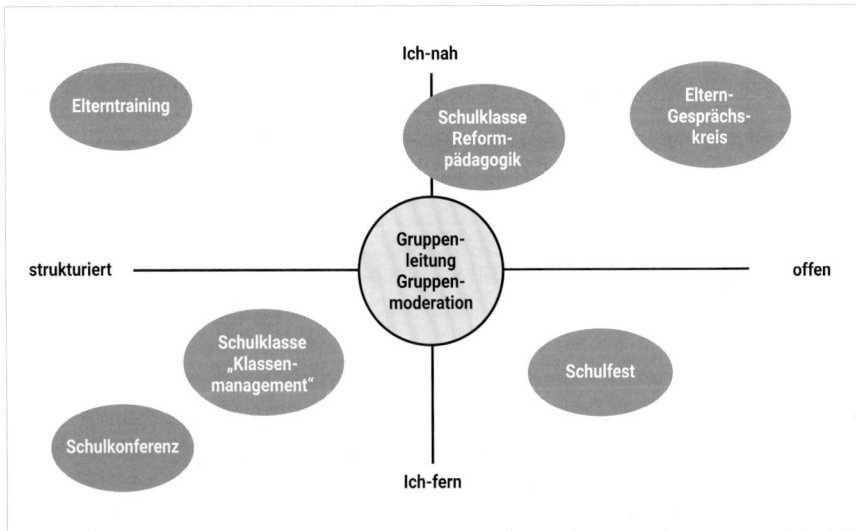

Abb. 10: Matrix Gruppentypen ©Uli Gehring (Anpassung zum Thema Schule eigene Darstellung)

8.3 Der schulische Blick auf Gruppe

Aus heutiger schulischer Perspektive wird selbstverständlich angenommen, dass die Kinder einer Klasse auch eine Gruppe sind. Dies stimmt in einem kategorialen Sinne, denn es handelt sich um eine Gruppe von Kindern und Jugendlichen, die zum Teil über lange Jahre in einer Gemeinschaft verbunden sind. Aber schon bei weiteren Kriterien von Gruppendefinitionen stellt sich die Frage, ob diese Gruppen eigene Ziele, eigene Werte und eigene Regeln haben. Schulklassen sind nun einmal Teil eines schulischen Systems, das sehr stark von außen bestimmt ist und dessen gesamtschulische Regelungen auch sehr stark in die Klassen hineinwirken. Insofern muss man berechtigterweise fragen, ob Schulklassen Gruppen in einem qualitativen Sinne sind.

Auch in der Zusammenarbeit mit Eltern stellt sich die Frage, ob die Ansammlungen von Eltern, die sich bei verschiedenen Gelegenheiten (Elternabend, Veranstaltungen, Bildungsangebote, gemeinsame Projekte, Mitwirkungsgremien) treffen, den Charakter einer Gruppe haben und den qualitativen Anforderungen entsprechen, wie sie bisher skizziert wurden. Häufig wird von Schulgemeinschaft, Klassengemeinschaft und Gemeinschaft der Eltern gesprochen, doch wie wird das gelebt? Wie in der Schulklasse auch sind es eher die informellen Strukturen, die Bedeutung bekommen. Die qualitativen Aspekte einer Gruppe sind in den informellen Strukturen (beim Elternstammtisch etwa oder in Untegruppen der Eltern, die intensiv in Kontakt sind) sehr viel mächtiger, aus schulischer Perspektive aber auch intransparenter.

8.3.1 Reformpädagogische Ansätze: Das Leben in der Schule in Gruppen leben!

Parallel zu den ersten Gruppenansätzen der Wandervogelbewegung gab es im Schulbereich Bestrebungen, der Arbeit mit Gruppen besondere Aufmerksamkeit zu widmen, vor allem im reformpädagogischen Bereich. Auch hier sind zunächst amerikanische Ansätze zu nennen, allen voran die Initiativen des amerikanischen Pädagogen und Philosophen John Dewey (1859-1952; vgl. Dewey 1993; Hylla 1993). Er wollte aus einer Schule, die ihre Aufgabe darin sah, Kinder auf ein späteres Leben vorzubereiten, eine Schule machen, in der Leben im Hier und Jetzt stattfindet. Er wandte sich gegen das Pauken aus Lehrbüchern und die damit verbundenen Disziplinierungsprozesse. Stattdessen verstand er Bildung und Erziehung als das Lernen aus den sozialen und sachorientierten Prozessen des Handelns in lebenspraktischen Beziehungen („Learning by Doing"). „Kindliche Neugierde, das Interaktionsbedürfnis mit Gleichaltrigen legt er auch seinem Projektplan zugrunde, der vorsieht, dass Arbeitsziele von Kindern frei gewählt werden und sich spontane Gruppen bilden, die ein Projekt (z. B. Herausgabe einer Schülerzeitung, Bau eines Pfahlbaudorfes) durchführen wollen" (Rosenbusch 1974, S. 84).

Doch auch in Deutschland gab es reformpädagogische Bestrebungen. Zum Teil kamen ihre Akteure selbst aus der Jugendbewegung, waren von diesen Erfahrungen geprägt und wollten diese Ideen ins Schulsystem einbringen. Schon 1897 propagierte Berthold Otto den Gruppenunterricht. „Berthold Otto und die übrigen Verfechter des Gruppenunterrichts standen dabei auf dem Boden einer Pädagogik vom Kinde aus, die kindgemäßer Sprache, natürlichen ungezwungenen Umgangsformen in der Schule das Wort redete" (Rosenbusch 1974, S. 84).

Die eng mit der deutschen Reformpädagogik in Beziehung stehenden Landschulheime praktizierten ebenfalls Gruppenunterricht. „Auch der Jena-Plan des Reformpädagogen Peter Petersen von 1927 setzte auf gruppenbezogene Gemeinschaftserziehung. Er verzichtete auf das traditionelle Klassensystem, schuf stattdessen Stammgruppen, die wiederum in verschiedene kleinere Unterrichtsgruppen aufgeteilt wurden. Kein Kind konnte sitzen bleiben und sollte eine jeweils individuelle Förderung in der Gruppe erhalten" (Simon/Wendt 2019, S. 27).

Allen Reformpädagogen gemein war, dass sie die Schulklasse nicht nur als eine Ansammlung von Kindern betrachteten, die die Lehrkraft aus Gründen der Effektivität gemeinsam „belehrte" (Gruppe in einem „kategorialen" Verständnis, vgl. 8.2), sondern die aus der Qualität der Beziehungsarbeit in der Gruppe Potenziale für eine bessere Bildung erschließen wollten. Diese Ansätze haben nur geringe Spuren im modernen schulischen Selbstverständnis hinterlassen.

8.3.2 Klassenmanagement als Gruppenleitung

Bei der Suche nach Konzepten zur Gruppenleitung von Schulklassen muss man zunächst verstehen, dass schulische Pädagoginnen und Pädagogen dies als „Klassenmanagement" (Ophard/Thiel 2013) oder noch moderner als „Classroom-Management" bezeichnen. Dabei wird erkennbar, dass es hier vorrangig nicht um die pädagogischen Chancen geht, die in Gruppen verborgen liegen. Dies wird verständlich, wenn man sich mit dem Buch „Klassenmanagement" von Dietmut Ophardt und Felicitas Thiel (2013) beschäftigt. (Die Autorinnen sind an der Universität Berlin in der Lehrkräfteausbildung tätig.)

Gleich zu Beginn führen die Autorinnen ein:

„Wie Störungen effektiv zu beenden oder besser gleich zu verhindern sind, wie ein geschmeidiger Unterrichtsfluss möglichst ohne Unterbrechungen gewährleistet werden kann, wie das Handeln von Schülerinnen und Schülern mit unterschiedlichen Interessen und Voraussetzungen koordiniert und auf den Lerngegenstand ausgerichtet werden kann – all das sind Fragen, die die Kompetenzen zur Steuerung der Interaktionsprozesse im sozialen System Schulklasse unmittelbar berühren. Klassenmanagement meint nichts anderes als die Steuerung oder Koordination unterschiedlicher Handlungsimpulse von normalerweise 20 bis 30 Schülerinnen und Schülern in einer Schulklasse. Diese Koordination geschieht mit dem Ziel der Maximierung der Lernzeit – möglichst für alle Schülerinnen und Schüler" (a.a.O., S. 7).

Hier zeigt sich ein funktionales, technologisches Verständnis von Gruppe. Gruppe wird hier als die Ansammlung von zwangsverpflichteten Individuen verstanden, die es von ungünstigen Interaktionen abzuhalten gilt, damit man sich auf die von der Lehrkraft präsentierten Unterrichtsinhalte konzentrieren kann.

Ophard und Thiel schreiben der schulischen Arbeit drei zentrale Funktionen zu: zunächst die Vermittlung von **Qualifikationen** für eine spätere berufliche Teilhabe, dann die Vermittlung von Werten, Normen und Traditionen, die die Voraussetzung für den Fortbestand und die Weiterentwicklung einer Gesellschaft darstellen **(Integration)**, und schließlich habe die Schule eine Selektionsfunktion, um Kindern und Jugendlichen zu ermöglichen, ihren sozialen Ort in der Gesellschaft zu finden. Sie beschreiben die Klasse unter Rückgriff auf Forschungen der 1960er Jahre (Talcott Parsons) als ein Zwangssystem, welches im Kontrast zu den familiären Prägungen stehe. Schule müsse durch Anwesenheitspflicht und ein Ordnungssystem einerseits dafür sorgen, dass Unterricht stattfinden kann und andererseits auf die andersartigen und vielfältigen Rollenerwartungen in der gesellschaftlichen Teilhabe vorbereiten. Die so in der Schule vermittelten Erfahrungen „geraten aber in der gesamten Schulkarriere immer wieder in Widerspruch zu Normen der Fürsorge, der Gemeinschaft, der persönlichen Zuwendung, der Einzigartigkeit von Individuen und stellen deshalb eine nicht versiegende Quelle für Störungen der Interaktion im Klassenzimmer dar". Diese familiären Werte haben also in der Schule nicht zu gelten.

Die Autorinnen sitzen hier allerdings einer grundsätzlichen Fehlinterpretation auf: Die Dichotomie Schule = Zwang und Familie = Ort freiwilliger Geborgenheit unterschlägt, dass man sich aus der Perspektive von Kindern kein stärkeres Zwangssystem vorstellen kann als die Familie. Kinder können sich ihre Eltern nicht aussuchen (Eltern ihre Kinder auch nicht!), und gerade in Deutschland dominieren die Elternrechte bis weit in der Jugendphase hinein die Rechte von Kindern und Jugendlichen (vgl. z. B. Bartscher 1998, Bartscher/Kriener 2016). Dieser Gegensatz und auch die Fokussierung auf die Schulpflicht als Zwang sind mehr als fragwürdig. Es gibt in den letzten Jahren eine wachsende Tradition, Lernen in verpflichtenden Kontexten (Antigewalttrainings mit gerichtlicher Auflage, Elterntrainings vom Jugendamt verordnet bzw. mit ihm vereinbart, Beratung von Eltern in Sorgerechtsfragen mit gerichtlicher Anordnung, Aufsuchende Familientherapie usw.) positiv zu gestalten, weil die Idee einer absoluten Freiwilligkeit in vielen Bereichen des Lebens doch eher eine Chimäre ist.

Ophard und Thiel greifen die zentrale Kritik des Sozialpsychologen George Herbert Mead an diesem Verständnis von kritikloser Anpassung an Gesellschaft auf, ebenfalls aus den 1960er Jahren. Mit seiner Theorie des „symbolischen Interaktionismus" zeige Mead, dass die Übernahme von Rollen kein unreflektierter Prozess sozialen Gehorsams ist, sondern immer subjektive Interpretationen und Ausgestaltung impliziert. Dies impliziert ein anderes Verständnis des Verhältnisses von Individuum und Gesellschaft. Während man in der Rollentheorie Parsons sagen könnte, dass die Gesellschaft die individuellen Entwicklungen wie Gleise bahnt, die vom Individuum nur im Akt der Rebellion verlassen werden können, zeigt Mead, dass die gesellschaftlichen Erwartungen und Deutungsmuster in der Situation immer individuell gedeutet werden und auf diesem Weg autonome Handlungen ermöglichen. Ophard und Thiel resümieren, dass die Auseinandersetzungen zwischen individuellen Wünschen und Zielen und den gesellschaftlichen Erwartungen „vielfältige Anlässe für Konflikte und Störungen der Interaktion zwischen Lehrkräften und Schülerinnen und Schülern" (ebd., S.14) schaffen.

In den Ansätzen zum Klassenmanagement wie dem skizzierten zeigt sich, wie wenig Bedeutung der sozialen Gruppe als Lernraum gegeben wird. Aber nicht nur als Lernraum – auch als Lebensumgebung. Die Schulzeit ist Lernzeit, keine Lebenszeit! Klassenmanagement bedeutet vorrangig, ungünstige Gruppeneffekte auszumerzen, dies mitunter mit soldatisch anmutenden Methoden: „Geben Sie Ihren Schülerinnen das Gefühl ‚allgegenwärtig' zu sein und alles zu sehen bzw. zu hören. Sie müssen dabei nicht jeden Schüler einzeln ermahnen, oft reicht eine kleine Geste, um zu zeigen, dass Sie das Getuschel etc. mitbekommen haben und es nicht dulden. Der Vorteil der Geste liegt darin, dass Sie Ihren Unterricht nicht unterbrechen müssen und aufgabenorientiert bleiben" (Bruns 2013, S. 2).

Es ist einerseits mehr als nachvollziehbar, dass Lehrkräfte in den Schulen unter den gegebenen Systembedingungen häufig unter Druck stehen. Sie wollen den Lehrplan einhalten, vielfältige Kinder integrieren, mit gegensätzlichen Elternerwartungen umgehen; und sie engagieren sich zum Teil über Gebühr dafür. Dann sind sie dankbar für Ratschläge und Tipps, wie sie die Anforderungen und Konflikte in ihrer Klasse „managen" können. Gleichzeitig werden die Gegenbestrebungen gegen eine Schule, in denen der Lehrplan dominiert und die Kinder sich anpassen müssen, immer größer. Gehirnforscher wie Gerald Hüther („Die Welt, für die unsere Schulen gemacht worden sind, existiert nicht mehr"; Hüther u. a. 2020, zitiert nach Kreisel 2021, S. 1) oder Gerhard Roth („Bildung braucht Persönlichkeit", 2011) und Schulen wie die Gebrüder-Grimm-Schule in Hamm (Träger des deutschen Schulpreises 2019 mit dem Motto „Lachen – Leisten – Lesen") und viele andere in Deutschland setzen sich für eine Schule ein, in der das Leben der Kinder gelebt und nicht ihre Präsenz erzwungen wird.

Wenn man diese Denkweisen ernst nimmt, ergibt sich umso mehr die Herausforderung, dass schulische Akteure eine andere Haltung, andere pädagogische Strategien brauchen, wenn sie mit Eltern konstruktiv zusammenarbeiten wollen. Die hier zusammengetragenen Überlegungen über Gruppen sind aber in beide Richtungen zu nutzen: Sie können qualitative Hinweise geben, wie man gut mit Eltern in Gruppen zusammenarbeiten kann, und gleichzeitig Anregungen offerieren, um Schulklassen als Lebensgemeinschaften zu gestalten.

9 Paradigmatische Konzepte der Arbeit mit Gruppen

Im folgenden Teil stelle ich einige ausgewählte Konzepte der Arbeit mit Gruppen vor. Die ausgewählten Autorinnen und Autoren liefern mit ihren Beiträgen hilfreiche Impulse, aus denen sich Arbeitsanleitungen für die gute Leitung von Gruppen ableiten lassen. Mir geht es nicht darum, eine bestimmte fachliche Richtung zu favorisieren, sondern ich habe unterschiedliche Konzepte ausgewählt, die den Werten und Prinzipien einer humanistischen Psychologie folgen. Alle diese Konzepte haben nur noch wenig mit den traditionellen Gruppenkonzepten der Jugendarbeit und der Fürsorgearbeit zu tun. Vielmehr zeigt sich ein Wandel von ursprünglich aus dem therapeutischen Bereich stammenden Gruppenkonzepten hin zu Konzepten, die Demokratieentwicklung und gleichzeitig persönliches Wachstum und Selbstverwirklichung ermöglichen wollen. Die Beschäftigung mit den Originalquellen macht deutlich, wie wertvoll diese Beiträge zur Entwicklung der Arbeit mit Gruppen waren und welches Potenzial sie noch heute besitzen.

9.1 Die psychoanalytische Wende 1: Gruppe als Ort der Heilung und Überwindung gesellschaftlicher Ohnmacht

„Bietet die Gruppe dem Menschen neue Chancen, seine inneren Probleme, seine soziale Ohnmacht und seine politische Ineffizienz zu überwinden?" (Richter 1978, S. 7). So beginnt der Psychoanalytiker Horst Eberhard Richter 1972 sein programmatisches Buch „Die Gruppe". Ausgehend von der Krise der Psychoanalyse beschreibt er, welchen Beitrag Gruppen zu einer besseren, demokratischeren Gesellschaft leisten könnten. Die Fixierung der analytischen Psychotherapie auf die Probleme der frühen Kindheit ließen die aktuellen Probleme eines Klienten in seiner Umgebung und in der Gesellschaft unbeachtet. Sie verspreche die Heilung durch die Bearbeitung der frühkindlichen Konflikte und könne das systematisch nicht einlösen. Die Patienten kämen mit anderen Erwartungen in die Therapie: „Die Betreffenden verstehen sich primär als Mitglieder eines sozialen Zusammenhanges, und so beziehen sie ihr psychisches Leiden auch unmittelbar auf die Struktur und die Dynamik dieses sozialen Zusammenhangs" (Richter seit 1978, S. 29).

So ist mit der von Richter entwickelten Perspektive der nächste Schritt konsequent: Eine Gruppe von Menschen ist demzufolge als Ort der Heilung frühkindlicher Prägungen und gleichzeitig der Ausbildung neuer, besserer Kommunikationsformen zu verstehen. Richter verabschiedet sich damit vom Bild des

Psychoanalytikers als väterlichen, allwissenden Wegweiser. Er zeigt als notwendige Konsequenz die Auflösung der Zweierbeziehung hin zu dem Arrangement der Gruppe. „Die Einführung der Gruppe als eines neuen therapeutischen Rahmens markiert einen historischen Wendepunkt in der Entwicklung der Psychotherapie" (ebd., S. 33). Aber die soziale Entwicklung gehe weit über den medizinischen Rahmen hinaus. Vielmehr sei die Gruppe „eine moderne Existenzform" (S. 33), die Individuen oder auch Paaren einen sozialen Rahmen biete, der ihnen genügend Kontaktbreite und Intimität wie persönlichen Spielraum bietet.

> „Die Gruppe wird mit vielerlei neuen Aufgaben besetzt. Sie bietet dem Einzelnen eine Verstärkung seines Ich, insofern als sein persönliches Ich an dem Gruppen-Ich partizipiert. Die Gruppe liefert dem Individuum Schutz. Es vermindert durch sie sein Gefühl von Einsamkeit und Verlorenheit. Es wird durch die Gruppe größer, stärker und auch klüger. Die Gruppe kann dem einzelnen helfen, sich wertvoll zu fühlen. Sie verstärkt ihn also auch vom Über-Ich her. Die Gruppen-Norm gibt ihm Halt und schützt ihn besser gegen seine Selbstzweifel. Nach außen hin verstärkt das Individuum mithilfe der Gruppe sein Gewicht in der Gesellschaft. Zusammen mit der Gruppe kann es mehr bewirken. – Die Gruppe lässt sich als ein Mittel verwenden, um bestimmte soziale Aufgaben effizienter als bisher in Angriff nehmen zu können" (ebd., S. 34).

Richter beschreibt die Entwicklung von Gruppen, die sich auf den Weg gemacht haben, sich selbst und damit gleichzeitig die Gesellschaft zu verändern. Ausgelöst durch die gesellschaftlichen Umwälzungen Ende der Sechzigerjahre (s. auch Bd. 1. Einleitung zu Kap. 2) haben sich zum Beispiel Elterngruppen gebildet, die neue Formen der Paarbeziehung und der Kindererziehung erproben wollen. Auf ihrem Weg zur Veränderung der Realität sind die Gruppen mit unterschiedlichsten Herausforderungen konfrontiert; finanzieller, organisatorischer und struktureller Art. Aber noch gravierender sind die Herausforderungen, die die individuellen Prägungen der Gruppenmitglieder in die Prozesse einbringen, sicherlich oftmals unbewusst. „Man kann das Autoritätsprinzip verabscheuen und dennoch autoritär reagieren. Man kann sich über bürgerliches Rivalitätsdenken mokieren und dennoch in der Gruppe von Konkurrenzängsten geplagt sein" (ebd., S. 49). Richter fasst es dann so zusammen: „Es ist ein langer Marsch durch das Unbewusste notwendig, ehe die Menschen wirklich so miteinander umgehen können, wie es in einer volldemokratisierten Gesellschaft sein sollte" (Richter 1978, S. 50). An der Bewältigung dieser Herausforderungen entscheidet sich schließlich, ob die Gruppen sich zu wirklich neuen Formen des Zusammenlebens entwickeln oder sich durch Verdrängung der inneren Problematik Feinde im Außen suchen (z. B. den „Klassenfeind" oder die „Herrschenden").

In einem Nachwort, sieben Jahre nach der Veröffentlichung seines Buches, beschreibt Richter auch die negativen Facetten der Entwicklung. Die Gruppe sei zu einem weitverbreiteten Lebensmodell geworden, es zeige sich als Selbsthilfegruppe, Wohngemeinschaft, als Freizeit- und Therapiemodell, als Spiel-, Lern- und Erholungshilfe. In Verbindung mit einer zunehmenden Kommerzialisierung sei der emanzipatorische und gesellschaftskritische Impuls an vielen Stellen verloren gegangen. Zur Erhaltung der bestehenden Machtstrukturen hätten die Inhaber von Führungspositionen gelernt, die kritischen Energien von Gruppenprozessen zu entschärfen. Das gruppendynamische Wissen werde zunehmend für manipulative Tricks genutzt.

> „Denn es ist mit der Gruppendynamik ähnlich wie mit der Psychoanalyse: der Geschulte kann mit ihren Methoden andere Menschen sowohl in der Erweiterung von kritischem Bewusstsein und Selbstständigkeit wie umgekehrt in der Entwicklung von unkritischer Anpassung fördern" (Richter 1978, S. 345).

9.2 Die psychoanalytische Wende 2: Lebendiges Lernen in der Balance von Individuum, Gruppe, Thema und Umgebung

Während Horst Eberhard Richter die Entwicklung von Gruppen beobachtete und beschrieb, entwickelte die Psychoanalytikerin Ruth C. Cohn – auch aus der psychotherapeutischen Praxis kommend – eine Anleitung zur Arbeit mit Gruppen, die ebenfalls für nicht-therapeutische Settings gedacht war. So entstand die Themenzentrierte Interaktion (TZI). Cohn war vor den Schrecken der Nazizeit zunächst in die Schweiz und später in die USA geflohen und hatte sich dort etabliert. Diese Erfahrungen blieben bestimmend für ihr Denken und Handeln: „Von Anfang an hat die TZI für Ruth C. Cohn eine gesellschaftspolitische Dimension. Ihre Utopie ist die einer humaneren Gesellschaft, zu der die Menschen gelangen können, wenn sie sich ihrer individuellen und sozialen Strukturen bewusst werden und an einer Humanisierung dieser Strukturen arbeiten" (Löhmer/Standhardt 2015, S. 39). Um ihr Konzept auf breiter Ebene wirksam werden zu lassen, ließ sie sich von der Frage leiten, „ob man das leidenschaftliche Interesse, das den gruppentherapeutischen Raum erfüllt, in das Klassenzimmer versetzen könnte. (…) Wäre es nicht möglich und wünschenswert, eine Emanzipation des Gefühlslebens in allen Lehr- und Lerninstituten zu erreichen?" (Cohn 1975, S.112).

Nachdem Cohn schon eine Zeit lang mit einer themenorientierten Arbeit in ihren Gruppen experimentiert hatte, sei sie durch einen Traum inspiriert worden, das zentrale Konstrukt ihrer Arbeit zu formulieren (Sie hatte von einer Pyramide geträumt.): das Gleichgewicht zwischen den vier Faktoren jeder Gruppenarbeit:

- „die Person, die sich selbst, den anderen und dem Thema zugewendet ist (= Ich);
- die Gruppenmitglieder, die durch die Zuwendung zum Lernstoff und ihre Interaktion zur Gruppe werden (= Wir);
- der Lernstoff, die von der Gruppe behandelte Aufgabe (= Es);
- das Umfeld, das die Gruppe beeinflusst und von ihr beeinflusst wird – also die Umgebung im nächsten und weitesten Sinn (= Globe)" (Löhmer/Standhardt 2015, S. 38).

Praktisch sah das dann so aus: „Die Couch wurde durch Stühle ersetzt, auf denen nicht mehr Patienten, sondern Gruppenmitglieder Platz nahmen. Die Stühle standen im Kreis, sodass man besser miteinander reden und sich dabei ansehen konnte, denn die Gefühle und körperlichen Befindlichkeiten sollten eine zunehmend größere Rolle im Lernprozess spielen" (Natho 2013, 158). Aus dem Bild der Pyramide entwickelte sich das bekannte TZI-Dreieck (Abb. 11), eingebettet vom „Globe", der Umwelt. TZI unterschied sich damit sehr von akademischen Zirkeln und ebenso von therapeutischen Gruppen. „Es ist diese dynamische Balance, die die interaktionelle Arbeitsgruppe von anderen Kommunikationsgruppen entscheidet." (Cohn 1975, S. 115).

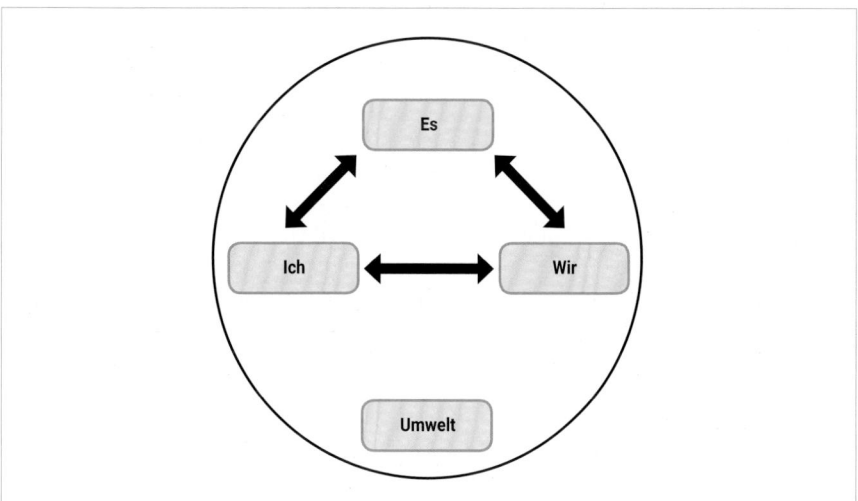

Abb. 11: Das Modell der themenzentrierten Interaktion (TZI) (eigene Darstellung)

Sehen wir uns die Rolle und Aufgaben der Gruppenleitung genauer an: Die Gruppenleitung organisiert in der Regel den Rahmen: Orte, Zeiten, Zusammensetzung der Gruppe, Kosten, Zugangskontexte (Freiwilligkeit oder verpflichtete Teilnahme). Die Gruppenleitung verfügt nicht nur über methodische Kompetenzen, sondern sollte auch persönliche Wärme, Toleranz und ein positives Menschenbild mitbringen. Hinzu kommt eine „Erziehung der Gefühle" (Cohn 1975, S. 114). Cohn beschreibt hier Facetten menschlicher Entwicklung, die heute allgemein unter dem Thema Haltung diskutiert werden. Es geht um eine Reflexivität der erworbenen emotionalen Kompetenzen; nicht nur der Intellekt und das Wissen könnten geschult werden, sondern auch die Gefühlswelt. „Intuition, Empathie, Takt und Mut sind nicht nur schicksalhaft an konstitutionelle Elemente gebunden oder von Kindheitserlebnissen bestimmt; Gefühle können erzogen und nachgezogen werden" (ebd., S. 114).

Die Gruppenleitung achtet im Verlauf auf die Gleichgewichtigkeit der drei genannten Ebenen. Wenn eine inhaltliche Diskussion zu akademisch wird, sodass die Aufmerksamkeit verloren geht, verschiebt sie den Fokus auf die beteiligten Personen oder die Gruppe. Wenn die Gruppe sich zu stark mit ihren Gefühlen oder einzelnen Personen beschäftigt, lenkt sie die Aufmerksamkeit auf das Thema. Idealerweise können Gruppen, je geschulter sie in der themenzentrierten Interaktion sind, umso selbstständiger auf ausgewählte Aspekte achten.

Die Gruppenleitung hat keine therapeutische Rolle mehr, „der Therapeut wurde selbst transparent, ein Mitglied der Gruppe, der nur noch Verantwortung für das Thema und die Methoden trug. Er war nicht mehr der alleinige Experte in der Gruppe, denn jedes Gruppenmitglied sollte sich gemäß den Postulaten und Kommunikationsregeln der TZI selbst leiten. Damit übernahm jedes Gruppenmitglied Verantwortung, zum einen für sich selbst, aber auch für den Prozess in der Gruppe. Jeder leitete und ließ sich leiten und in diesem vernetzten Wechsel lernte der Teilnehmer, er gab anderen Impulse und erhielt im Gegenzug von diesen selbst Entwicklungsanregungen. Die Rolle des Leiters ist die eines Modellteilnehmers: aktiv, sichtbar und selbst teilnehmend. Er zeigt den anderen Gruppenmitgliedern mit seinem Verhalten, wie das Lernen in der Gruppe gelingen kann. Er fordert nicht nur die Beteiligung, sondern beteiligt sich selbst" (Natho 2013, S. 158, mit Verweis auf Langmaack 2001, S. 198ff.).

Cohn hat durch ihre Denkweise die Haltung und das Menschenbild der humanistischen Psychologie einschneidend geprägt. Ihre Postulate „Sei dein eigener Chairman", der die Selbstverantwortung jedes einzelnen Gruppenmitgliedes für sich, für die Gruppe und für das Ergebnis markierte, und „Störungen haben Vorrang" haben viele Gruppenkonzepte geprägt; in Verbindung mit ihren Hilfsregeln, die als Kommunikationsregeln zu betrachten sind. Hintergrundinfos, die Axiome, die Postulate und die Hilfsregeln sind erläutert in der Onlineanlage zu finden.

⬇ Download 7: Hintergrundinfos zur TZI

9.3 Kommunikation strukturieren: Zukunftswerkstatt und Moderationsmethode

Der Begriff des „Moderierens" als einer spezifischen Art und Weise, Gruppen zu leiten, gehört heute zum allgemeinen Sprachgebrauch. Eine Moderatorin versteht sich als Dienstleisterin für eine Gruppe, damit diese Themen und Inhalte erarbeiten kann. Sie hat selbst nicht zwangsläufig Expertise für das Thema, sondern sie hilft den Mitgliedern einer Gruppe, ihre eigene Expertise zur Geltung zu bringen. Typische Kennzeichen der Moderation sind die Arbeit mit Flipchart, Kartenabfragen und eine ausgeprägte Strukturierung des Kommunikationsprozesses. (In einer Fortbildungsveranstaltung habe ich mal erlebt, wie der renommierte Mediationsexperte Heiner Krabbe komplette Beratungsverläufe anhand von Flipchartblöcken vorstellte, die er in Rollen mit zur Veranstaltung gebracht hatte.)

Diese Art zu arbeiten hat zwei Wurzeln: Zukunftswerkstätten und die Moderationsmethode sind ungefähr zur gleichen Zeit entstanden, haben unterschiedliche Quellen, gleichzeitig aber auch sehr viele Überschneidungen. „Die beiden Methoden stehen bei aller Verwandtheit für verschiedene Ansätze, Gruppen in ihrer Meinungsbildung und Entscheidungsfindung zu unterstützen" (Dauscher 2006, S. 10). Der wichtigste Unterschied ist jeweils ihr zentrales Ziel. Während die Zukunftswerkstatt von den Zukunftsforschern Robert Jungk und Norbert R. Müllert als Instrument der Demokratisierung und Partizipation entwickelt wurde, entstand die Moderationsmethode im Kontext der Verbesserung von Kommunikation und Entscheidungsverfahren in der Wirtschaft und in der öffentlichen Verwaltung.

9.3.1 Zukunftswerkstätten

Robert Jungk hatte in den 1960er Jahren ein Institut für Zukunftsforschung gegründet. Ausgehend von den Studien des „Club of Rome" (die sehr frühzeitig vor den ökologischen Katastrophen warnten, die uns heute beschäftigen; vgl. Meadows 1972) fragte er sich, wie eine Zukunft verantwortlich gestaltet werden könnte. Dabei interessierten ihn weniger theoretische Analysen, sondern vielmehr die individuellen Perspektiven der Menschen. In ersten Befragungen von Menschen auf der Straße stellte er fest, dass sie auf Fragen nach Ideen über ihre eigene Zukunft häufig nur allgemeine vage Vorstellungen hatten. Gleichzeitig beschäftigte er sich mit unterschiedlichen Kreativitätstechniken, insbesondere der Methode des Brainstormings, die der amerikanische Werbefachmann Alex F. Osborn schon Ende der 1930er Jahre entwickelt hatte.

Nach den ersten Experimenten mit einer neuen Kommunikationskultur im Hochschulumfeld führte er dann in den 1970er Jahren eine Reihe von Zukunftswerkstätten durch, in denen es, zum Beispiel im Rahmen von Stadtplanung, um die Beteiligung der „einfachen Menschen" an der Entscheidung politischer Fragen ging. Er identifizierte eine Lücke im demokratischen System, weil es allzu selten gelang, die direkt von einer Entscheidung Betroffenen in den Prozess der Entscheidungsfindung wirksam einzubeziehen. So kam es immer wieder dazu, dass Bürgerinnen und Bürger gegen die Umsetzung politischer Entscheidungen protestierten – und im Zuge der allgemeinen demokratischen Aufbruchstimmung der 1970er Jahre nahm die Zahl von Bürgerinitiativen enorm zu.

1983 legte Jungk dann gemeinsam mit Norbert Müllert das programmatische Buch „Zukunftswerkstätten" vor. „Ziel der Arbeit in Zukunftswerkstätten ist, jeden interessierten Bürger in die Entscheidungsfindung mit einzubeziehen, die sonst nur Politikern, Experten und Planern vorbehalten ist" (Jungk/Müllert 1983, 20).

Zu der ursprünglichen Konzeption der Zukunftswerkstätten gehörten drei Phasen:

1. **Kritik- und Beschwerdephase:** Zunächst werden zum jeweiligen Thema unzensiert Kritik- und Beschwerdepunkte gesammelt.
2. **Phantasie- und Utopiephase:** In dieser Phase werden, unabhängig von konkreten Sachzwängen, phantasievolle Ideen, Träume und Visionen entwickelt.
3. **Umsetzungs- und Planungsphase:** In einem letzten Schritt werden im Hinblick auf die realen Bedingungen konkrete Projekte geplant. Die interessantesten Vorschläge aus der Phantasie- und Utopiephase werden ausgewählt, im Hinblick auf ihre Realisierungschancen geprüft und zu konkreten Konzepten ausgearbeitet.

Im Unterschied zu der Moderationsmethode liegt der zentrale Beitrag von Jungk in der zweiten Phase, der Utopiephase. Denn er hatte begriffen, dass die Lösung gesellschaftlicher Probleme nicht einfach in der Fortschreibung linearer Entwicklungen gefunden werden kann, sondern dass es kreativer Sprünge und Entwicklungen bedarf, um innovative zukunftsfähige Lösungen zu finden.

„Vor allem die Betonung individueller Phantasieentfaltung in der Gruppe steht im Gegensatz zum üblichen, rein logischen Schließen von heute auf das Morgen. Das bewusste Zurückdrängen der wissenschaftlichen Arbeitsweise, des stets nach allen Seiten abgesicherten Vorgehens eröffnet den Zugang zu den unmittelbaren Lebensumständen, auch zu den irrationalen Elementen, den in jedem schlummernden Gefühlen, Sehnsüchten, Träumen und Visionen" (Jungk/Müllert 1983, S. 45f.).

Eine Zukunftswerkstatt ist eingebettet in eine Vorbereitungsphase, in der die notwendigen inhaltlichen und organisatorischen Fragestellungen geklärt werden, in der die Gruppe gebildet wird und die Gruppe sich findet. Im Anschluss an die Zukunftswerkstatt werden die entwickelten Umsetzungsvorschläge in der Realisierungsphase in die zuständigen Handlungsfelder implementiert. Der Lüneburger Sozialpädagogikprofessor Waldemar Stange hat in seinem Konzept der Zukunftswerkstätten für Kinder und Jugendliche („Planen mit Phantasie"; DKHW 1997) dieser Realisierungsphase besondere Bedeutung gegeben und die Zukunftswerkstätten eingebettet in eine „Planungsspirale".

Rolle des Teams aus Moderatorinnen und Moderatoren: Zukunftswerkstätten werden durch Teams von Moderatorinnen und Moderatoren geleitet. Sie übernehmen die Vor- und Nachbereitung in Abstimmung mit dem jeweiligen Auftraggeber, sorgen für einen angenehmen Rahmen, können die Atmosphäre durch Spiele und Übungen auflockern, sorgen besonders zu Beginn für eine angenehme Willkommensatmosphäre und haben über die gesamte Zeit alle Teilnehmenden im Blick; mit dem Ziel, dass alle angemessen partizipieren können. Sie erläutern den Fahrplan und moderieren das Gespräch.

Sie helfen, Inhalte und Ergebnisse zu visualisieren und bahnen den Kommunikationsprozess. Insbesondere kommt es darauf an, den in unmoderierten Gruppenprozessen üblichen ungünstigen Diskussionskulturen entgegenzuwirken, das heißt: Vielredende bremsen, Schweigende ermutigen, langatmiges Meckern unterbinden.

Für die Fantasiephase beschreiben Jung und Müllert besonders zwei wichtige Aufgaben:
- Der Moderierende „muss energisch gegen das berühmt-berüchtigte ‚Das geht doch gar nicht, das ist zu verrückt' einschreiten, denn solche Einwände ersticken alle Bemühungen, aus dem Gewohnten auszubrechen;
- Er muss es verstehen, immer wieder zu motivieren, Fragen zu stellen und neue Anläufe zu wagen" (Jungk/Müllert 1983, S. 106).

Gerade in dieser Phase kann die Moderation den Teilnehmenden helfen, über erste klischeehafte Äußerungen hinwegzukommen. Durch gutes Nachfragen und durch Ermutigung werden Teilnehmende unterstützt, tiefer liegende Schichten der Fantasie zu aktivieren und dann tatsächlich neue Ideen kreativ zu entwickeln.

Folgende Verfahrensregeln und Techniken helfen einer Gruppe, negative Effekte zu überwinden und eine Beteiligung aller Gruppenmitglieder zu ermöglichen:
- **Diskussionsverzicht:** Insbesondere die Kritikphase ist nach dem Konzept des Brainstormings konzipiert. Hier gibt es einen klaren Verweis auf den Diskussionsverzicht, denn die Sammlung kritischer Themen ist geradezu

eine Einladung zu endlosen Kontroversen und Diskussionen, wenn die Moderation hier nicht stringent steuert.
- **Visualisierungstechnik:** In allen Werkstattphasen werden alle Äußerungen in Stichworten auf Papierbögen protokolliert. „Diese Technik lässt zahlreiche Wortmeldungen zu und zeigt genau den jeweiligen Diskussionsstand an. (...) Durch das Sichtbarmachen können die Teilnehmer die Arbeit überschauen und selbst tätig werden, indem sie, wann immer sie wollen, einen Stift in die Hand nehmen und ihren Beitrag schreiben. Gerade durch diese Aktivierung wird die Werkstatt ihrem Namen gerecht. Jeder kann ‚mitwerken'" (Jungk/Müllert 1983, S. 93f.).
- **Auswahl- und Entscheidungsverfahren:** Die Auswahl von Themen und die Schwerpunktsetzung werden transparent vor allen Gruppenmitgliedern erledigt. Jungk und Müllert beschreiben zwei zentrale Optionen: Mit der *Rubrizierung* werden alle genannten Punkte Oberthemen zugeordnet und durch die Anzahl der zugeordneten Äußerungen entsteht schon ein visueller Eindruck von Gewichtung. Als alternative Methode beschreiben sie die *Punktevergabe*, bei der auf das Themen-Clustering verzichtet wird und die Teilnehmenden Klebepunkte zu jenen Äußerungen kleben, die sie selbst auch für wichtig halten. Um mehr Flexibilität zu ermöglichen und der Tatsache gerecht zu werden, dass die Teilnehmenden häufig mehrere Themen für wichtig halten, erhalten sie mehrere Klebepunkte und können sie mehreren Themen zuordnen oder alle Punkte einem Thema zuordnen, wenn gerade dieses für sie herausragende Bedeutung hat.

Transfer auf den schulischen Bereich: Zukunftswerkstätten bieten sich auch für den Einsatz in Schulen an. Als Methode, die erfahrungsorientierte, kreative und partizipative Elemente verbindet, eignet sie sich für den Einsatz im Unterricht und im gesamten Schulleben. Insbesondere der Pädagoge Olaf-Axel Burow hat das Konzept der Zukunftswerkstätten für das Handlungsfeld der Schule verfügbar gemacht und mit eigenen Impulsen weiterentwickelt. Er nutzt die Methode zum Beispiel für Schulentwicklungsprozesse. Dabei geht es davon aus, dass „Lehrer und Schüler kompetente Schulentwickler sind – vorausgesetzt man bietet Ihnen einen Rahmen, in dem sie Erfolgswissen austauschen können. Hierzu haben wir – in Modifikation der Zukunftswerkstatt Robert Jungks – das Verfahren der „wertschätzenden Schulentwicklung entworfen" (Burow 2012, S. 12).

9.3.2 Moderationsmethode

Die Ursprünge der *Moderationsmethode* (hier geht es um ein geschlossenes Konzept der Arbeit mit Gruppen, im Unterschied zu einzelnen *Moderations-*

9.3 Kommunikation strukturieren: Zukunftswerkstatt und Moderationsmethode

methoden, die in Gruppenleitung unterschiedlichster Ausrichtung integriert werden) liegen in der Arbeit der Unternehmensberatung Quickborn, die in der Verbindung von Entscheidungsverfahren, Visualisierungsmethoden und Interaktionsstrukturierung die Moderationsmethode entwickelte (vgl. Dauscher 2006, S. 16). Die Erfinder der Methode aus dem Quickborner Team Karin Klebert, Einhard Schrader und Walter Straub beschreiben in ihrem Buch „Kurzmoderation" (1987) das Entstehungsumfeld der Moderationsmethode (ähnlich wie Jungk und Müllert) in den durch die Studentenunruhen aufgewirbelten Hochschulen. Um die vielfältigen Kommunikations- und Diskussionsprozesse produktiver zu gestalten, begannen sie 1973 nach einer Phase des Experimentierens und Entwickelns andere Menschen mit der Moderationsmethode auszubilden.

Ähnlich wie die Zukunftswerkstätten war die Moderationsmethode dafür gedacht, Menschen dabei zu unterstützen, politische, verwaltungs- und organisationsinterne Kommunikationsprozesse und Entscheidungsverfahren befriedigender zu lösen. Kleber u. a. (1987) beschreiben die Moderationsmethode „als eine Mischung aus Planungs- und Visualisierungstechniken, aus Gruppendynamik und Gesprächsführung, aus Sozialpsychologie, Soziologie, Betriebs- und Organisationslehre mit einem Verständnis von sozialen und psychischen Prozessen, die sich an Erkenntnisse und Erfahrungen der Humanistischen Psychologie anlehnen" (ebd., S. 8). Ihnen ging es nicht nur um Gesprächstechniken. Vielmehr sei die Haltung des Moderators zu den Menschen und zu den Problemen der Angelpunkt der Moderationsmethode. Im Gegensatz zum Lehrer, Trainer oder Vorgesetzten habe der Moderator gewissermaßen eine Hebammenfunktion. „Er hilft der Gruppe, sich selbst zu verstehen, ihre Ziele und Wünsche zu formulieren, Lösungen zu erarbeiten und die Umsetzung sicherzustellen" (ebd., S. 8).

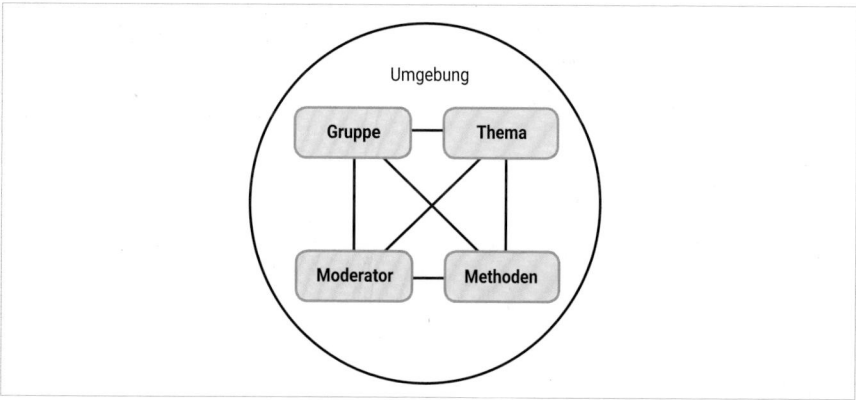

Abb. 12: Das Interaktions- und Rollengeflecht in der Moderationsmethode (Dauscher 2006, S. 18)

Dauscher hat die Bezüge zwischen den unterschiedlichen Aspekten der Moderationsmethode visualisiert (Abb. 12). Daraus ist abzulesen, dass es bei dieser Methode nicht um die Anwendung irgendwelcher Techniken geht, sondern dass sie eine komplexe professionelle Kompetenz in der Leitung von Gruppen ermöglicht. In der Folgezeit entstanden vielfältige Variationen und Kombinationen (Open Space, World Café usw.), die mit originellen Namen Innovationen suggerierten, ohne dass meines Erachtens wirkliche Verbesserungen stattfanden.

⬇ Download 8: Weitere Hinweise zur Leitung von Zukunftswerkstätten und zur Arbeit mit der Moderationsmethode

9.4 Der systemische Blick auf die Arbeit mit Gruppen: „Lernfähig, aber unbelehrbar!"[5]

Neben der Beratungstätigkeit im Einzelsetting oder mit Familien haben systemisch arbeitende Beraterinnen und Therapeuten sich ebenfalls mit der Frage beschäftigt, wie die Gruppe als Ressource zu nutzen ist. Zur zentralen Gruppenerfahrung aller Fachkräfte, die systemische Ausbildungen absolviert haben, gehört die Zugehörigkeit zu einer Ausbildungsgruppe. Die Lehrenden in der systemischen Arbeit haben von Beginn an die Ausbildungsgruppen nicht einfach nur als Ansammlung von lernenden Individuen betrachtet, sondern die Gruppe auch als exemplarisches System genutzt Wwh. in dem und an dem man lernen kann, was Systeme sind, wie sie funktionieren und wie man sie beeinflussen kann. Gleichzeitig schließen die „Systemiker" an vorhandene Konzepte der Arbeit mit Gruppen mit ihrem reichhaltigen Methodenschatz an.

Da stellt sich die Frage: Gibt es eigentlich originär systemische Aspekte in der Arbeit mit Gruppen? Ja, hier sind einige Punkte zu nennen:
- Wie in der gesamten systemischen Arbeit ist die *Haltung* von Bedeutung. Wenn eine Gruppenleiterin mit einem ressourcenorientierten Blick und einer wertschätzen Haltung in einer Gruppe agiert, kann sie in hohem Maße dazu beitragen, dass die Gruppe einen entsprechenden Umgang miteinander findet und ihre wie auch immer gearteten Aufgaben lösen kann.
- Der stärkste Unterschied mag durch den *theoretischen Hintergrund* definiert sein, der das Handeln eines systemisch agierenden Gruppenleiters leitet. „Systemische Theorien klingen als Hintergrundrauschen mit an" (Molter/Hargens 2006, S. 206). Hier kann z. B. das Konstrukt der Systemtheorie – z. B. die Idee der Autopoiesis, dass sich die Mitglieder und die Gruppe sich

---
5 Arnold 2017, S. 24

nur selbst entwickeln und weiterentwickeln, aber nicht von außen zielgerichtet verändert werden können – handlungsleitend sein. So ergeben sich Optionen für Entwicklungsanreize durch „Verstörungen", die die maßgebliche Struktur irritieren und zu einer Neuorganisation auf einer neuen, besseren Ebene führen. Wie kann man sich das vorstellen?

- Wenn eine Gruppe – zum Beispiel ein Team – sehr stark durch eine negative klagende Haltung geprägt ist, können systemische Fragen nach positiven Ausnahmen, die Wertschätzung für das Aushalten des Zustandes oder Methoden wie das Reframing diesen Gruppenzustand irritieren.
- Die Visualisierung der Beziehungen in einer Gruppe durch eine Aufstellung gibt allen Beteiligten neue Informationen und Sichtweisen über sich selbst in Beziehung zu der Gruppe.
- Die Aufforderung, die Plätze miteinander zu wechseln, erbringt eine neue Sitznachbarin und irritiert die Herausbildung fester Ordnungen (vgl. dazu Download 9, vertiefende systematische Aspekte der Gruppenleitung).

- Ansätze, die sich systemisch legitimieren, sollten in erster Linie die Klienten als Urheber von Veränderungen sehen (Molter/Hargens 2006, S. 208). Insbesondere im Feld der Gruppentherapie gäbe es einen Wettstreit um den richtigen Therapieansatz (über 400 verschiedene psychotherapeutische Ansätze kämpften um Anerkennung), insofern käme der fachlichen Position des Gruppenleiters die ausschlaggebende Rolle zu. „In der praktischen Anwendung sieht es dann oft so aus, dass die Leiter sich als eine Art Alleinunterhalter sehen und die Gruppenmitglieder in unterschiedlicher Weise von Zeit zu Zeit um Feedback bitten" (ebd., S. 207). Hargens und Molter leiten demgegenüber aus dem konstruktivistischen Denken die Idee ab, dass nicht die Gruppenleitung die wichtigste Person ist, sondern sie respektieren die Gruppe als „Held", wollen „die Gruppenteilnehmer als kompetente, erfindungsreiche und kundige Mitgestalter (...) begreifen und ihnen mit Wertschätzung und Respekt (...) begegnen" (ebd., S. 208).
- Ein weiterer Beitrag systemischen Denkens ist es, die Gruppe gleichzeitig als soziales System mit eigenen Regeln, Rollen, Ritualen und Beziehung zu sehen und die Bezüge der Gruppenmitglieder in die Herkunftssysteme zu erkennen, aus denen sie Erwartungen, Kommunikationsmuster und erlernte Verhaltensweisen mitbringen. Es gibt keine Gruppe „an sich", sondern jede Gruppe befindet sich in Wechselwirkungen zu vielen anderen Systemen. Die Gruppe wird als Chance gesehen, Denk- und Verhaltensmuster zu überprüfen und zu verändern, neue Gewohnheiten zu entwickeln und neue Beziehungen aufzubauen. Die Interventionen des systemischen Gruppenakteurs wollen eine „förderliche Selbstorganisation" (ebd., S. 211) ermöglichen, ressourcenorientierte Entwicklungen prägen; dies alles in einer angstfreien Atmosphäre.

Wie man Eltern gewinnt oder: So werden Systeme füreinander attraktiv

In der Elternschule Hamm suchten wir nach einem Weg, um Eltern in der Phase des Übergangs Schule-Beruf besser einzubeziehen. Weil bekannt war, dass viele Eltern gut zu erreichen sind, wenn ihre Kinder Projektergebnisse präsentieren, führten wir in den entsprechenden Jahrgangsstufen Projekttage mit den Schulklassen durch, in denen sich die Schülerinnen und Schüler mit ihren beruflichen Perspektiven auseinandersetzten. Dazu gehörte die Aufgabe, die eigenen Eltern zu interviewen, wie sie in der gleichen Lebensphase ihren Beruf gefunden hatten. Die Ergebnisse wurden auf Plakaten dargestellt und zum Abschluss präsentiert. Bei den Abschlussveranstaltungen kamen erstaunlich viele Eltern und es ergaben sich viele Gespräche zwischen allen Beteiligten. An diesem Beispiel zeigt sich, wie die verschiedenen Systemebenen Klasse-Familie und Schülergeneration-Elterngeneration verflochten und sichtbar wurden; dies alles mit vielen positiven Entwicklungen für die Schülerinnen und Schüler (vgl. Göckler 2007).

- Hesse sieht z. B. den wesentlichen Unterschied zwischen dem Gruppentherapeuten und der Gruppe darin, „dass die Gruppenmitglieder Experten hinsichtlich ihrer Zwecke sind und er der Experte ist hinsichtlich der Mittel, diese zu erreichen" (Hesse 2006, S. 14). Er beschreibt die Position des Gruppentherapeuten in Bezug auf die Gruppe als Grenzgänger zwischen Zugehörigkeit und Außenperspektive. Für die Gruppentherapeutin bestehe die Aufgabe darin, zwischen der Innenperspektive und der Außenperspektive eine gute Balance zu finden. Aus der Außenperspektive ergeben sich aus der Beobachtung der Gruppenprozesse neue Ideen für hilfreiche Interventionen, während die Innenperspektive notwendig ist, um als Teil des Systems die internen Prozesse überhaupt verstehen zu können (vgl. Hesse 2006, S. 15).

Auf Basis einer systemischen Haltung, entsprechender theoretischer Annahmen und einer Rollen- und Positionsklärung ergeben sich eine Vielzahl systemischer Interventionsoptionen, die es in anderen Gruppenkonzepten auch gibt, die teilweise aber auch originäre Beiträge der „Systemiker" für die Arbeit mit Gruppen sind.

Es muss allerdings beachtet werden, dass die beschriebenen Methoden ursprünglich aus therapeutischen bzw. beratenden Kontexten stammen und einer entsprechenden Qualifizierung und Schulung (Kontaktadressen im Anhang) bedürfen. Wenn Fachkräfte sie mit der entsprechenden Kompetenz in schulische Gruppenprozesse einbringen, können Sie allerdings wertvolle Beiträge für individuelle Entwicklungsprozesse der beteiligten Menschen (Eltern, Kinder und Jugendliche, aber auch Fachkräfte) liefern.

⬇ Download 9: Vertiefende systemische Aspekte der Gruppenleitung

9.5 Motivierende Gesprächsführung: „Tanze mit dem Widerstand!"

„Motivierende Gesprächsführung" (MI) bietet nicht nur für die Einzelfallarbeit, sondern auch für die Arbeit mit Gruppen wertvolle Impulse. Erwähnenswert sind hier vor allem die Arbeiten der beiden amerikanischen Rehabilitationsforscher Karen C. Ingersoll und Christopher C. Wagner, die „Motivational Interviewing" als Methode der Gruppenberatung entwickelt und evaluiert haben (Wagner/Ingersoll 2012). In Deutschland hat sich die GK Quest Akademie um dieses Thema verdient gemacht, deren Geschäftsführer, der Psychologe Uli Gehring, seit Jahren Weiterbildungen zu „MI in Gruppen" gibt.

Mein persönlicher Gewinn aus der MI-Ausbildung für die Arbeit in Gruppen war vor allem der Baustein „Umgang mit Widerstand". Ich arbeitete schon seit vielen Jahren regelmäßig als Fortbildner und Trainer mit Gruppen und immer wieder brachten mich Teilnehmende aus dem Konzept, wenn sie die aus meiner Perspektive gut aufbereiteten und begründeten Inhalte infrage stellten. Sätze wie „Sie können hier gut reden, aber an meiner Schule funktioniert das nicht!" oder „Was sie hier erzählen, habe ich alles schon im Studium gehört" brachten mich aus dem Konzept, ärgerten mich und bereiteten mir schlaflose Nächte. Meine Standard-Strategie im Umgang damit war, dagegen zu argumentieren, noch gründlicher zu arbeiten, alle möglichen Einwände zu antizipieren, doch brachte mich das alles nicht weiter, denn jede Gruppe hat mindestens einen Skeptiker, der am Ende sagt: „Alles schön und gut, was sie da sagen, aber...".

Die entsprechenden Lektionen in der MI-Ausbildung gaben mir eine andere Sichtweise und ganz praktisches Handwerkszeug im Umgang mit Widerständen. Nachdem ich zum ersten Mal ausprobiert hatte, auf derartige Statements mit Interesse und Neugierde auf die Sichtweise meines Gegenübers einzugehen statt mit weiteren Argumenten zu reagieren, war ich unglaublich verwundert, wie schnell ich Teilnehmende wieder ins Boot des Kommunikations- und Denkprozesses zurückgewinnen konnte.

„Gruppe als Monster" oder: Grundverständnis des MI in der Leitung von Gruppen
Gehring beschreibt die MI Gruppenarbeit als einen lösungsorientierten Ansatz (GK Quest Akademie o.J., S. 1). Sie richtet sich auf die konstruktiven Kräfte der Teilnehmenden, sie will nicht psychopathologische Symptome auflösen oder vergangene Verletzungen oder Traumata aufarbeiten. Eine solche lösungsorientierte Arbeit kann jedoch nur gelingen, wenn eine Gruppenleitung die jeweilige Gruppe auf diesem Weg begleitet und positive Orientierung bietet. „Gruppensettings sind künstliche Zusammenkünf-

te und für viele Menschen beängstigend, gerade zu Beginn. Außerdem impliziert ein Gruppensetting, dass sich die Teilnehmenden öffnen sollen und sie sich in gewisser Weise ausgeliefert gegenüber der Gruppenleitung erleben (merke: Sollen setzt Können voraus!)" GK Quest Akademie o.J., S. 1). Wenn Menschen ohne eine konstruktiv gestaltende Führung zusammentreffen und wenn vielleicht sogar noch durch konfrontative, aufdeckende Gruppeninterventionen ihre negativen Emotionen „hochgekocht" werden, können Gruppenerfahrungen Menschen beängstigen und vielleicht sogar schädlich wirken. Gehring spricht in seinen Seminaren immer wieder treffend von der „Gruppe als Monster".

Die Besonderheit der MI-Gruppenleitung kann durch den Satz „Tanze mit dem Widerstand" charakterisiert werden, den Miller und Rollnick für die Bewältigung schwieriger Gesprächssituationen geprägt haben. Wagner und Ingersoll greifen diese musikalische Metapher auf und vergleichen die Gruppenleitung mit der Arbeit eines Dirigenten:

> „Die Anwendung von MI in Gruppen ist eher wie das Dirigieren einer Symphonie. Jedes Mitglied spielt ein individuelles Instrument und trägt zur kollektiven Melodie der Gruppe bei und reagiert gleichzeitig auf den Dirigenten. Der Dirigent wiederum steuert einfühlsam das instrumentale Zusammenspiel sowie die gesamte Orchesterzusammensetzung" (Wagner/Ingersoll 2012, S. 281 – eigene Übersetzung M.B.).

Die Leitungstätigkeit, wie Wagner und Ingersoll sie empfehlen, beruht auf Prinzipien und Empfehlungen für eine MI-konforme Haltung und auf allgemeinen Strukturierungshinweisen, ist aber weit entfernt von einem engmaschigen Manual. Gute Gruppenleitung agiert mit hoher Empathie für die Gruppenmitglieder und die Gruppe. Mit Leitungspräsenz bahnt sie Entwicklungen und Veränderungen der Teilnehmenden an, lenkt von ungünstigen Irrwegen ab und gibt Orientierung, ohne direktiv zu sein.

Bedeutung der Gruppe: MI-Gruppenleitung reduziert sich nicht auf eine Einzelberatung vor der Gruppe, vielmehr wird die Gruppe – wie bei der systemischen Gruppenarbeit – als wichtige Ressource angesehen. Um diese Ressourcen der Gruppe nutzen zu können, ist ein wertschätzendes angstfreies Gruppenklima notwendig. Die Kommunikation zwischen den Mitgliedern (ihr gegenseitiges Zuhören, Feedback geben, Ideen einbringen) wird als wertvoller Beitrag zur Schaffung von Veränderungsmotivation gesehen. Allein schon die Erfahrung, auf andere Menschen mit gleichen Problemen zu treffen, kann hochgradig entlastend wirken. Und nicht zuletzt können die Mitglieder der Gruppe sich gegenseitig bei der Umsetzung ihrer eigenen Veränderungspläne unterstützen.

Prinzipien der Gruppenleitung (zusammengefasst nach Berg 2015, S. 1-2):
Die MI-Gruppenleitung soll
- möglichst große Beteiligung der Gruppe und die Entwicklung eines Gruppenzusammenhalts ermöglichen und die Teilnehmenden zur Selbstverantwortung ermutigen;
- die Erforschung sowohl negativer als auch positiver Erfahrungen ermöglichen, dabei jedoch nicht zu tief in die Beschäftigung mit Problemen absinken („Hören Sie die Beschwerden, doch rufen Sie keine Beschwerden hervor"; Berg 2015, S. 1);
- die inhaltliche Arbeit an den Erfahrungen, Bedürfnissen und Interessen der Mitglieder ausrichten;
- die Gruppenmitglieder und die Gruppe zur Auseinandersetzung mit und der Entwicklung von Veränderungsoptionen „geleiten".

Gruppenentwicklungskonzept: Ingersoll und Wagner beschreiben ein Vierphasenmodell (Wagner/Ingersoll 2012b, S. 4ff., eigene Übersetzung):
- Die Gruppe einbeziehen
- Perspektiven erkunden
- Perspektiven erweitern
- In Aktion treten

Interventionsoptionen des Trainers: Die Interventionsoptionen einer Gruppenleitung auf Basis der Grundhaltung bieten u. a. folgende gruppenprozessbezogene Interventionsmöglichkeiten:
- Die Gruppenleitung sollte nur wenig reden und die Kommunikation so weit wie möglich der Gruppe überlassen.
- Grundsätzlich lassen sich die die verschiedenen Basismethoden auch in der Gruppenleitung anwenden. Dazu gehören offene Fragen, die Äußerung von Wertschätzung und Würdigung, das aktive Zuhören und Zusammenfassungen. Diese Interventionen werden nicht nur als individuelle Reaktionen auf die Äußerungen von Einzelpersonen eingesetzt, sondern können sich ebenso auf die Gruppe und auf den Gruppenprozess beziehen.
- Das aktive Zuhören kann möglichst unmittelbar am Gehörten orientiert sein, kann aber auch mit Reflexionen (‚hören was nicht gesagt, aber mit gemeint ist'; Gefühle ansprechen, die mitschwingen) verbunden werden oder Ambivalenzen thematisieren.
- Die Gruppenleitung sollte verstärkt darauf achten, dass negative Emotionen und als schwierig empdundene Gefühle sich zum Ende einer Sitzung hin auflösen.

- Gehring empfiehlt, nur Methoden und Übungen anzuwenden, zu denen die Gruppenleitung „steht" und die sie sich zutraut.

Beispiele für gruppenbezogenes „aktives Zuhören"	
Die Gruppe schweigt	„Alle denken nach"
Viele beginnen sich zu räkeln, zu gähnen, während einige intensiv diskutieren	„Könnte sein, dass eine Pause jetzt gut wäre..." „Es sind gerade nicht alle zusammen..."
Die Stimmung ist schlecht und es folgt eine Beschwerde nach der nächsten über die Situation	„Es scheinen sich alle einig zu sein, dass das Leben schwierig ist..." „Scheinbar wünschen sich alle, dass sich was an der Situation ändert..."
Der Konflikt eskaliert zwischen zwei Gruppenmitgliedern	„X und Y scheinen ein mächtiges Problem miteinander zu haben, während die anderen sich vermutlich wünschen, dass das endet..."

Tab. 12: Aktives Zuhören in Gruppen

Zusammenfassung: Das Konzept der MI Gruppenleitung hat viele Überschneidungen und Gemeinsamkeiten mit systemischer Gruppenarbeit und der themenzentrierten Interaktion. In der Praxis nutzt sie auch viele Optionen der Moderationsmethode. Der besondere Fokus liegt dabei auf individuellen Entwicklungen der Teilnehmenden. Dabei ist MI nicht dem therapeutischen Bereich zuzuordnen, sondern bietet sich für alle Bereiche an, in denen Menschen sich weiter entwickeln wollen oder vielleicht sogar durch Umstände genötigt sind, Entwicklungsschritte zu tun. Damit liegt das Potenzial für unseren Kontext auf der Hand.

Gruppenarbeit nach dem MI Konzept ist denkbar
- für Elterngruppen, die ihre Erziehungs- und Beziehungs-Kompetenz entwickeln wollen,
- für Reflexionsgruppen von Fachkräften,
- für Teamentwicklung und Teamsupervision.

Außerdem eignet sich diese Arbeit besonders dann, wenn die Teilnehmenden ohne eine vorhandene innere Motivation, vielleicht sogar aufgrund äußerer Verpflichtungen, an den Gruppen teilnehmen müssen. Hier ist zum Beispiel an Elterngruppen zu denken, bei denen eine Veränderungsnotwendigkeit aufgrund eines familiären Gefährdungskontextes vorliegt.

⬇ Download 10: Vertiefende Aspekte der Motivierenden Gesprächsführung in Gruppen

9.6 Beziehungen stiften: Optionen für die professionelle Leitung von Gruppen

Als Quintessenz werden nun Hinweise und Orientierungspunkte für das professionelle Leiten von Gruppen zusammengefasst. Diese Hinweise betreffen alle Arten von Gruppen, wobei ihre Anwendung vom Typus der Gruppe abhängt.

Es geht also z. B. um die Gestaltung von
- **Mitwirkungsgremien**, die jeweils in einem vorgegebenen rechtlichen Rahmen stattfinden, sich gleichzeitig jedoch häufig eigene Regeln geben (= Geschäftsordnung). Doch Geschäftsordnungen regeln bei weitem nicht alles, vielmehr gibt es häufig ungeschriebene Rituale und Regeln, die sich von Generation zu Generation überliefern. Die folgenden Anregungen können helfen, diese Rituale und Gewohnheiten zu überdenken (z. B. wie Entscheidungen getroffen werden) und vielleicht sogar die Geschäftsordnung weiterzuentwickeln;
- **pädagogischen Angeboten und Veranstaltungen;** auch hier gibt es häufig wenig sinnvolle Gewohnheiten oder methodisch wenig variantenreiche Gestaltungsszenarien, in denen viel Potential verschenkt wird. Zu der Gestaltung von Bildungsangeboten erfolgen im nächsten Kapitel noch viele weitere Hinweise;
- **Projektgruppentreffen**, bei denen Eltern, Lehrkräfte und/oder Schülerinnen und Schüler für die Schule Innovationen entwickeln;
- **Schulungsangeboten für engagierte Eltern**, die für ihre Aufgabe als Lesepatinnen, Multiplikatoren oder Sprachmittlerinnen bzw. Dolmetscher ausgebildet und begleitet werden.

9.6.1 Anpassung/Integration versus Emanzipation

Der Blick auf die Gruppenkonzepte der 1960er und 1970er Jahre sensibilisiert für die damals grundlegende Positionierung der Arbeit mit Gruppen als deren Beitrag zur Demokratisierung. Heute müssen wir wieder fragen: Sollen Gruppen dazu beitragen, dass Menschen sich besser an die Anforderungen der Gesellschaft anpassen oder sollen sie demokratische Räume sein, deren Mitglieder gleichzeitig ihr eigenes Potential entfalten und Gesellschaft aktiv gestalten und dabei Demokratie lernen?

Für Schule scheint mir das eine zentrale Fragestellung zu sein. Leider ist die Auseinandersetzung um diese Fragen in den letzten zwanzig Jahren in den Hintergrund getreten. Ich habe vor allem die 1980er und 1990er Jahre als rebellischer, politischer und reibungsvoller in diesen Fragen erlebt. Heute hat man den Eindruck, dass Schulräte sich von den ministerialen Behörden,

9 Paradigmatische Konzepte der Arbeit mit Gruppen

Schulleitungen von den Schulräten, Lehrkräfte von den Schulleitungen usw. fast alles gefallen lassen. Wirklich demokratisch agieren nur die Schülerinnen und Schüler, wenn sie an den „fridays for future" auf die Straße gehen.

Deshalb will ich auf dem Hintergrund des aktuellen Paradigmas auch noch fragen: Bedeutet Inklusion, Kinder mit allen möglichen Unterstützungsmaßnahmen in die Lage zu versetzen, am bestehenden Schulsystem in seiner real existierenden Form teilzuhaben? Oder sollte sich Schule so verändern, dass alle Kinder – unabhängig von Herkunft, Persönlichkeit und Potenzial – teilhaben können? Mit Bezug auf die Eltern gefragt: Ist Schule ein System, das die Zugänge und Beteiligungsmöglichkeiten für Eltern an den Erwartungen und Kulturen eines kleineren Teils der Eltern orientiert oder will sie aktiv und dauerhaft alle Eltern beteiligen? Diese Fragen werden entscheidend dadurch beantwortet, wie die Gruppen unterschiedlichster Art in der Schule gestaltet sind.

Insofern stellen sich folgende Fragen:
- Sind Schulleitung und Lehrkräfte bereit, institutionelle Macht abzugeben, indem sie relevante Entscheidungen in der Schule zur Disposition stellen und Mitsprache ermöglichen? Sind sie dazu bereit, die entsprechenden Ergebnisse in den Behörden „nach oben" zu vertreten? Werden die Partnerinnen und Partner der Bildungs- und Erziehungspartnerschaft zu einem solchen Engagement eingeladen und aktiviert?
- Sind die Beteiligungsgremien Orte, an denen Eltern und Schülerinnen und Schüler eigene Ideen entwickeln und in die Schule einbringen können, die nicht nur randständige Themen betreffen (Schulfest, Cafeteria, Dritte-Weltprojekt), sondern den Kernbetrieb der schulischen Arbeit im Blick haben (Lerninhalte, Lernmethoden)?
- Gibt es Ansätze echter Projektarbeit?
- Wie werden entsprechende Konflikte gelöst? Konsensorientiert oder machtorientiert?

9.6.2 Werteorientierung

Durch die Frage, mit welcher Haltung und mit welchen Werten Fachkräfte Gruppen gestalten und leiten, werden ebenfalls zentrale Weichen gestellt. Sind Gruppen Freiräume, die dem Wechselspiel der Kräfte unter den Teilnehmenden preisgegeben sind, sodass die lautesten, redegewandtesten, aggressivsten Individuen Inhalte und Klima dominieren? Oder sind Gruppen Räume, in denen die Werte z. B. der humanistischen Psychologie (oder diejenigen Werte, die sich eine Schule bestenfalls mit der gesamten Schulgemeinde gegeben hat) gelten: die Autonomie des Individuums im Respekt vor der Autonomie der anderen; Gemeinschaftlichkeit in gegen-

9.6 Beziehungen stiften: Optionen für die professionelle Leitung von Gruppen

seitiger Wertschätzung; Authentizität und Potenzialentfaltung. Diese Werte betreffen ja nicht nur die Inhalte dessen, worüber man kommuniziert, sondern auch die Art der Kommunikation selbst. Insofern ist es ausgesprochen hilfreich, wenn schulische Fachkräfte in der Lage sind, diese Werte in den unterschiedlichen Gruppenformen überzeugend zur Geltung zu bringen, ohne sie mit Macht durchzusetzen.

Folgende Fragen sind hier zu stellen:
- Welche Wertediskurse werden in den Schulen geführt?
- Wie wirken sich diese Werte auf die Art und Weise des Zusammenlebens aus?
- Wird Schule als ein Raum wahrgenommen, in dem alle Werte und Lebensstile respektiert werden und in dem gleichzeitig um zentrale allgemeingültige Werte (Rechte aller Menschen, Diversität, Humanität) in einer fairen Art und Weise gerungen wird?
- Wie werden die Konflikte an den Stellen gelöst, an denen eine Einigung nicht möglich ist, weil nicht alle Eltern und Schüler alle Werte der Schule teilen können?

Praxis-Tipp

Der Kommunikationspsychologe Friedemann Schulz von Thun stellt in einem Vortrag anlässlich des 100. Geburtstages von Ruth Cohn die Werte und Prinzipien der humanistischen Psychologie vor. Im Zentrum der humanistischen Psychologie steht die Idee der Selbstverwirklichung (vergleiche Maslows Bedürfnispyramide) in Verbindung mit den Facetten der Ganzheitlichkeit, der Autonomie, des Hedonismus,' der Potenzialentfaltung, der Authentizität und der Wertebindung und Gemeinschaftlichkeit. Der sehr lohnenswerte Vortrag ist bei YouTube zu sehen: www.youtube.com/watch?v=SV-XydjmPRs

Gruppen können nur dann gut arbeiten, wenn sie angstfreie Räume sind, in denen Vertrauen und Verbindlichkeit wachsen können. Von entscheidender Bedeutung ist, dass die Mitglieder vor jeglicher Art von Übergriff geschützt sind.

Beachtet werden sollte:
- Dem Kennenlernen und dem Aufbau von Vertrauen zu Beginn eines Gruppenprozesses muss Zeit und Raum gegeben werden und mit entsprechenden Methoden unterstützt werden.
- Gruppen benötigen Kommunikations-, Verhaltens- und Verfahrensregeln, die sich an diesen Zielen orientieren.
- Gruppenleitungen müssen in der Lage sein, bei übergriffigen Verhaltensweisen wirksam intervenieren zu können.

9.6.3 Die Rolle und Position der Gruppenleitung

Zunächst ergibt sich die Rolle einer Gruppen- oder Gremienleitung aus der Funktion. Hier stellt sich die Frage, durch welche Aspekte die Rolle definiert ist und in welchen Bereichen sie Gestaltungsspielraum hat. Wenn z. B. die Schulleitung den Vorsitz der Schulkonferenz hat, kann die diese Rolle in einem hierarchischen Verständnis und durch entsprechende Verhaltensweisen ausfüllen. Sie kann sich aber auch an basisdemokratischen Prinzipien orientieren. Bedenkenswert scheint mir die Position der „Systemiker" zu sein: Gruppenleitungen müssen Teil der Gruppe sein, um aus der Teilnehmerperspektive verstehen zu können, was in der Gruppe läuft (insbesondere auch unter der Oberfläche des verbalen Geschehens), und sie müssen gleichzeitig in der Lage sein, eine Position außerhalb der Gruppe einzunehmen, um aus der Beobachterperspektive Ideen für geeignete Interventionen zu kreieren. Dies erfordert einen fortwährenden Modus der Reflexivität (s. Band. 1, Kap. 4.2.8).

Daraus leiten sich viele praktische Entscheidungen ab:
- Wo sitzt die Gruppenleitung? Sicher eher nicht auf einem Podium oder an einem Einzeltisch vor der Gruppe, sondern im Stuhlkreis oder – wenn Tische gestellt sind – an einem gleichrangigen Sitzplatz mit guter Sicht. Auf jeden Fall sollte die Sitzordnung Gleichrangigkeit signalisieren.
- Wie weit lassen sich Gruppenleitungen auf den Small Talk in den Pausen und vor Beginn und nach dem Ende eines Treffens ein? Wenn die Gruppenleitung sich aus jeglicher Kommunikation außerhalb ihrer eigentlichen Leitungsrolle herausfällt, verunsichert dies die Teilnehmenden meist (und es fühlt sich auch als Gruppenleitung nicht gut an). Völlig ungehemmt von seinen privaten Problemen oder amourösen Abenteuern am Wochenende zu berichten, ist aber auch eher kontraproduktiv.

Beteiligt sich die Gruppenleitung in der Eingangs- und Abschlussrunde mit persönlichen Statements zum Gruppenprozess, zu den Inhalten und zum persönlichen Befinden? Sich nicht zu beteiligen erzeugt Distanz. Ich halte es für empfehlenswert, sowohl aus der Beobachterperspektive zu berichten als auch persönliche Wahrnehmungen preiszugeben, um dieser Doppelfunktion der Gruppenleitung gerecht zu werden. In der Psychotherapie gibt es den etwas sperrigen, gleichwohl aussagekräftigen Begriff der „kontrollierten Selbstoffenbarung" (vgl. Kap. 4.3), der eingeführt wurde, um den intersubjektiven Charakter der Beziehung zwischen Klient und Therapeut zu stärken.

9.6.4 Methodik und Methoden als Zeichen von Kompetenz

Professionelle Kompetenz bedeutet, in Wahrnehmung der unterschiedlichen Gruppenkontexte und Gruppensituationen zielgerichtet Methoden auszuwählen und einzusetzen, die für den jeweiligen Planungsanlass, für die Gruppensituation und Gruppenaufgabe passen. Darüber hinaus sollte die Gruppenleitung sich nicht als allwissender Guru geben, der durch geniale Interventionen Aha-Effekte erzeugt. Vielmehr kann eine Gruppenleitung der Gruppe den Einsatz kontext- und situationsgeeigneter Methoden vorschlagen, nachdem sie deren Funktionen und Wirkungen erläutert hat.

Mindestens folgende Methoden und Interventionen sollten zum Repertoire einer jeden Gruppenleitung gehören:

- *Gesprächsführung und Moderation:* Gruppengespräche beginnen und einleiten, darauf achten, dass alle zu Wort kommen (gegebenenfalls Rednerliste führen), Vielrednerinnen bremsen, stille Teilnehmende aktivieren; auf Pausen achten; dem Gesprächsfluss Raum geben, aber auch den Fokus des Themas bzw. der Aufgabenstellung wahren.
- *Die Fähigkeit, Moderationsmethoden situationsgerecht und effektiv einzusetzen:* Kartenabfragen durchführen, Themen gewichten, Entscheidungen moderieren; Gedanken an der Flipchart visualisieren, Brainstormings und Zurufabfragen moderieren.
- *Der Einsatz von geeigneten Beratungs- und Kommunikationsmethoden:* Offene Fragen stellen, Wertschätzung äußern und Personen, Situationen und Verhalten würdigen; Feedback geben, aktiv zu hören, immer wieder zusammenfassen.
- *Konflikte konstruktiv lösen helfen:* auf konstruktive Wortwahl achten, verletzende Äußerungen unterbinden; Konflikt-Ursachen herausarbeiten, die Verantwortung der Konfliktpartner für die Lösung respektieren und aktivieren.
- *Den Wechsel zwischen Plenum und Kleingruppen aktiv gestalten:* kontinuierlich an geeigneten Stellen Kleingruppenarbeit anregen, klare Kleingruppenaufträge formulieren, Ergebnisse zusammenführen.

Darüber hinaus kann jede Gruppenleitung aufgrund ihrer spezifischen Qualifizierung weitere Methoden und Impulse in die Gruppenarbeit einbringen.

9.6.5 Die Gruppe als partizipativen Ort nutzen

Das Bewusstsein für die demokratischen Prozesse innerhalb einer Gruppe findet immer in der Balance zwischen der Gruppe als demokratischem Ort und der Gruppe als gesellschaftlichem Experimentierfeld statt.

Dazu gehört die Beachtung folgender Aspekte:
- Die Gleichberechtigung aller Gruppenmitglieder beachten und wahren, es sei denn, die Teilnehmenden haben unterschiedliche Rechte aufgrund ihrer Rolle oder Funktion.
- Die Gruppe zu konsensorientierten Entscheidungen führen: Gerade bei der Entscheidungsfindung kommen jene Werte zur Geltung, die für die Gruppenleitung, die Gruppenmitglieder und auch die Institution Schule gelten. Wenn man von den oben skizzierten Werten ausgeht, sind Kampfabstimmungen und einfache Mehrheitsentscheidungen im Prinzip undenkbar, weil sie immer Minderheiten erzeugen, Kränkungen auslösen und damit in Richtung Ausgrenzung und Gruppenauflösung wirken. Konsensorientierung bedeutet nicht, dass alle immer der gleichen Meinung sein müssen. Konsensorientierung bedeutet vielmehr:
  - Geben Sie allen Argumenten, die für die eine oder andere Seite sprechen, ausreichend Raum geben und würdigen Sie diese. (Es gibt zum Beispiel eine schöne Übung, in der die Befürworter einer Position die Argumente der Befürworter einer anderen Position in einer Diskussion vertreten müssen und umgekehrt.)
  - Es werden so weit wie möglich Ansatzpunkte für Kompromisse gesucht.
  - Wenn Gruppenmitglieder sich in einer Entscheidungsfrage in einer Minderheit befinden, können Sie aus Gründen des Gruppenwohls und des Vorankommens Zustimmung zu einer Entscheidung signalisieren, auch wenn sie eigentlich eine andere Option favorisieren. Die Mehrheit einer Gruppe wiederum kann dies respektieren und würdigen und gegebenenfalls nach einem späteren Ausgleich suchen.
- Sofern für die Arbeit der Gruppe Satzungen und Geschäftsordnungen gelten, ist es von entscheidender Bedeutung, dass das Prinzip der Konsensorientierung hier abgebildet ist.
- Letztlich muss man an dieser Stelle aber auch immer wieder klarmachen, dass Demokratie meistens ein anstrengender Prozess ist, der vom Aufeinander-Zugehen und vom Kompromiss lebt und befriedigende Erfolge nicht aus der Durchsetzung von Mehrheitsmacht, sondern aus dem Erleben von Ringen um Konsens und daraus wachsender Gemeinschaft zieht.

9.6.6 Rhythmisierung: Anfangssituationen, Arbeitsfähigkeit und Abschluss gestalten

Die aus der Kleingruppenforschung bekannten Gruppenentwicklungsphasen sind bedingt hilfreich, um als Gruppenleitung einer Gruppe zu helfen, einen guten Rhythmus zu finden. Einerseits folgen sie universalen Prinzipien (es gibt einen Anfang, eine Mitte und ein Ende), doch sind sie nach meiner Erfahrung „unterkomplex". Die Konflikte zum Beispiel kommen wann sie wollen, und nicht, wann es ein Phasenmodell vorschreibt. Trotzdem gibt es elementare Schritte, die es in einen Rhythmus zu bringen gilt.

Das musikalische Modell aus der Motivierenden Gesprächsführung erscheint mir recht passend zu sein:

- Den Auftakt zu gestalten heißt, eine gute Ankommenssituation zu bieten, Kennenlernen zu ermöglichen, Sicherheit durch einen guten Ablaufplan bzw. klare Regeln zu schaffen, alle Gruppenmitglieder ins Boot zu holen, sodass sie sich beteiligt fühlen. Wenn man das nicht tut, besteht das Risiko, dass Gruppen unangenehme, vielleicht sogar traumatische Erfahrungen vermitteln. (Dass sich daraus dann so etwas wie eine Machtkampfphase entfaltet, erlebe ich nur selten.)
- Wenn der Anfang gut gelungen ist, ist eine Gruppe in der Regel arbeitsfähig. Jetzt können Lernprozesse stattfinden und Arbeitsaufgaben erledigt werden. Die Gruppenmitglieder sind immer stärker in der Lage, Verantwortung für die Gestaltung des Gruppenprozesses zu übernehmen. Die Gruppenleitung muss weniger tun und kann mehr wahrnehmen. Hier ist häufig eine arbeitsteilige Arbeit in Untergruppen günstig, das heißt, die Koordinierung kann z. B. in einem Gruppenrat mit Vertretungen aus allen Arbeitsgruppen geleistet werden.
- Wenn der Gruppenprozess zu Ende geht, gilt es Raum zu geben für einen Abschluss und den Abschied. Diese Phase fällt mir persönlich immer noch am schwersten; ich neige dazu, die Arbeit bis auf die letzte Minute fortzusetzen. Am Ende eines Seminares wirken Reflexionszeiten mit Leitfragen wie „Was nimmst du mit?", „Was willst du im Alltag integrieren?" und symbolische Aktionen wie das Schreiben eines Briefes an sich selbst oder Abschlussgeschenke wie Erinnerungssteine als eine Brücke zum Alltag der Teilnehmenden. Zum Ende von Gremiensitzungen kann eine kurze Feedbackrunde („Jeder sagt mit einem Satz: Was war heute wichtig?") oder ein Daumenfeedback („Jeder zeigt mit dem Daumen: Wie war es heute?") einen guten Abschluss schaffen.
- Auf den Rhythmus achten sollte man sowohl während der einzelnen Meetings als auch während des gesamten Prozesses. Das bedeutet, rechtzeitig Pausen vorzuschlagen, Bewegung zu integrieren, Zeiten einzuhalten, methodisch abwechslungsreich zu arbeiten.
- Gemeinsame Erfolge zu feiern bietet sich ebenfalls an: nach einem Meeting gemeinsam essen gehen; eine gemeinsame Party organisieren; es gibt viele Möglichkeiten.

Fishbowl als spontanes Gruppenerlebnis
Ich durfte über einige Jahre den Jugendrat der Stadt Wuppertal schulen; an einem Wochenende jeweils nach den Wahlen, wenn er sich neu gebildet hatte. Diese Schulung wurde immer als Zukunftswerkstatt durchgeführt. Nach der Utopiephase bildeten sich Arbeitsgruppen zu bestimmten Themenschwerpunkten. Am Sonntagmorgen nach einer durchfeierten Nacht sollte eine Abstimmung durch Vertreterinnen jeder Gruppe stattfinden. Da nach und nach bereits die anderen Jugendratsmitglieder in den großen Veranstaltungsraum kamen, organisierten wir die „Vertreterversammlung" als Fishbowl (s. Download 9, vertiefende systemische Aspekte der Gruppenleitung). Trotz großer Müdigkeit rückten alle aus dem Außenkreis näher, weil sie mitbekommen wollten, was besprochen wurde. Der freie Sprecherstuhl wurde lebhaft genutzt. Dies war für alle Beteiligten ein intensives Gruppenerlebnis.

9.6.7 Raumgestaltung, Kommunikation und Visionen

Es spielt eine große Rolle, in welchem Raum eine Gruppe tagt, oder man könnte auch sagen, wo sie „lebt".

- **Licht und Raum für Bewegung und gute Belüftung** sind entscheidende Faktoren gelingender Gruppenarbeit, weit wichtiger als zum Beispiel die Technikausstattung.
- Eine Kardinalsfrage in jeder Vorbereitung ist die der **Sitzordnung**. Wenn die Gruppenarbeit auch nur ansatzweise personenbezogen ist, sollte der Stuhlkreis immer Priorität haben. Man kann viel besser miteinander kommunizieren, jede und jeder kann jeden ansehen und Kontakt aufnehmen. Viele Teilnehmende in Weiterbildungsveranstaltungen empfinden Sitzordnungen mit Tischen zunächst besser und stöhnen auf, wenn sie in den Raum treten und den Stuhlkreis sehen. Ein zentrales Argument von ihnen lautet, dass man besser schreiben könne. Das erscheint mir jedoch vorgeschoben zu sein, weil ich viele Stunden meines Lebens im Stuhlkreis gesessen habe und immer gut mit einem Klemmbrett auf dem Schoß alles mitschreiben konnte. In der Art Gruppenarbeit, über die wir hier sprechen, geht es ja weniger um reproduzierbares Wissen (und die meisten Dozierenden bieten ihr Material zum Mitnehmen an), sondern um personenbezogene Kommunikation und persönliche Reflexion. Aber eine Settingentscheidung gegen den Willen der Teilnehmenden ist auch ungünstig. Ich habe einmal in einem zweitägigen Seminar beide Varianten genutzt und dann den Prozess reflektiert.
- Die Gruppe kann durch Sitzplatzwechsel in **Bewegung** gebracht werden, durch Gruppen-Aufteilungen, durch Murmelrunden, in denen benachbarte Gruppenmitglieder zu einer kleinen Runde zusammen rutschen,

durch lebendige Statistiken, durch systemische Aufstellungen. Dazu braucht es neben der eigentlichen Sitzordnung zusätzlichen Raum für Bewegung.

„Verhalten, was toleriert wird, ist Verhalten, was erlaubt ist."
Zunächst können wir davon ausgehen, dass es ungeschriebene Kommunikationsregeln gibt, die alle kennen, die aber nicht unbedingt eingehalten werden, wenn nicht jemand auf ihre Einhaltung achtet. Dazu gehört, sich gegenseitig respektvoll zu behandeln und zuzuhören, sich ausreden zu lassen, sich zu Wort melden, wenn man etwas sagen möchte. Die Aufgabe der Gruppenleitung ist es, anzusprechen, wenn es Verstöße gegen diese Regeln gibt; und dies möglichst schnell, denn es gibt die „heimliche Regel" (die ich in der Anti-Gewalt-Pädagogik kennengelernt habe), dass „Verhalten, was toleriert wird, Verhalten ist, was erlaubt ist"; dies immer mit dem Hinweis, dass alle auf die Einhaltung dieser Regeln achten sollten, sonst wird man als Gruppenleitung schnell zum Regelwächter (in Schulklassen ist dies eine sinnvolle Rolle, die von Kindern ausgeübt werden kann, wenn man in dieser Gruppe die Kommunikation einüben will).

Hinzu kommen in jeder Gruppenarbeit folgende Regelbereiche:
- *Explizite Regeln* sind Regeln, die kommuniziert sind.
- *Gesetzte Regeln* sind Regeln, die die Gruppenleitung aufgrund ihres Konzeptes und aufgrund ihrer Rolle, möglicherweise auch aufgrund der Institution, vorgibt. Ein gutes Beispiel sind die Hilfsregeln der TZI (s. Download 7). Die kann aber jede Gruppenleitung für sich modifizieren, kürzen oder ergänzen.
- Hinzu kommen möglicherweise *ausgehandelte Regeln*; entweder weil man die Regeln im Rahmen eines Beteiligungsprozesses zum Thema macht oder weil sie beispielsweise das Ergebnis einer Konfliktklärung sind.
- *Implizite Regeln* sind Regeln, die auf gesellschaftlichen Konventionen, aber auch institutionellen Konventionen beruhen (zum Beispiel kann es sein, dass sich alle Mitglieder einer Institution duzen, oder dass sie das auf keinen Fall tun).
- *Heimliche, unbewusste Regeln:* Jede Gruppe bildet ihr eigenes Regel-System heraus; egal, ob sie das explizit tut oder ob das unbewusst geschieht. Ein Beispiel: Ob man pünktlich zum vereinbarten Zeitpunkt beginnt (obwohl noch nicht alle da sind) oder ob man wartet, bis alle da sind: Wenn man beim ersten Mal gewartet hat, verlassen sich alle Gruppenmitglieder darauf, dass nicht begonnen wird, wenn noch nicht alle da sind. Auch in der Frage, ob man pünktlich zum vereinbarten Pausen-Ende oder zum Ende einer vereinbarten Arbeitsgruppenzeit wieder im

Plenum eintrifft oder ob man sich dann noch einen Kaffee holt und ein kleines Pläuschchen auf dem Weg in den Gruppenraum hält – auch in diesen Fragen bilden sich sehr schnell heimliche Gruppennormen heraus. Eine Gruppenleitung kann hier auf mehreren Ebenen agieren:
- Zunächst einmal ist sie mit ihrem eigenen Verhalten Vorbild und kann damit Normen verdeutlichen. Sie kann Pünktlichkeit schlecht einfordern, wenn sie selbst zu spät gekommen ist.
- Sie kann Pünktlichkeit bei den Pausenzeiten praktizieren, in dem sie mit der Gruppenarbeit wieder beginnt, selbst wenn noch nicht alle da sind.
- Oder: Sie kann diese Frage zu einem Thema der Gruppe machen und mit der Gruppe eine Vereinbarung zum Thema Pünktlichkeit erarbeiten.
• *Entscheidungsregeln:* Ein weiterer wichtiger Regelbereich ist die Frage, wie die Gruppe Entscheidungen trifft. Auch hier kann die Gruppenleitung Vorgaben machen (Konsensprinzip: „Mir ist wichtig, dass alle mit der Entscheidung einverstanden sind.") oder diese Frage zur Diskussion stellen und die Gruppe darüber entscheiden lassen.

Zukunftsorientierung

In der Analyse der Zukunftswerkstatt sind interessante Parallelen zur lösungsorientierten Kurztherapie (De Jong/Berg 1998; de Shazer 1990) und auch zu der Motivierenden Gesprächsführung (Miller/Rollnick 2015) festzustellen. Diese Konzepte verabschieden sich von der ausgiebigen Analyse des Status Quo (des Problems) und wollen aus der Beschäftigung mit Wünschen, Träumen und Visionen (z. B. mit der „Wunderfrage") kraftvolle Ziele entwickeln. So kann eine Gruppenleitung immer wieder in die Arbeit der Gruppe die Frage einflechten, wie eine Zukunft bezogen auf das Gruppenthema aussehen könnte und diese Frage mit kreativen Methoden bearbeiten.

Es erscheint dringender denn je, sich mit einer lebenswerten Zukunft zu beschäftigen. Ich schreibe diese Zeilen nach dem Unwetter und der Hochwasserkatastrophe im Juli 2021 und in einem weiteren Jahr der Pandemie durch das Corona-Virus. Alle diese Ausnahmesituationen (hoffentlich bleiben sie es) führen uns vor Augen, dass wir uns dringend mit unserer Zukunft beschäftigen müssen: bezüglich des Klimas, bezüglich des Umgangs mit Epidemien, aber vor allem auch bezüglich der Frage, wie eine Schule der Zukunft aussehen könnte. Eine gute Möglichkeit besteht darin, dass die Gremien und Gruppen in gewissen Zeitabständen Zukunftswerkstätten durchführen.

Teil III:
Beziehungen lernen

10 Beziehungen lernen – Die Planung von lebendigen und inspirierenden Bildungsangeboten

Bildungsangebote für Eltern sehe ich neben den Beratungs- und Unterstützungsangeboten als das Herzstück von Bildungs- und Erziehungspartnerschaften an; die heimbasierte Zusammenarbeit (s. Qualitätsmerkmale Band 1, Kap. 5.6) fokussiert sich ja auf die Anregung, Bildung und Unterstützung von Eltern zur förderlichen Gestaltung des „Bildungsortes Familie".

10.1 Entwicklung eines Planungsmodells für Bildungsangebote

In diesem Kapitel wird ein Planungsmodell vorgestellt, das sich in den letzten 20 Jahren in der Praxis entwickelt hat und hier systematisiert vorgestellt wird (vgl. auch Bartscher 2018). Es verfolgt vor allem zwei zentrale Ziele: Die Überwindung der impliziten Ausgrenzungstendenzen des Begriffs „Niedrigschwelligkeit" und die Förderung der autonomen Planungskompetenz von Fachkräften in Unabhängigkeit manualisierter Konzepte.

10.1.1 Niedrigschwellig? Für alle gut erreichbar!

Viele Schulen haben immer wieder die Erfahrung gemacht, dass pädagogisch gut gemeinte, doch die Eltern nicht erreichende Bildungsangebote sehr viel Aufwand und Energie forderten. Aufgrund fehlender Teilnehmerzahlen stellten sie ihre Bemühungen am Ende frustriert ein. Andere wiederum begannen zu experimentieren und konnten sich mit kreativen Bildungsformaten neue Zielgruppen erschließen. Häufig wurde bei solchen Experimenten der Begriff der „Niedrigschwelligkeit" verwendet (vgl. z. B. Forschungsgruppe Verhaltensbiologie des Menschen 2003), wobei er meines Erachtens eine diskriminierende Attitüde hat, denn er wird häufig mit „Armut", „Migration", „intellektuell anspruchslos" u. ä. assoziiert. Eigentlich impliziert der Begriff doch, dass wir Zugangsschwellen zu Bildungsangeboten aufdecken und abbauen sollten. Dann gilt er meines Erachtens für alle Bildungsangebote. Bildungsangebote sollten grundsätzlich gut erreichbar und annehmbar sein. Dementsprechend sollte eine konsequent zielgruppenorientierte Planung zum Standard werden. Dabei kann das folgende Planungsmodell helfen.

10.1.2 Statt manualisierter Formate: individuelle Planungen

Das Modell setzt auf die autonome Planungskompetenz von Fachkräften. Dies muss deshalb betont werden, weil in den vergangenen 20 Jahren – durch vielfältige Bestrebungen für mehr Prävention und Kinderschutz – eine große unübersichtliche Anzahl von manualisierten Bildungsangeboten für Eltern und Familien entwickelt wurden. Noch 2006 konnte die Sozialpädagogikprofessorin Sigrid Tschöpe Scheffler in ihrem bahnbrechenden Buch „Eine kritische Sicht der Elternbildung" eine übersichtliche Anzahl von Elternkursen analysieren. Danach entfaltete sich ein wachsender Markt für Trägerberatung, Ausbildung und Supervision von Fachkräften zu Kursleitungen. Vorteil der meisten Formate ist es, mit einem überschaubaren Zeitaufwand die Anwendung sehr detailliert ausgearbeiteter Kursmanuale zu erlernen.

Ich selbst konnte mehrere dieser Ausbildungen durchlaufen, durchaus mit großem Gewinn („Starke Eltern – Starke Kinder", „Kinder im Blick"). Mit einer solchen Schulung brauchte man sich nicht einmal mehr die Begrüßung und die Erläuterungen von Arbeitseinheiten auszudenken, denn sie sind im Manual vorformuliert. Qualitätsstandards beziehen sich vor allem auf die manualgerechte Durchführung. Die vergebenen Zertifikate und damit die Nutzung von Markenrechten unter Bezug von Material waren und sind häufig gekoppelt an die dauerhafte Beteiligung an Qualitätsentwicklungsprozessen der Programmanbieter.

Die Bildungsformate geben regelmäßig folgende Strukturen z. T. in minutiösen Ablaufplänen vor:
- Anzahl und Länge der Arbeitseinheiten,
- Inhalte und Themen,
- Methodische Umsetzung der Themen,
- Vorgaben zur Gestaltung des Settings,
- Handouts für die Teilnehmenden.

Die Bewertung und Auswahl der einzelnen Bildungsformate orientierte sich nur z. T. an den Bedarfen der Zielgruppen. Vielmehr entbrannte unter den Fachkräften durch z. T. sehr ideologisch geprägte Debatten eine Diskussion darüber, welches „das beste Angebot für Eltern" sei. Im Extremfall wurde z. B. einem Elternkurs unterstellt, er präferiere systematische Gewalt gegen Kinder (vgl. Deegener 2002). Auch wenn sich die meisten Bildungsformate in den zurückliegenden Jahren klarer zu ihren potentiellen Zielgruppen geäußert haben, vertreten viele Programme immer noch den mehr oder weniger universalen Anspruch, für alle Eltern geeignet zu sein – was in der Praxis fast nie gelingen kann. Das liegt daran – dies hat die Lebensweltanalyse im ersten Band gezeigt (s. Kap. 2.1.2 und 4.2.6) –, dass Eltern sich sowohl hinsichtlich ihrer Bildungspräferenzen und Bildungsgewohnheiten unterscheiden als auch durch Abgrenzungseffekte. Wenn man sie erreichen will, setzt das eine individuelle Planung auf Basis einer Zielgruppenanalyse voraus.

Pointiert gesagt: In einer Kursleiterausbildung kann man ganz allgemein lernen, wie man Elternkurse leitet, doch leider lernt man nicht, wie man die Angebote auf die Eltern der eigenen Zielgruppen passgenau abstimmt. Ich plädiere stattdessen für eine konsequente Orientierung an den Interessen und Bedürfnissen der konkreten Zielgruppen eines konkreten Bildungsortes. Mein Leitbild ist das der „kompetenten Fachkraft", die bedarfs-, situations- und teilnehmerinnengerechte Planungen von Bildungsangeboten vornehmen und umsetzen kann. Dazu dienen alle folgenden Überlegungen und wollen entsprechendes Planungs- und Bildungswerkzeug vermitteln.

10.1.3 Entstehung des individuellen Planungsmodells

Das hier vorgestellte Planungsmodell gemäß den oben genannten Kriterien ist in der praktischen Arbeit „by the way" entstanden. Besonders dankbar bin ich für die Erfahrungen bei der Gestaltung der Elternschule Hamm, in der ich zwischen 2000 und 2020 mitwirken durfte. Bei der Planung einer Vielzahl von Einzel- und Reihenveranstaltungen für Eltern haben wir immer wieder die zugrundeliegenden Erfolgs- und Misserfolgsfaktoren zu identifizieren versucht. So ist die Elternschule Hamm (vgl. Bartscher 2013) entstanden; und dabei haben wir „viel Lehrgeld gezahlt".

Wir begannen 2001 mit der Einführung des Elternkurses „Starke Eltern – Starke Kinder" und stellten fest, dass dies ein hervorragendes Angebot war, aber nicht für alle Eltern und Kontexte geeignet. Deshalb erweiterten, differenzierten und verbreiterten wir die Angebotspalette. Immer, wenn etwas gut lief, dachten wir, den endgültigen Königsweg entdeckt zu haben, nur um dann zu entdecken, dass die identifizierten Erfolgsfaktoren wiederum nicht allgemeingültig waren. Beispielsweise zog das gemeinsame Grillen nach dem Elternabend in einer Hauptschule (mit einer kostenlosen Bratwurst) viele Eltern an. In der nächsten Schule war die Reaktion auf das kostenlose Bratwürstchenangebot dann wieder „gleich null" (s. Band 1, S. 138, Kap. 6.2.2: „Die Arbeit mit guten Beispielen aus der Praxis").

So entwickelten wir mit der Zeit ein differenziertes und komplexes Planungsmodell und systematisierten die relevantesten Aspekte der Vorbereitung und Planung (Abb. 13). In der Praxis wird es nicht immer gelingen, alle Aspekte systematisch zu reflektieren (und dies ist sicher auch nicht immer unbedingt notwendig), doch kann man auch Teile des Modells nutzen. Es ist bewusst zirkulär aufgebaut, also nicht als lineare Abfolge nacheinander einzuhaltender Schritte. Denn die Praxis zeigt: Nicht immer liegt ein Thema auf der Hand, das den Ausgangspunkt einer Planung bildet. Manchmal will man eine bestimmte Zielgruppe stärker einbeziehen und sucht erst dann die Themen, und auch die weiteren Schritte können assoziativ im Sinne eines Brainstormings ausgearbeitet werden.

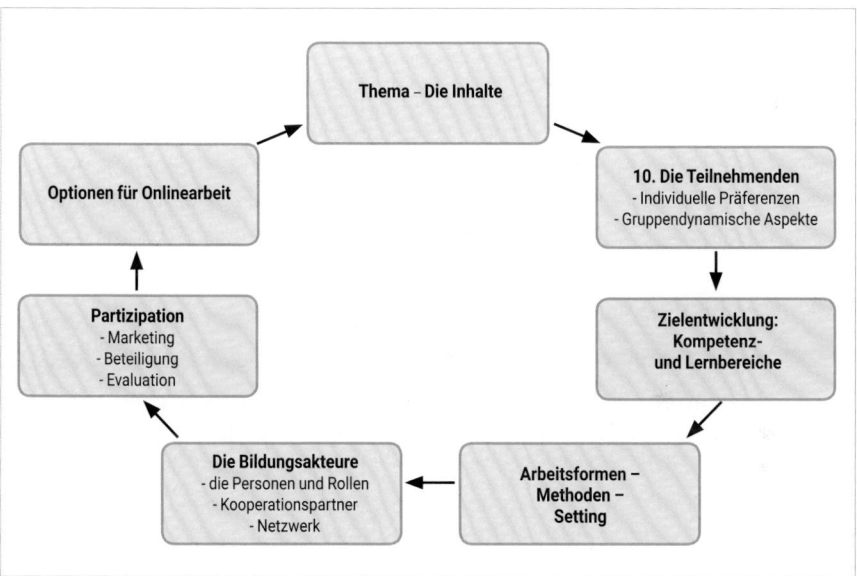

Abb. 13: Planungsebenen für Bildungsangebote in der Bildungs- und Erziehungspartnerschaft (eigene Darstellung)

In den folgenden Kapiteln werden die einzelnen Elemente des Planungsmodells vorgestellt.

10.2 „Das Thema" eines Bildungsangebotes

In Veranstaltungen für Eltern geht es häufig um Themen. Populäre Klassiker verkünden „Jedes Kind braucht Grenzen" oder „Kinder stark machen". Die Themen von Elternveranstaltungen ergeben sich aus Elternbefragungen und traditionelle Themen kehren immer wieder. Ebenso kommt es vor, dass eine Referentin oder ein Referent mit attraktiven Themen bei den Eltern oder den Fachkräften beliebt ist. Dann lädt man sie immer wieder ein. Andere Prioritäten ergeben sich aus aktuellen thematischen Interessen der Teammitglieder oder der Schulleitung.

Eine systematische Planung der Bildungsangebote für Eltern sollte auf folgenden Elementen beruhen:

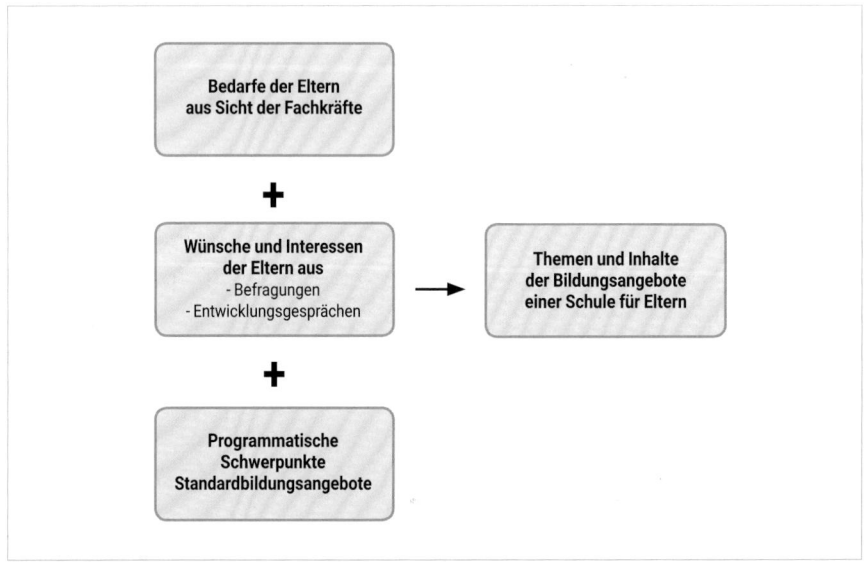

Abb. 14: Herkunft der inhaltlichen Schwerpunkte von Bildungsangeboten (eigene Darstellung)

Die Beteiligung der Eltern an der Planung von Bildungsangeboten z. B. in Form von Elternbefragungen sollte selbstverständlich sein. Einschränkend muss man aber sagen, dass die Eltern (selbst wenn sie anonym gefragt werden) nicht unbedingt die Themen benennen, die sie wirklich beschäftigen. Fragen wie „Wie wirkt sich unser elterlicher Beziehungsstress auf die Entwicklung unseres Kindes aus?", „Ich fühle mich völlig überfordert mit meinem Kind", „Ich bin so oft wütend auf mein Kind, dass ich es gar nicht mehr lieben kann" werden auf einem Fragebogen sicher nicht angegeben, weil man sich diese Fragen selbst im persönlichen Umfeld kaum zu stellen traut.

Bei formalisierten Elternbefragungen gibt es ein weiteres Handikap: Selbst wenn die Eltern sich authentisch äußern, braucht die Schule in der Regel Monate, bis ein entsprechendes Bildungsangebot organisiert ist, aber dann stehen Eltern möglicherweise schon wieder an einer ganz anderen Stelle ihrer Entwicklung und stellen sich ganz andere Fragen. Trotzdem sind Befragungen sinnvoll; allein deshalb, weil die Eltern sich beteiligt fühlen und weil sie den Fachkräften erste Anhaltspunkte für eine Programmplanung liefern.

Ich sehe neben den Elternbefragungen als zweites zentrales Beteiligungs- und Themenfindungsinstrument regelmäßige Entwicklungsgespräche mit den Eltern an, in denen ein Austausch über die Entwicklung des Kindes stattfindet, gemeinsame Förderziele vereinbart und Absprachen über die arbeitsteilige zielgerichtete Förderung getroffen werden. So können Eltern befähigt und unterstützt werden, ihre selbst gewählten Förderziele umzusetzen. Aus der Arbeit an den gemeinsamen Zielen ergeben sich auch die Bildungsbedarfe.

Nicht zuletzt ist aber drittens eine gute Beziehungsarbeit auch bei der Findung der Themen wichtig. Wenn Fachkräfte gut mit Eltern im Gespräch sind, bekommen Sie automatisch mit, welche Fragen die Eltern gerade beschäftigen. In den Gesprächen können sie sowohl die Themen für Bildungsangebote generieren als auch gleichzeitig passgenaue Akquise für Beteiligung der Eltern betreiben.

- **Bedarfe aus Sicht der Fachkräfte:** Wenn Fachkräfte gut mit den Eltern in Kontakt sind, haben sie so eine gute Einschätzung darüber, was diese Eltern brauchen. Auf Basis einer nicht belehrenden, besserwisserischen, sondern empathischen und unterstützenden Haltung können sie hilfreiche Themen herausfiltern, sodass entsprechende Bildungsangebote unterstützend wirken können.
- **Pädagogische Schwerpunkte der Schule:** Hinzu kommt, dass Schulen im Zuge ihrer Profilbildung Schwerpunkte setzen. Im Bildungsverlauf gibt es immer wieder diese „Klassiker", die in der Schule jährlich angeboten werden sollten: z. B. „Lernen lernen", „Lernen im häuslichen Bereich unterstützen", „Pubertät ist die Phase, in der die Eltern schwierig werden" (in weiterführenden Schulen). Auch die pädagogischen Schwerpunktsetzungen der Schule sollten sich im Bildungsangebot für Eltern wiederfinden.

Halten wir fest: Die wichtigsten Begründungen für die inhaltlichen Themen ergeben sich folglich aus der Analyse der unterschiedlichen Zielgruppen der Elternschaft innerhalb der Schule, einer Priorisierung und Fokussierung von Themen, deren Bearbeitung für die Entwicklung der Kinder einen besonderen Gewinn verspricht sowie bestimmten Schwerpunkten und Klassikern der jeweiligen Schule. Tab. 13 bietet eine Übersicht verschiedener typischer Themen für die verschiedenen Jahrgangsstufen.

10 Beziehungen lernen – Die Planung von lebendigen und inspirierenden Bildungsangeboten

	Typische Themen für Elternabende und Elternveranstaltungen						Typische Arbeitsformen der Eltern- und Familienbildung	Kooperationspartner in einem Bildungsabschnitt
	Vor Schuleintritt	1. Schuljahr	2.-3. Schuljahr	4. Schuljahr	5.-6. Schuljahr	7.-8. Schuljahr	9.-10. Schuljahr		
	• z.B. in Zusammenarbeit mit Kita • Die Schule stellt sich vor • Wie können Eltern ihr Kind auf die Schule vorbereiten? • Fördern ohne zu überfordern • „Topfit für die Schule" • Spielerische Rechenförderung und Schreibvorbereitung im Familienalltag"	• Kennlernnachmittag Kinder und Eltern • Informationsveranstaltungen und Elternabende zur Rolle der Eltern bei der Begleitung und Unterstützung Ihrer Kinder • Konkrete Fördermöglichkeiten im Familienalltag • „Umgang mit Medien – Zeiten, Inhalte, Schutz der Kinder" • „Welche Rechte und Pflichten hat mein Kind?" • Kindergesundheit und gesunde Ernährung • Wahrnehmung, Wahrnehmungsförderung, Wahrnehmungsdefizit	• Lernschwierigkeiten – wie gehe ich damit um? • Regeln und Konsequenzen in der Erziehung – Tipps und Hilfen für Eltern • „Mein Kind kann mehr" Förderung für Kinder durch Musik, Kunst und Sport • Kinder fordern uns heraus: Tipps, Hilfen und Unterstützung in schwierigen Erziehungssituationen • Konzentrationsförderung – Was können Eltern tun? • Gewaltprävention • Wie kann ich mein Kind angemessen in der Familie beteiligen? • Gemeinsame Kochabende	• Entscheidungshilfen für Eltern – Wie kann ich eine gute Entscheidung über die weiterführende Schule treffen? • Den Übergang gestalten – Was kann ich für mein Kind tun? • Tag der Offenen Tür der weiterführenden Schulen	• Erwartungen der Schule – Erwartungen der Eltern • Beratungsstellen stellen sich vor • Fördern und Fordern – Wie geht das in der Familie? • Werterziehung • „Was kommt da auf uns zu? Pubertät als Herausforderung und Wachstumschance für Eltern" • Mit Medien richtig umgehen – Regeln für die Familie erarbeiten • Schule und Elternhaus Hand in Hand: Regeln für WhatsApp und Co • Cybermobbing: Was tun?	• „Sehnsucht und Sucht – Wie kann ich mein Kind in dieser Phase begleiten?", • „Wenn die Polizei vor der Haustür steht: Jugendzeit als Experimentierphase" • „Berufsorientierung: Ein Schnuppertag am Arbeitsplatz der Eltern" • „Hilfe, mein Kind wird gemobbt" • „Angst und das Bedürfnis nach Kontrolle: Wie können Eltern loslassen?"	• „Familiäre Krisen und Eskalationen – Was hilft? Wer kann helfen?" • „Elterliche Präsenz – ein gutes Modell für Erziehung in der Jugendphase". • „Delinquenz und Devianz" • „Computernutzung vs. Computersucht" • „Jugendgesundheit" • „Berufsorientierung" Eltern stellen ihre Berufe vor	• Starke Eltern – Starke Kinder • FuN-Kurs • Elternkurs Triple P • Dialogisches Elterntraining	• Kindertageseinrichtungen
		• Kennlernwochenende mit Eltern und Kindern	• Elterntraining • „Häusliches Lernen" • Starke Eltern – Starke Kinder • FuN-Kurs • Triple P • Coolnesstrainings mit Elterneinbeziehung		• Elterntraining • „Häusliches Lernen" Unterstützungsangebot für Eltern Starke Eltern – Starke Kinder • Elternkurs Triple P • Kennlernwochenende mit Eltern und Kindern	• Aufbruch- Umbruch – Kein Zusammenbruch (Unterstützungsangebot für Eltern zur Pubertät) • Elterncoaching • „Elterliche Präsenz"	• Aufbruch- Umbruch – Kein Zusammenbruch (Unterstützungsangebot für Eltern zur Pubertät)		

Kooperationspartner allgemein

Schulpsychologische Beratungsstellen • Erziehungsberatungsstellen • Familienbildungsstätten • Weiterführende Schulen • Volkshochschulen
Kommunale Integrationszentren • Jugendhilfeträger • Jugendamt • Grundschulen • Gesundheitsamt

Vor Schuleintritt	1. Schuljahr	2.-3. Schuljahr		5.-6. Schuljahr	7.-8. Schuljahr	9.-10. Schuljahr
• Ergotherapeuten • Kinder- und Jugendpsychiater und –Therapeuten • Niedergelassene LRS- und Dyskalkulietherapeuten	• Ärztinnen aus dem Gesundheitsamt • Kinder- und Jugendärzte			• Medienzentren • Der Deutsche Kinderschutzbund mit dem Elternkurs „Starke Eltern – Starke Kinder" • Kollegen des Jugendamtes aus dem Bereich	• Drogenberatungsstellen, Jugendsuchtberatungsstellen • Präventionsbeamte der Polizei • Kollegen des Jugendamtes aus dem Jugendgerichtshilfe oder aus dem allgemeinen Sozialen	• Drogenberatung • Präventionsbeamte Polizei • Pro Familia • Berufsberater und Berufseinstiegsbegleiter • Ärztinnen aus dem Gesundheitsamt • Jugendrichter

Tab. 13: Themen, Inhalte und Kooperationspartner in den schulischen Bildungsabschnitten

10.3 Teilnehmerinnen und Teilnehmer

Wenn es gelungen ist, die relevanten Themen gemeinsam mit Eltern oder aus der Perspektive bestimmter Eltern herauszufiltern, ergibt sich daraus die Zielgruppe einer Veranstaltung. Wenn eine Schule lebensweltorientiert arbeitet, verabschiedet sie sich von der Idee, dass alle Bildungsangebote für alle Eltern wichtig sind. Vielmehr gilt es jetzt darum dafür zu sorgen, dass „die richtigen Eltern" an dem jeweiligen Bildungsangebot teilnehmen.

Leider ist die Praxis noch oft so, dass jene Eltern zu einem Informationsabend über Mediennutzung kommen, denen es sowieso schon gut gelingt, die Mediennutzung ihrer Kinder zu reglementieren. Zu einer Veranstaltung über gesunde Ernährung fühlen sich gerade jene Eltern hingezogen, deren Kinder körperlich fit und nah am Idealgewicht sind. Es geht mir nicht darum, dass diese Eltern nicht kommen sollen, aber wenn die Familien, die man erreichen wollte, nicht da sind, erzeugt dies bei den Durchführenden Frust.

10.3.1 Zielgruppen und ihre Präferenzen

Wenn also klar ist, wie die Zielgruppe einer Bildungsveranstaltung definiert ist, dann gilt es im nächsten Schritt, deren Bildungspräferenzen in den Blick zu nehmen. Welche Erwartungen, Vorerfahrungen, Wünsche und Fragen bringen sie mit? Dazu gehört auch die Frage, welche Vorlieben (Wwh.) Eltern in Bezug auf die Gestaltung von Bildungssettings mit sich bringen. Diese Präferenzen sind entscheidend für die Planung und das partizipative Marketing (und nicht die persönlichen Präferenzen der Fachkräfte, wie dies in der Praxis häufig geschieht!).

Wenn sich das Vorbereitungsteam mit den Teilnehmenden beschäftigt, kann ihm z. B. die Analyse der folgenden Aspekte helfen:
- Bisherige Beteiligung am Gruppen/Klassen- und Schulleben.
- Erwartungen und Wünsche der Eltern an die Gestaltung von Bildungsangeboten, bekannte Vorbehalte gegen Personen und Settings.
- Bildungsvoraussetzungen und Bildungsinteressen (bezüglich der Arbeitsweisen, der Nutzung von Schriftsprache, der Komplexität der thematischen Arbeit usw.).
- Bildungsgewohnheiten und Bildungsvorlieben im Hinblick auf die methodische Gestaltung, z. B.:
  - Ist den Eltern zu einer Frage professionelle Information durch eine Referentin oder einen Referenten wichtig oder bevorzugen sie den Austausch untereinander?
  - Sind die Eltern bereit, sich auf Übungen und spielerische Themenbearbeitung einzulassen oder bevorzugen sie „konventionellere" Settings und Gestaltung?
- Zuwanderungsstatus und / oder sprachliche Voraussetzungen.

- Besondere familiäre Konflikte oder Belastungen.
- Berücksichtigung bestehender (kultureller) Gegebenheiten, vielleicht sogar Tabus, und Einstellungen im Verhältnis zur Schule, z. B. die Haltung der Eltern zum Auftrag der Bildungseinrichtung und ihrer Rolle sowie der Rolle der Fachkräfte.

Diese Informationen können im Vorfeld von den Eltern abgefragt werden, vielleicht kennt man die Eltern auch schon. Die Informationen helfen in jedem Fall, die Arbeitsweisen gut auf die potentiell Teilnehmenden abzustimmen.

⬇ Download 11: Fragebogen Bildungsgewohnheiten

10.3.2 Gruppendynamische Aspekte

Im nächsten Schritt geht es um die Fragestellung, welche Wechselwirkungen zu erwarten sind, wenn unterschiedliche Eltern aufeinandertreffen. Folgende Themen können hier relevant sein:
- Soziokulturelle „Demarkationslinien" (s. Band 1, Kap. 2.1).
- Frühere Konflikte zwischen einzelnen Eltern oder Elterngruppen.
- Rassistische oder andere gruppenbezogene negative oder positive Voreinstellungen.
- Untergruppen zwischen den Eltern, die sich gut kennen.
- Isolierte Personen.
- Die Berücksichtigung unterschiedlicher Bildungsniveaus.

Nicht alle Eltern sind „unter einen Hut" zu bekommen. Es gibt Menschen, die einfach nichts miteinander zu tun haben wollen, und hier ist es erfolgversprechender, zielgruppendifferenzierte Angebote zu schaffen – oder sich in der Vorbereitung zu entscheiden, für wen das Angebot wichtiger ist.

Tab. 14 zeigt auf Basis der Sinus-Milieustudien (Auswertung einer Studie zum Weiterbildungsverhalten, Barz/Tippelt 2004 mit eigenen Aspekten), wie unterschiedlich die Präferenzen von Adressaten sein können. Auch wenn die Daten im Detail nicht mehr aktuell sind, zeigt doch die Gegenüberstellung, wie gegensätzlich die Interessen und wie divergent die Erwartungen im Einzelfall sein können.

Aus dem Nähkästchen geplaudert
Eine besondere Erfahrung war es, als zu Beginn eines Elternkurses zwei Mütter aufeinandertrafen, von denen die eine die Geliebte des Mannes der anderen Frau war. Das konnte nicht gut gehen (konnte man als Kursleiter aber vorher auch nicht wissen).

Praxis-Tipp

Im Extremfall ist es hilfreich, eine Veranstaltung zu einem zentralen Thema in mehreren Varianten anzubieten, z. B. als Impuls im Elterncafé, als thematischer Kurzvortrag beim Elternabend sowie als Elterntraining für besonders interessierte Eltern.

	Individuelle Lerngewohnheiten	Gestaltung des Settings	Hinweise zu Kosten
Traditionelles Arbeitermilieu	• Geringes Bildungsniveau, aber Bereitschaft zur Weiterbildung. • Geringe Sprachkenntnisse.	• Gut erreichbar, nah am Wohnort. • In bekannten Gebäuden.	• Möglichst gering.
Konsum-Materialisten	• Negativ geprägte Bildungserfahrungen; Lernschwierigkeiten, Desinteresse. • Berücksichtigung der geringen und oft negativen Lernerfahrung. • Langsames Lerntempo.	• Gute öffentliche Erreichbarkeit wichtig, oftmals geringe private Mobilität. • Angenehmes, zwecktaugliches Ambiente. • Vermeiden von Schulatmosphäre (Klassenzimmer, Sitzanordnung).	• Preis als zentrale Teilnahmebarriere; Fehlende Finanzierungsmöglichkeiten.
Hedonisten	• Starkes Bedürfnis nach Spaß, Spannung und intensiven Erlebnissen. • Intrinsische Motivation im Special-Interest-Bereich: EDV, Internet, Kunst. Unkonventionalität und Freiheitsliebe; tw. bewusste Bildungsabstinenz. • Bequemlichkeit: Hohe Abbrecherquoten.	• Keine Seminarreihen. • Projektbezogene Weiterbildungsangebote. • Bevorzugung eines Wohlfühlambientes. • Aufgrund der Freizeitorientierung keine Abendveranstaltungen.	• Öffentliche Finanzierung. • Geringe Investitionsbereitschaft und -möglichkeiten, Alternative Investitionsprioritäten (z.B. Freizeitaktivitäten).
Bürgerliche Mitte	• Bereitschaft, viel für ihre Kinder zu tun. • Keine oder wenig Eigenständigkeit.	• Möglichst nah am Wohnort. • Geordnete Räume. • Kein Klassenzimmer.	• Nicht zu viel bei allgemeiner Weiterbildung.
Etablierte	• Stringentes, rasches Lerntempo.	• Höchste Ansprüche an Ambiente und Komfort („Urlaubsqualität"). • Gehobene Ausstattung und modernste Technik sind Selbstverständlichkeit.	• Preis ist Nebensache; • Hochpreisigkeit als Indikator für Qualität und Komfort.

Tab. 14: Soziokulturelle Milieus und Bildungsgewohnheiten (ausgewählte Aspekte / eigene Darstellung)

10.4 Differenzierte Zielentwicklung: Kompetenz- und Lernbereiche der Zusammenarbeit mit Eltern

Jedes Bildungsangebot verfolgt Ziele. Welche konkreten nachhaltigen Wirkungen soll ein Angebot bei der Zielgruppe haben, in welchen Bereichen? Tschöpe-Scheffler hat in ihrer Analyse von Elternbildungsprogrammen vier Kompetenzbereiche identifiziert, „die Eltern einerseits benötigen, um entwicklungsfördernd erziehen zu können, und für die sie andererseits ihrer Selbsteinschätzung entsprechend am ehesten Unterstützung und Hilfe brauchen: Wissen, Handeln, Selbsterfahrung und Selbsterziehung, Aufbau und Nutzung von Netzwerken" (Tschöpe-Scheffler 2006: 286).

Diese Differenzierung bietet eine gute Planungshilfe für die Entwicklung von Bildungsangeboten. Nicht jedes Angebot für Eltern muss jede Lerndimension in gleichem Umfang bieten, doch liegt auf der Hand, dass eine Vortragsveranstaltung stärker auf den Bereich des Wissens fokussiert als ein Elterntraining mit Übungssequenzen. In der Konzeptionierung von Bildungsangeboten ist deshalb zu planen, welche Kompetenzbereiche angesprochen werden. Die definierten Kompetenzen sind dann im nächsten Schritt in einer Methodenplanung umzusetzen (s. nächstes Unterkapitel).

Die folgende Matrix (Abb. 15) bietet eine Systematik, um die Ziele für die verschiedenen Lernbereiche zu formulieren. Sie zeigt die Lernbereiche und beispielhafte Aspekte auf einer globalen Ebene.

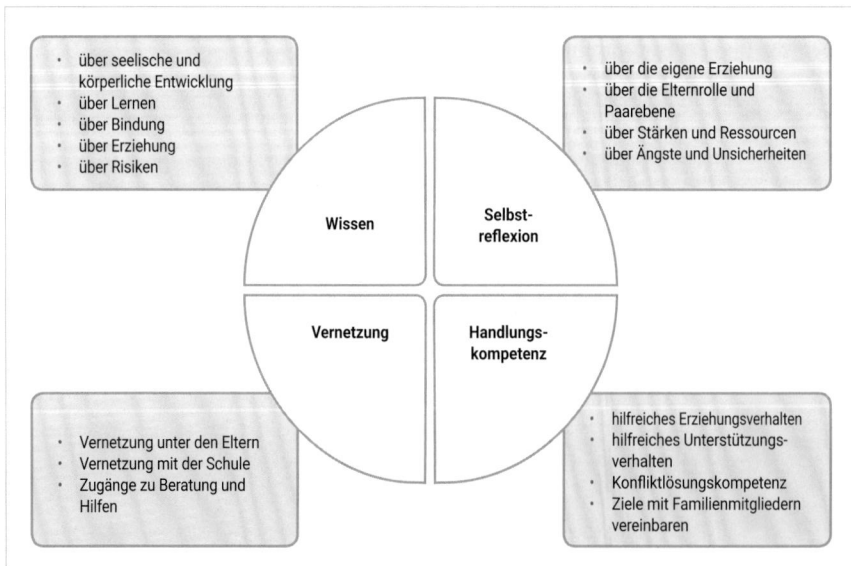

Abb. 15: Lernbereiche nach Tschöpe-Scheffler 2006, S. 286 (eigene Darstellung)

Die Matrix führt zu differenzierten und komplexen, aber sachgerechten Planungen. Es reicht nicht, Eltern lediglich Wissen zu vermitteln. Erziehungs- und Förderkompetenz, Wertevermittlung, Konfliktlösungsoptionen erfordern neben der Wissensvermittlung auch das Einüben konkreter Handlungskompetenz. In der Onlineanlage sind Arbeitsmaterialien dazu mit Praxisbeispielen bereitgestellt.

⬇ Download 12: Planungshilfe „Differenzierung der Kompetenzbereiche"

10.5 Arbeitsformen – Methoden – Rahmen schaffen

Wenn die Inhalte und Ziele sowie die Zielgruppen und deren Merkmale erarbeitet sind, steht die methodische Planung eines Angebotes für Eltern an. Das folgende Schaubild zeigt grundsätzliche methodische Optionen, die auf Basis der Ziele und Zielgruppen konkretisiert werden. Dabei sind in der konkreten Realisierung eines Angebotes sehr unterschiedliche Kombinationen von Methodenelementen möglich (Abb. 16):

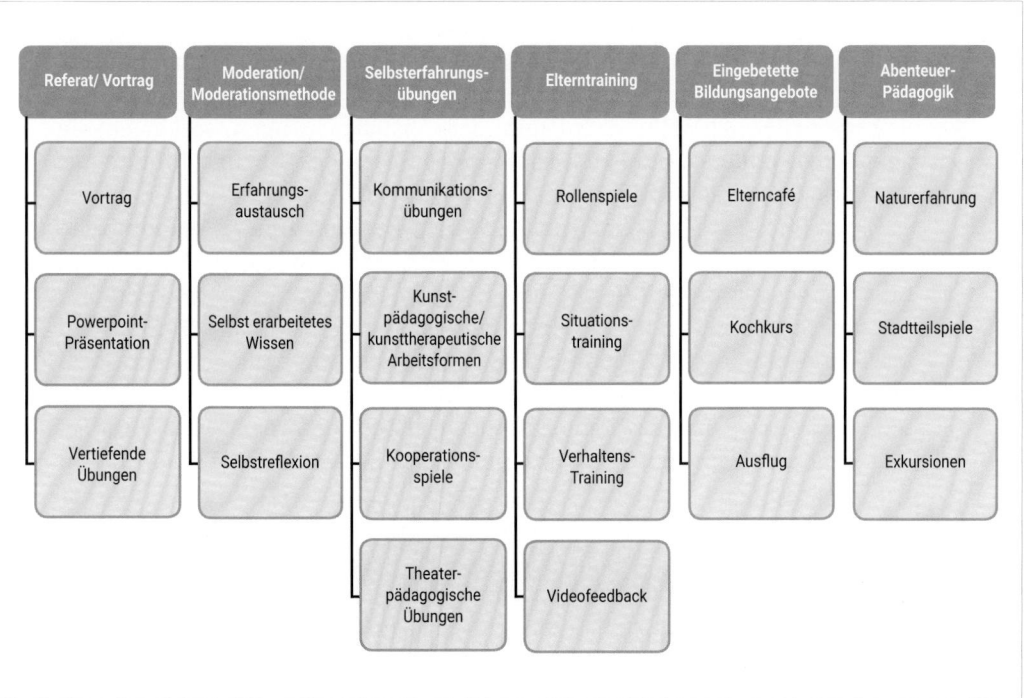

Abb. 16: Unterschiedliche methodische Wege zur Aufbereitung eines Themas (eigene Darstellung)

10.5.1 Auswahl geeigneter Methoden

Die Vermittlung von relevantem Wissen basiert meist auf kürzeren oder längeren *Vorträgen und Referaten*, die durch Visualisierungsmethoden unterstützt werden können. Die Basis von Vortragsveranstaltungen bildet Expertenwissen, das eine Rednerin mit einer entsprechenden Qualifikation vermitteln kann.

Die Kunst einer guten, vielleicht sogar freien Rede gerät leider zunehmend in Vergessenheit. Unvergesslich aber ist mir ein Vortrag des Psychologen Jens Corrsen (vgl. Corrsen 2004) in Erinnerung geblieben, der sein Thema „Der Selbstentwickler" vor einem Auditorium von 900 Besucherinnen und Besuchern vortrug. Ich kannte Corrsen zu diesem Zeitpunkt nicht und erwartete aufgrund der poppig formulierten Ausschreibung ein Feuerwerk an Präsentation und Vortragstechnik. Stattdessen trat ein älterer, weißhaariger Herr auf eine 15 m breite Bühne, lediglich sein Portraitbild wurde von einer Videokamera auf eine Leinwand übertragen. Dann redete Corrsen über 2 Stunden lang in freier Rede so spannend mit vielen Beispielen aus seiner langjährigen Praxis, dass ihm 900 Menschen die ganze Zeit über gebannt lauschten.

Doch ist natürlich nicht jede Fachkraft mit einer solchen Gabe gesegnet. Insofern sind die gern verwendeten Hilfsmittel wie die Nutzung einer Powerpoint-Präsentation oder die Visualisierung von Themen am Flipchart gute Optionen, um die eigenen Botschaften besser überbringen zu können. Selbstverständlich sollte dabei sein, dass Visualisieurngen, so perfekt sie auch angewendet sein mögen, rhetorische Kompetenzen und Inhalte nur unterstützen, nicht ersetzen.

Eine weitere Frage ist die, wie lang Vorträge sein können. Akademische Gebräuche wie Vorträge von 60 bis sogar 90 Minuten stellen im Kontext der Eltern- und Familienbildung meist eine Überforderung dar; es sei denn, die Referentin oder der Referent redet sehr praxisnah, anschaulich und am besten humorvoll. Doch ob ein Vortrag wirkungsvoll sein kann, weil er nachhaltiges Wissen angemessen vermittelt, hängt sowohl von der Aufmerksamkeitsspanne der Zuhörerinnen und Zuhörer als auch von ihrer Fähigkeit ab, sich gehörtes Wissen zu merken und damit in der Praxis (also in der Umsetzung im Erziehungsalltag) etwas anfangen zu können. Eine sehr gute Variante sind Kurz-Vorträge, die mit weiteren Methoden kombiniert werden können.

Ein Kurzvortrag zum Thema „Entwicklung in der Jugendphase" kann zum Beispiel die Übung „Ziele mit Heranwachsenden entwickeln" (s. Praxisbeispiel unten) einleiten.

10.5 Arbeitsformen – Methoden – Rahmen schaffen

Praxis-Tipps für die Visualisierung von Vorträgen
- Powerpoint-Präsentationen erhöhen die Erinnerungsquote, wenn sie durch Visualisierung zusätzliche Informationen zum Text bieten. Reine Textfolien können lediglich helfen, die Gliederung eines Vortrages zu zeigen. Sie haben darüber hinaus ihren Wert, wenn sie – als Dokumentation – den Zuhörenden im Nachgang des Vortrags überlassen werden. Diese Funktion kann aber genauso gut durch ein Thesenpapier („Handout") geleistet werden. Grundsätzlich aber erzeugen Textpräsentationen häufig eher Ablehnung, weil sie überhandgenommen haben.
- Aussagekräftige und schöne Bilder schaffen „Anker" im Gehirn. In vielen Präsentationen sind zwar Bilder integriert, aber sie sind meist zu klein, technisch unzureichend fotografiert und nicht aussagekräftig. Deshalb ist es besser, ein Bild mit hoher Qualität aus einer Bilderbörse zu besorgen (es gibt gute kostenlose Portale wie z. B. Beispiel Pixabay.com, und auch bei den kostenpflichten Portalen kann man für 10-20 € sehr gute Bilder erwerben. Man sollte jeweils auf die Nutzungsrechte achten, die im Detail unterschiedlich sein können. Und – da Fachkräfte mittlerweile häufiger Bilder erwerben – man sollte darauf achten, dass man nicht ein Bild erwischt, das schon häufig benutzt wurde, denn zu bestimmten Themen haben die Börsen nur wenige Bilder). Wichtig zu wissen: Gut formulierte und vorgetragene Aussagen im Vortrag sprechen die linke Gehirnhälfte an, während treffende Bilder (ohne Textaussage!) eine Verankerung auf der rechten Seite des Gehirns ermöglichen.
- Eine weitere Visualisierungsoption besteht in Schaubildern. Die Präsentationsprogramme bieten eigene Optionen für Schaubilder an, doch kann man sie auch selbst aus grafischen Elementen konstruieren. In diese Kategorie sind auch Tabellen und Diagramme einzuordnen, die statistische Zusammenhänge aufzeigen können.
- Die allermeisten Präsentationen sind zu umfangreich. Es ist besser, sorgfältig auszuwählen und sich zu reduzieren, um am Ende noch Zeit für Diskussionen übrig zu haben, als gegen Ende des Vortrags noch zehn Folien ohne Erläuterung durchzuklicken („Schade, das kann ich Ihnen leider alles nicht mehr zeigen"). Beenden Sie die Präsentation rechtzeitig zum geplanten bzw. verabredeten Zeitpunkt und fassen Sie den Vortrag prägnant zusammen, statt eine möglicherweise geplanten Abschlussfolie einzublenden. Die Zuhörenden wissen in diesem Fall ja nicht, dass da noch Folien kommen könnten. Extra Tipp: Wenn man eine schöne Abschlussfolie hat, ist es möglich, auf jeder der letzten Folien einen „Hyperlink" zu setzen, sodass man von jeder Folie zur Abschlussfolie springen kann.
- Es gibt aber auch andere gute Visualisierungsmethoden. Viele Vortragende reizen die grafischen Möglichkeiten von Flipcharts aus. Man erkennt diesen Typus von Referierenden an den langen und dicken Plastikrollen, in denen sie ihre Präsentationen transportieren. Während des Vortrags kann man einfach von Blatt zu Blatt blättern, sogar mal an eine andere Stelle im Vortrag springen.

- Eine weitere Möglichkeit besteht darin, die wichtigsten Aspekte seines Vortrags durch Gegenstände zu symbolisieren. Ein wunderbares Beispiel ist der Vortrag des Gehirnforschers Onur Güntürkün, der in einem YouTube Video anhand von farbig markierten Stäben erklärt, wie Umwelt und Gene die Entwicklung der Intelligenz von Kindern beeinflussen (Güntürkün 2015).

Die Anwendung der *Moderationsmethode* für eine gesamte Veranstaltung oder für die Integration von kürzeren Erarbeitungsphasen unterstützt die Selbstreflexion der Teilnehmenden und den Austausch von Wissen. Die Moderatorin braucht keine Expertin zum Thema zu sein, vielmehr ist sie Expertin für den effektiven Wissens- und Meinungsaustausch. Bei dem Wissen, das in typischen Elternbildungsangeboten generiert wird, handelt es sich weniger um Expertenwissen (auch wenn manchmal Expertinnen und Experten zitiert werden). Die Moderationsmethode ermöglicht vielmehr den Austausch von Alltags- und Erfahrungswissen der Eltern nach dem Motto „Eltern als Expertinnen und Experten ihrer Familie".

Der Einsatz von Methoden *der Selbsterfahrung* stammt ursprünglich vor allem aus unterschiedlichen therapeutischen Schulen und aus der Gruppendynamik. Für die Bildungsarbeit sind nach und nach Methoden und Elemente entwickelt worden, die auch in Bildungssettings eingesetzt werden können. Dazu gehören Kommunikationsübungen, Entspannungsübungen, Kooperationsmethoden oder auch theaterpädagogische Methoden. Eine kleine, aber wirksame Methode der Selbsterfahrung sind Feedbackübungen, die ich in Kommunikationstrainings immer wieder einsetze (vgl. Download 13).

Ein nächster Bereich ist die Gestaltung von *Trainingssituationen,* denn allein auf der Basis von Wissen und Selbstreflexion sind Teilnehmende häufig nicht in der Lage, ihr konkretes Verhalten als Eltern in schwierigen Situationen zu ändern. Genauso wie in den Kommunikationstrainings für Fachkräfte, in denen wir in Rollenspielen gute Gesprächsführung trainieren, ist es für viele Eltern inspirierend, grundlegende Erziehungskompetenzen in Trainingssituationen einzuüben. Wichtig ist es, dass derartige Trainingssituationen gut in einen Gesamtprozess eingebunden sind. Es gibt viele Vorurteile gegen Rollenspiele, meines Erachtens deshalb, weil Teilnehmende damit zu oft überfallen wurden. Es ist viel besser, die Bereitschaft zur persönlichen Beteiligung wachsen zu lassen.

Das kann z. B. gelingen, indem Eltern

- zunächst nur Sätze auf einem Arbeitsblatt nach Kriterien einschätzen müssen („hilfreich" – „nicht hilfreich") und sich dann in einer Kleingruppe zu den Sätzen austauschen;

10.5 Arbeitsformen – Methoden – Rahmen schaffen

- mit auf Karten oder Listen vorgegebenen Sätzen ein anderes Kleingruppenmitglied ansprechen, und dieses gibt ein Feedback, wie der Satz auf ihn wirkt;
- Videos anschauen und dazu Feedback zu geben (hervorragende, mit Schauspielern erstellte Videos wurden schon 2008 unter dem Titel „Freiheit in Grenzen" produziert; vgl. Böhmert/Schneewind 2008 für den Grundschulbereich; Schneewind/von Schlippe 2020 für Eltern von Heranwachsenden).

Auf dieser Basis ist es den Teilnehmenden möglich und ihnen auch zuzumuten, Rollenspiele durchzuführen; am besten zunächst mit vorgegebenen Rollen, zu denen sie ein Arbeitsblatt erhalten.

Zu *eingebetteten Bildungsformaten* ist zu sagen: Aus langjähriger Erfahrung und auf Basis vieler Versuche wächst unter Fachkräften der Konsens, dass traditionelle Bildungssettings (Elternkurse, Elternseminare, Elterntrainings, Elternvorträge) nur für einen eher schwindenden Teil der Eltern attraktiv sind. Stattdessen breitet sich in der Bildungslandschaft rund um Kindertageseinrichtungen und Schulen eine Vielfalt von Arbeitsformen aus, bei denen Bildungselemente in unterschiedlichste Formate eingebettet werden, einige Beispiele:
- Inzwischen haben sich unterschiedlichste Formen von Elterncafés etabliert. „Offene Treffs verweisen gerade auch aufgrund ihrer Vielfältigkeit – sowohl in Bezug auf die institutionelle Anbindung als auch hinsichtlich der spezifischen Ausgestaltung – auf Möglichkeiten eines bedarfs- und lebensweltorientierten, alltagsnahen und in diesem Sinne niedrigschwelligen Zugangs. Sie ergänzen klassische Programme der Eltern-und Familienbildung als auch aufsuchende, mobile Maßnahmen" (Faas u.a. 2011, S. 628). In der Praxis zeigen sich vielfältige Gestaltungsvarianten hinsichtlich einer betreuten oder selbstorganisierten Umsetzung, der Tageszeiten, der Häufigkeit und der Einbeziehung von externen oder schulinternen Referentinnen und Referenten. Entscheidend ist, dass diese Angebote soziokulturell homogene Zielgruppen erreichen (wie übrigens die etablierten Formate auch). Ich habe immer wieder erlebt, wie von außen z. B. durch die Schulleitung versucht wurde, in eine bestehende Gruppe türkischer Mütter Frauen anderer Herkunft zu integrieren. Diese Versuche sind meist gescheitert, haben manchmal sogar zur Auflösung des gesamten Projektes geführt.
- Gemeinsame Aktionen mit Eltern und Kindern bieten vielfältige Möglichkeiten, Bildungsanregungen zu vermitteln. Strukturiert geschieht dies in dem Elternkurs „Familie und Nachbarschaft FuN" (www.fun-fortbildungen.de). Doch auch das gemeinsame Adventskranzbasteln kann ein An-

lass sein, über Familienbräuche zu sprechen; ebenso gibt ein Ausflug in den Wald Anregungen für die gemeinsame Freizeitgestaltung oder eine gemeinsame Kochaktion Ideen für gesunde Ernährung.

In Fortbildungen berichteten Fachkräfte immer wieder, dass diese Bildungsformate im Vergleich zu den traditionellen Bildungsformaten weniger angesehen seien. Wobei sich in den Gesprächen darüber jeweils die Frage stellte, ob diese Bewertungen von außen kommen oder ob die Fachkräfte nicht selbst Zweifel daran haben, dass ihr Kochkurs ein wertvolles Bildungsangebot sei. Es müsste eigentlich zu einer Umkehrung der „Ansehenshierarchie" kommen. Diejenigen, die Eltern aus benachteiligten Familien durch kreative Settings und Inhaltsgestaltung erreichen, sind nach meiner Auffassung die bedeutsamsten Akteure der Eltern- und Familienbildung.

Zusammenfassend ist zu betonen, dass es zu einem beliebigen Thema völlig unterschiedliche methodische Wege der Ausgestaltung gibt. Je nach Zielgruppe kann ein Vortrag der richtige Weg sein oder die Bearbeitung eines Themas mittels Moderationsmethoden oder das einübende Trainieren von Verhalten oder eine Selbsterfahrung. Es sind die Adressatinnen und Adressaten, die jeweils entscheiden, was der richtige methodische Weg ist!

Die allermeisten guten Bildungsformate kombinieren heute die unterschiedlichen Methoden. Wenn immer mehr Fachkräfte nach und nach ein derart differenziertes methodisches Spektrum beherrschen lernen, wird es möglich, jeweils unterschiedliche Lernebenen anzusprechen, Veranstaltungen abwechslungsreich zu gestalten und nicht zuletzt den Bedürfnissen unterschiedlicher Eltern gerecht zu werden.

10.5.2 Gestaltung des Settings

Der Satz „Der Raum ist der dritte Pädagoge" weist auf die Bedeutung der Umgebungsfaktoren für Lernen hin. Die Gestaltung des Settings von Veranstaltungen mit Eltern umfasst aber weitere Ansatzpunkte.

Folgende Aspekte sollten bei der Gestaltung des Settings berücksichtigt werden:
- *Auswahl und Gestaltung der Räume:* Die Räume sollten für Erwachsenenbildung geeignet sein; das bedeutet unter anderem
  - helle, freundliche, großzügige Räume;
  - eine kommunikative Sitzordnung;
  - angenehme, für Erwachsene geeignete Bestuhlung;
  - verfügbare Mediengeräte und
  - Moderationsmaterialen.

Falls die Schule keine geeigneten Räume hat, ist es besser, Räume eines Kooperationspartners zu nutzen, z. B. in ein Gemeindezentrum oder Vereinsheim auszuweichen. Relevant sind in jedem Fall:
- *Erreichbarkeit:* Es ist damit zu rechnen, dass viele Eltern nicht mobil sind. Die Veranstaltungen sollten in der oder im Umfeld der Bildungseinrichtung stattfinden. Falls z. B. weitere Wege zurückzulegen sind, könnte die Bildungseinrichtung Fahrgemeinschaften anregen.
- Eine *gastfreundliche Atmosphäre* kann durch Getränke und Speisen geschaffen werden, wobei die Auswahl von Getränken und Speisen je nach Zielgruppe auch nicht ohne Risiken ist. Je stärker sich die Lebenswelten von Eltern auch beim Essen und Trinken unterscheiden, umso diffiziler ist die geeignete Auswahl. Kräutertee für Väter – oder doch lieber ein Bier? Wenn Bratwürstchen, dann auch halal und vegan! Nur Gummibärchen anzubieten bringt Probleme mit den Veganern. Andererseits: Man kann es nicht allen recht machen, die Geste zählt genau so viel und diesen Aspekt der Vorbereitung kann man auch gut engagierten Eltern überlassen.
- *Geeignete Veranstaltungszeiten:* Hier kommt es auf die Eltern an, welche Zeiten geeignet sind. Oftmals sind es Abendtermine, aber für viele Eltern bieten sich auch Vormittage an, wenn sie zur Kindererziehung oder aufgrund von Arbeitslosigkeit ganztägig zu Hause sind. Gute Erfahrungen mit Eltern jüngerer Kinder (im Grundschulalter) oder mit jüngeren Geschwisterkindern gibt es auch am späten Nachmittag, wenn eine Kinderbetreuung angeboten wird.
- *Onlinebildungsangebote:* Zunehmend werden Videokonferenzen auch mit Eltern stattfinden (s. Kap. 10.8).

Aus vielen praktischen Erfahrungen in der Arbeit mit Eltern ergeben sich einige „No Go´s":
- Die Nutzung von *Klassenräumen ohne weitere Raumumgestaltung* ist weniger geeignet, ebenso von „Neben"- oder „Resträumen", die für Veranstaltungen mit Eltern manchmal angeboten werden. Allerdings ist es Schülerinnen und Schülern oft wichtig, dass ihre Eltern ihren Klassenraum wahrnehmen und z. B. ihren Sitzplatz kennen lernen. Eine schöne Geste ist es dann, wenn die Eltern am Platz ihres Kindes sitzen. Im Zweifelsfall kann es auch sinnvoll sein, Räume im Umfeld der Schule zu suchen.
- Ebenso ungeeignet sind *ungeheizte, unaufgeräumte Räume*. Dies kann mitunter passieren, wenn der Hausmeister nicht einbezogen wurde (wegen der Heizung) oder der Fachlehrer der letzten Stunde vor der Elternveranstaltung nicht aufgeräumt hat.

10.6 Die Bildungsakteure

Für eine geplante Veranstaltung mit Eltern ist die Entscheidung zu treffen, wer die Veranstaltung leitet, moderiert und wer ggf. zum Thema referiert. Wenn ein Klassenlehrer für die Eltern seiner Klasse einen pädagogischen Abend organisieren will, kann er – als eine Option – selbst die Inhalte vermitteln.

Elternabend mit einem „märchenhaften" Impuls
Der erste Elternabend meiner ältesten Tochter in der Grundschule ist mir unvergesslich. Der Klassenlehrer Herr Bäumer (langjähriger Leiter der von-Vincke-Schule in Hamm und damals kurz vor dem Ruhestand stehend, der bei mir zunächst Vorurteile und Bedenken auslöste) begrüßte die Eltern und begann mit den Worten: „Wir haben uns alle Zeit genommen, um heute Abend zusammen zu sein. Diese Zeit würde ich mit Ihnen gerne dafür nutzen, indem ich Ihnen neben den Regularien in 15 Minuten berichte, welche Bedeutung Märchen für die Entwicklung von Kindern haben." Er schloss seinen Kurzvortrag mit den Worten: „Ich werde jetzt in den nächsten vier Jahren ihren Kindern jede Woche ein Märchen vorlesen." Diese Geschichte schloss mein Herz für diesen Menschen auf, und er hat Wort gehalten. Meine 36jährige Tochter spricht heute noch davon.

10.6.1 Die Person der Kursleitung, der Moderation, der Referierenden

Oft ist es jedoch sinnvoll, die Aufgabe an eine andere Person zu übertragen, allein schon aus Gründen der Leistbarkeit. Hier gilt es verschiedene wichtige Aspekte zu berücksichtigen:
- Zu bedenken ist die soziokulturelle „Zielgruppenkompatibilität". Die Fachkraft muss nicht unbedingt aus dem „Hauptmilieu" der Schule entstammen, aber sie sollte in der Lage sein, Kontakte zu den verschiedenen Lebenswelten der Eltern aufzubauen und mit ihnen kommunizieren können. Eine Referentin mit akademischem Gestus kann für bestimmte Eltern sehr attraktiv sein, während sie bei anderen Zielgruppen auf Unverständnis und Ablehnung stößt.
- Die Auswahl der Fachkräfte sollte auch Menschen mit eigenen Zuwanderungserfahrungen berücksichtigen, wobei man hier differenzieren sollte. Grundsätzlich haben Fachkräfte mit einer eigenen Zuwanderungsgeschichte einen besseren Zugang zu Eltern, die aus der gleichen Region zugewandert sind. Allerdings können Fachkraft und Eltern sehr unterschiedlichen Gesellschaftsschichten und soziokulturellen Milieus des Herkunftslandes entstammen. Dies kann mitunter zu subtilen Abgrenzungsmechanismen führen. Weiterhin wehren sich Fachkräfte mit Zuwanderungsgeschichte zunehmend dagegen, vor allem auf die Arbeit mit Menschen ihrer Herkunftskultur reduziert zu werden.

10.6 Die Bildungsakteure

- Als besonders erfolgversprechend für als schwierig zu erreichend geltende Zielgruppen haben sich die Ausbildung und der Einsatz von Multiplikatoren aus der jeweiligen Lebenswelt bewährt. Hier können auch Laien Bildungs- und Beratungstätigkeiten übernehmen, wenn der Auftrag gut eingegrenzt, sie gut geschult und während ihres Einsatzes gut betreut werden (beispielsweise „Mein Kind wird fit – Ich mach mit!"; Katholischer Sozialdienst 2008).

Abhängig von den methodischen Entscheidungen nimmt der professionelle Akteur im Verlaufe eines Bildungsangebotes unterschiedliche Rollen ein. Tab. 15 bündelt die unterschiedlichen methodischen Optionen im Hinblick auf die Rolle des Bildungsakteurs:

Rolle	Verantwortung für	Typische Methoden
Moderator*in	• Verantwortung für den Prozess, nicht für den Inhalt. • Fokus: Erarbeitung eines Themas durch eine Gruppe.	• Moderationsplanung. • Kartenabfragen. • Flipchartvisualisierung. • Zurufabfrage. • Brainstorming. • Gewichtung von Aspekten durch Punktbewertung. • Steuerung des Diskussions- und Arbeitsprozesses durch Moderationsfragen. • Ergebnissicherung.
Referent/ Dozentin	• Verantwortung nur für die Sachebene. • Fokus: Wissensvermittlung. (Häufig übernimmt dann eine Fachkraft der Schule die zusätzlich Aufgabe der Moderation.)	• Sprachvortrag. • Powerpointvortrag. • Vortrag mit Thesenpapier. • Andere Visualisierungsmethoden.
Trainerin	• Verantwortung für einen definierten und ausgehandelten Lernprozess. • Fokus: Neue Verhaltensweisen lernen.	• Kurzvorträge. • Erfahrungsbezogene Übungen. • Trainingssituationen in Rollenspielen. • Feedback durch Gruppe. • Videofeedback. • Erlebnispädagogik.
Erlebnispädagogin	• Verantwortung für die Bereitstellung von Erfahrungsräumen und Erfahrungsgelegenheiten. • Fokus: Selbstreflexion.	• Abenteuerpädagogische Methoden. • Kooperations- und Teamübungen.

Tab. 15: Unterschiedliche Rollen bei der Leitung eines Bildungsangebotes

10 Beziehungen lernen – Die Planung von lebendigen und inspirierenden Bildungsangeboten

Ich möchte hier noch einmal betonen, dass für die methodische Ausgestaltung die persönlichen methodischen Präferenzen eines Bildungsakteurs nur bedingt ausschlaggebend sein sollten, sondern vielmehr die methodischen Entscheidungen aus der inhaltlichen Differenzierung und der Zielgruppenanalyse hergeleitet werden.

Ungünstige methodische Präferenzen von Fachkräften, die Bildungsangebote gestalten wollen, sind beispielsweise folgende:
- „Ich hasse Rollenspiele, darum tue ich sie auch anderen nicht an."
- „Ich kann keine Vorträge halten, darum versuche ich es erst gar nicht."
- „Ich präferiere dialogisches Arbeiten, weil das genau meinen persönlichen Werten entspricht. Darum kann ich mir was anderes gar nicht vorstellen."
- „Ich mache niemals Powerpointpräsentationen, weil das alle machen!"

10.6.2 Vernetzung und Kooperation

Gemeinsam Bildungsangebote für Eltern zu gestalten und durch die Synergien zu profitieren – das ist eines der wichtigen Argumente für gute Kooperation und Vernetzung. Punktuelle Kooperationen gibt es schon in vielen Schulen, etwa
- den Präventionsbeamten des örtlichen Polizeipräsidiums, der einen Vortrag zum Thema Cybermobbing hält,
- die Erziehungsberatungsstelle, die über Pubertät spricht,
- eine Lerntherapeutin, die über Möglichkeiten der individuellen Förderung bei Lernproblemen berichtet.

Ausgehend von einer systematischen Analyse der Bedarfe an Themen (vgl. 5.4.3) wird sich zeigen, dass es sinnvoll ist, bestimmte Themen und Bildungsformate fest in die Arbeitsstruktur einer Schule zu integrieren. So ist es ratsam, mit Kooperationspartnern, die diese Themen leisten können, in eine langfristige Kooperation und Vernetzung überzugehen.

Weitere Argumente sprechen für Vernetzung:
- Es kann für die Schule sehr entlastend sein, wenn durch externe Partner zusätzliche Ressourcen in die Arbeit hineinkommen.
- Bei vielen Themen wünschen sich Eltern eher eine neutrale, von den schulischen Strukturen unabhängige Person, bei der sie offener zu sprechen können glauben.
- Durch Kooperationspartner können neue methodische Kompetenzen in die Bildungsangebote integriert werden.
- Nicht zuletzt gibt es sinnvolle Synergie-Effekte, wenn bestimmte übergreifende Themen gemeinsam mit Partnern in der Nachbarschaft der Schule (Kita, andere Schulen, Jugendzentrum) angeboten werden.

Tab. 13 zeigt eine Übersicht von denkbaren Standardthemen und sinnvollen Kooperationspartnern. Sie soll das Prinzip veranschaulichen, kann aber eine systematische Bedarfsanalyse in der Schule nicht ersetzen.

10.7 Vom „partizipativen Marketing" bis zur Evaluation: Beteiligung der Adressaten

Das Konzept der Bildungs- und Erziehungspartnerschaft impliziert die Beteiligung von Eltern, Jugendlichen und Kindern auf allen Ebenen, konsequenterweise also auch ihre Beteiligung an der Gestaltung von Bildungsangeboten. Partizipation beginnt bei einer adressatengerechten Ansprache, nutzt alle Möglichkeiten der Beteiligung in der Planung, Vorbereitung und Durchführung und impliziert auch ein echtes Interesse an den Rückmeldungen der Teilnehmenden von Bildungsveranstaltungen im Sinne einer systemisch orientierten Evaluation.

10.7.1 „Partizipatives Marketing": Die Eltern erreichen, die wir erreichen wollen!

Es mag Skepsis auslösen, den Begriff „Marketingstrategien" mit schulischen Bildungsangeboten für Eltern in Verbindung zu bringen. Doch funktioniert die Wirtschaft nicht, wenn Produzenten ihre Kunden nicht erreichen und ihre Produkte vermarkten können, und darum hat sie sehr früh gelernt, in Märkten und Zielgruppen zu denken. Das Bildungssystem kann es sich dagegen bis heute leisten, dass es einen erheblichen Anteil seiner Adressaten nicht erreicht. Das Lebensweltkonzept bietet uns stattdessen eine Möglichkeit, unsere Adressaten besser zu verstehen, um sie besser zu erreichen. In der Eltern- und Familienbildung wächst insgesamt das Bewusstsein, dass Angebote für Eltern auf wirksame Strategien der Ansprache angewiesen sind. Bildungsstätten und Bildungseinrichtungen wollen ihr Angebot möglichst attraktiv darstellen und potentielle Teilnehmer motivieren, einen (im übertragenen Sinne) angemessenen „Preis" für das Angebot zu zahlen. Beim Preis geht es bei meinen Überlegungen für Schulen nicht um Teilnehmergebühren oder andere Einnahmequellen. Vielmehr ist der „immaterielle Preis" gemeint, den Eltern aufzubringen haben, wenn sie sich zu einer pädagogischen Veranstaltung aufraffen müssen, obwohl der Tag anstrengend war. Oder wenn sie eine Kinderbetreuung organisieren müssen, obwohl das Geld knapp ist. Oder wenn sie um ihr Image fürchten, weil sie glauben, als schlechte Eltern zu gelten, wenn sie „zur Elternschule" gehen.

Da in der Bildungs- und Erziehungspartnerschaft fast ausschließlich das Prinzip der Freiwilligkeit gilt, sind alle Formen der Arbeit mit Eltern darauf angewiesen, dass Eltern sich in ausreichender Zahl beteiligen, und dass vor allem die definierten Zielgruppen erreicht werden und nicht immer die gleichen Eltern teilnehmen, die sowieso schon alles richtigmachen. Insofern ist der Begriff eines „partizipativen Marketings" durchaus berechtigt, wenn es auf manipulative Methoden verzichtet und die Adressaten motivierend anspricht, indem sie die tiefliegenden und im Alltag manchmal verschütteten Bedürfnisse, gute Eltern zu sein *und zu werden,* und so intrinsische Motivationen zur Teilnahme „hervorlockt" (vgl. 3.4). Die traditionell praktizierten Formen der Ansprache von Eltern beruhen auf historisch überlebten Konventionen, die sich im Bildungssystem in den 1950er Jahren entwickelt haben. Damals unter völlig anderen Bedingungen als heute funktionierten eine Ankündigung des Elternabends im Jahreskalender und eine schriftliche Einladung 14 Tage vor dem Termin. Diese Einladungen den Schülerinnen mitzugeben reichte völlig aus, damit der überwiegende Teil der Elternschaft am geplanten Termin anwesend war. Heute sind Fachkräfte gefordert, in Kenntnis aktueller vielfältiger Lebenswelten (vergleiche Band 1, Kap. 2.1 und 4.2.6) Wege zu finden, um Eltern effektiv zu informieren, motivierend einzuladen und sich dabei nicht völlig zu verzetteln.

In der Logik des Konzeptes „Bildungs- und Erziehungspartnerschaft" geht es in der Akquise der Eltern für einen Bildungsveranstaltung darum, soziokulturelle Gräben zu überbrücken, eine verbindliche und vertrauensvolle Kooperation anzubahnen. Die Beteiligung der Eltern an Bildungsveranstaltungen und die Wege der gegenseitigen Information und Kommunikation sind Teil der Aushandlungen und Vereinbarungen zu Beginn eines Bildungsabschnitts. Es ist unzeitgemäß, Eltern zu diktieren, wie sie informiert werden. Gemeinsam ausgehandelte Vereinbarungen definieren individuell, wie man sich gegenseitig informiert und wie man kommunizieren will. Folgende Punkte können berücksichtigt werden, wenn man die Kommunikation zwischen Eltern und Fachkräften im Hinblick auf die Teilnahme an Veranstaltungen verbessern will.

- *Verbindlichkeiten schaffen:* Verbindlichkeiten können sowohl zu Beginn des Bildungsabschnittes vereinbart werden, wenn eine Schule offensiv das Konzept der Bildung und Erziehung Partnerschaft vertritt und ihre Erwartungen an die Beteiligung der Eltern formuliert. Verbindlichkeiten können aber auch bei Elternsprechtagen oder bei Elterngesprächen geschaffen werden, wenn herausgearbeitet wird, dass genau dieses Thema einer Bildungsveranstaltung für die Eltern ausgesprochen hilfreich ist.
- *Zielgruppen fokussieren:* Vor einer Planung sollten Fachkräfte einer Schule

sich darüber klar werden, welche Eltern ein Bildungsangebot eine besondere Unterstützung darstellt. Nichts ist frustrierender für Fachkräfte als die Organisation einer Bildungsveranstaltung, zu der nur die Eltern kommen, für die das Thema nicht relevant ist.
- *Differenzierte Kommunikation:* Eltern werden auf unterschiedlichen Kanälen angesprochen, digital und analog. Multiplikatoren für bestimmte Lebenswelten können die Ansprache der Eltern unterstützen. Die zeitlichen Planungshorizonte der Eltern werden berücksichtigt, sowohl die der langfristig Planenden als auch der spontan Handelnden.
- *Sprache und „Schlagzeilen":* Meist kommt die Headline eines Flyers zustande, weil man sich im Kollegium einen Titel ausdenkt, den die Fachkräfte gut finden. Die Formulierung des Themas (quasi die Schlagzeile bzw. der Titel der Bildungsveranstaltung) sollte jedoch vor allem im Hinblick auf diejenigen Eltern formuliert sein, die die Fachkräfte gerne ansprechen wollen. Wenn man sich die Beispiele in untenstehender Tab. 15 ansieht, wird schon auf den ersten Blick klar, dass sich Eltern von beispielhaften Überschriften je nach Wertorientierung angesprochen oder eher abgeschreckt fühlen.

Beispiel: Elternabend zum Umgang mit Regeln und Konsequenzen	Beispiel: Elternabend zum Thema „Häusliches Lernen"
• Eltern sind Autoritätspersonen! Wie lernen Kinder zu gehorchen? • Wege zu einer neuen Autorität: Eltern zwischen liebevoller Zuwendung und klarer Orientierung. • Hilfe, mein Kind tut was es will! „Erste-Hilfe"-Notfallkoffer für Eltern". • Orientierung für mein Kind – Wie können Eltern ihre Kinder auf ihrem Weg mit Klarheit begleiten?	• „Hausaufgaben pünktlich, zügig und ordentlich erledigen"! • „Eltern begleiten ihre Kinder bei den Hausaufgaben". • „Kinder erledigen ihre Hausaufgaben selbstständig!" • Auf dem Weg zum Abitur: Die neusten Erkenntnisse der Lernforschung für Eltern für eine bessere Aufgabenerledigung.

Tab. 16: Unterschiedliche „Schlagzeilen" für unterschiedliche Zielgruppen

Wenn jetzt einige Formulierungen bei Leserinnen auf Zustimmung oder Ablehnung stoßen, dann können sie sich damit bestimmten soziokulturellen Milieus zuordnen bzw. sich von Ihnen abgrenzen. Sicher ist: Es gibt fast nie eine perfekte Formulierung, die alle Eltern anspricht. Die beispielhaften Formulierungen sind konstruiert für unterschiedliche soziokulturelle Wertekontexte von Eltern (vgl. Merkle/Wippermann 2008). Man kann es also nicht allen Eltern recht machen, sondern Professionalität bedeutet hier eher, sich für wichtige Zielgruppen unter den Eltern zu entscheiden und das „Marketing" auf diese zu fokussieren.

10 Beziehungen lernen – Die Planung von lebendigen und inspirierenden Bildungsangeboten

Man kann diesem Prinzip mit relativ einfachen Mitteln arbeiten, es ist keine wissenschaftliche Marktuntersuchung notwendig. Vielmehr kann man im Vorfeld einer Veranstaltung Eltern der Zielgruppe ansprechen und sie fragen, welcher Titel sie am meisten anspricht. Und bei dieser Klärung ist man schon mitten im Marketing!

„Marketing" im Sinne von Bildungs- und Erziehungspartnerschaften ist vor allem Beziehungsarbeit (vgl. Teil 1 dieses Buches). Eltern kommen und beteiligen sich, wenn Vertrauen aufgebaut wurde, klare Absprachen getroffen sind und – nicht zuletzt – die Zusammenarbeit von Sympathie und Wohlwollen geprägt ist. So stößt die persönliche Einladung auf einen fruchtbaren Boden. Eine ebenso wichtige „Marketingfunktion" können Elternvertreter und Multiplikatoren einnehmen, wenn sie das Vertrauen der Eltern insbesondere einer schwierig zu erreichenden Zielgruppe haben. Zur Beziehungsarbeit gehört aber auch – und das unterbleibt in den meisten Fällen – eine Rückmeldung, wenn Eltern trotz einer Zusage nicht erscheinen. Eine freundliche Nachfrage, warum die Eltern nicht da waren, zeigt Interesse an ihrer Teilhabe, und ein Feedback mit einer Rückmeldung beim wiederholten Mal einer nicht eingehaltenen Zusage im Sinne einer „Ich-Botschaft" bedeutet gelebte Beziehung!

Nicht zuletzt sind der Kreativität und Originalität der Ansprache der Eltern keine Grenzen gesetzt. So habe ich in der Praxis von einer Vielzahl von Varianten erfahren, in denen Bildungseinrichtungen Eltern wirksam ansprechen und erreichen. Einige Beispiele aus der Praxis:

Eltern einbeziehen: Ideen
- Eine Grundschule hat durch eine engagierte Schulpflegschaftsvorsitzende zu Beginn jeden Schuljahres den Auftakt zu den Elternabenden mit einem Sektempfang (bei dem es natürlich auch nicht-alkoholische Getränke gab) gestaltet. Für eine halbe Stunde trafen sich alle Eltern mit hoher Beteiligung im Foyer, um sich danach in die Klassenräume ihrer Kinder zu begeben.
- Ein Familienzentrum hat zu einem Elternvortrag, der immer eine herausgehobene Stellung im Laufe des Kitajahres einnahm, alle Eltern mit einer besonderen Einladung überrascht: Die Kinder überbrachten eine Eintrittskarte zum Muttertag als Geschenk. Dies führte zu einer besonders hohen Beteiligung.
- Eine Grundschule, die das Thema „Bewegung" in Bewegung bringen wollte, organisierte ein Eltern-Kind-Fußballturnier, bei dem jedes Kind ein Elternteil mitbringen sollte. Wenn die Eltern nicht Fußballspielen wollten, konnten sie auch als Helfer tätig sein oder eine verwandte Person mitbringen, die dann beim Sport mitmachte. Der Schule gelang es, eine hohe Dynamik zu erzeugen, so dass das Turnier ein voller Erfolg wurde.

10.7.2 Beteiligung in der Vorbereitung und Durchführung von Bildungsveranstaltungen

Beteiligung der Adressatinnen findet weiterhin auf verschiedenen Ebenen statt:
1. Beteiligung der Einrichtungsgremien der Schule bei der Auswahl der Themen und der Planung der Veranstaltungen.
2. Beteiligung aller Eltern bei der Auswahl von Themen und Inhalten durch Befragungen und im Zuge von Entwicklungsgesprächen.
3. Einbeziehung der Eltern bei der konkreten Vorbereitung von Veranstaltungen, indem z.B. die Elternvertreterinnen in die Planung einbezogen werden und mitüberlegen können. Auch lassen sich am Ende einer Veranstaltung im Rahmen einer Evaluation Anregungen für kommende Veranstaltungen abfragen.

Im Ablauf von Veranstaltungen:
- Es sollte selbstverständlich sein, dass zu Beginn einer Veranstaltung der Ablauf und die methodische Umsetzung vorgestellt und die Zustimmung der Anwesenden eingeholt wird. Hier können möglicherweise noch Anregungen und konkrete Fragen, mit denen die Eltern kommen, aufgegriffen werden.
- Durch das Einplanen geeigneter Methoden im Ablauf können sich nicht nur einzelne, selbstbewusste und meinungsstarke Eltern einbringen, sondern alle Eltern einbezogen werden (z.B. durch die Anwendung von Moderationsmethoden, durch die Einladung zu einer „Murmelrunde" nach einem bestimmten Veranstaltungsteil mit der Bitte, sich über die Inhalte und den Ablauf auszutauschen, und der Sammlung von Rückmeldungen aus den Murmelrunden, und vielen weiteren aktivierenden und partizipativen Methoden).
- Auf der Interaktions- und Beziehungsebene: durch das Ernstnehmen aller Beiträge, Meinungen und Standpunkte.
- Wenn in irgendeiner Art und Weise Störungen im Ablauf auftauchen, ist eine Unterbrechung und Klärung der Störung unter der Einbeziehung aller Eltern ein guter Weg.

⬇ Download 13: Beteiligungsmethoden bei der Planung und Durchführung von Bildungsangeboten

10.7.3 „Vom Wiegen wird die Kuh nicht fetter!?" Evaluierung ist sinnvoll!

Nicht zuletzt ist auch die Evaluierung von Aktivitäten und Maßnahmen der Bildungs- und Erziehungspartnerschaft ein Bestandteil von Partizipation, auch wenn es manche Vorbehalte gegen Evaluation gibt. Doch basieren die Vorbehalte meist auf der Erhebung von Daten, deren Nutzen nicht erkennbar ist und die dann in irgendeinem Nirwana verschwinden. Der Satz „Vom Wiegen wird die Kuh nicht fetter!" spiegelt die Stimmung in der Schullandschaft wieder, dass seit Jahren eine Datenabfrage der nächsten folgt, doch es niemanden zu interessieren scheint, wie es den schulischen Akteuren wirklich geht und was sie brauchen.

Nach meinem Verständnis ist Evaluation nichts anderes als der selbstverständliche Rückblick: „Wie war es?" „Wie weit haben wir unsere Ziele erreicht?" Doch wer erst am Ende evaluiert, evaluiert zu spät. Mit Beginn eines neuen Elternprojektes oder eines neuen Weiterbildungsangebotes sollte auch das Evaluationsdesign feststehen. Ob das, was man tut, etwas bringt, und was es bringt, ist eine sehr sinnvolle Frage. Mit einer angemessenen Evaluierung werden subjektive Einschätzungen transparent und kommunizierbar gemacht.

Die Evaluierung bezieht sich auf die formulierten Ziele. Wie stark sind diese erreicht worden, welche Ziele sind mehr und welche weniger erreicht worden? Aus den Zielen werden Indikatoren entwickelt, die die Zielerreichung nachweisen können oder Hinweise geben, welche Teilziele oder Umsetzungsschritte einer Modifizierung bedürfen.

Hilfreich ist ein systemisches Verständnis von Evaluation (vgl. Kap. 6.10 Band 1). Denn die Befragung der Eltern, was sie bei einer Veranstaltung gelernt haben, setzt bei ihnen neue Reflexionsschleifen in Gang und vertieft bei der Formulierung des Gelernten die Erkenntnisse. In diesem Sinne gibt es neben vielen Formen von Evaluationsbögen (Muster s. Download 14) auch ganz einfache Methoden, um zum Ende einer Veranstaltung die Adressaten zu befragen, wie der Abend aus ihrer Sicht gelaufen ist und welche Erkenntnisse sie mitnehmen. Und noch konsequenter ist es, die Teilnehmenden am Beginn zu fragen: „Was muss heute passieren, damit sie zufrieden nach Hause gehen?" „Auf welche Fragen suchen sie dringend eine Antwort"?

⬇ Download 14: Evaluationsmethoden für Bildungsangebote

10.8 Gute Gründe für Online-Bildungsarbeit

Im Anschluss an die Überlegungen zu den digitalen Optionen für Beratung und Gesprächsführung in Kap. 7.5 ergänze ich sie hier um weitere Anregungen; auch vor dem Hintergrund meiner aktuellen Erfahrungen zur Online-Bildungsarbeit; allerdings: sicherlich angesichts der rasanten Entwicklung nur eine Momentaufnahme.

Nachdem meine Fortbildungstätigkeit im März 2020 und im Oktober 2020 nach Absage aller Präsenzseminare komplett eingebrochen war, ist es mir gelungen, sehr schnell auf Onlineformate umzustellen, und so konnte ich die Situation wirtschaftlich überleben. Nach meinem Verständnis ist Onlinearbeit keine Notlösung. Ich hatte schon 2014 in einem Projekt gute Erfahrungen mit Webinaren gemacht, die sich allerdings im Alltag nicht nachhaltig durchsetzen konnten (bis auf die oben genannten Videoberatungen). Neben den technischen Voraussetzungen fehlte damals bei den Fachkräften die Akzeptanz auf breiter Ebene. An Onlineformate mit Eltern war zu diesem Zeitpunkt überhaupt nicht zu denken. Hier nun meine Erfahrungen zu der *Bildungsarbeit per Video-Gruppenchat*.

Auf der Ebene der Fachkräfte hat sich Onlinearbeit inzwischen weitgehend durchgesetzt. Während die ersten Wochen noch von den technischen Hürden bestimmt waren und jedes Treffen Zeit brauchte, um die ganzen technischen Fragen zu Ton, Bild und Nutzung der jeweiligen Plattform zu klären, entwickelten viele Fachkräfte nach wenigen Monaten immer selbstverständlicher Routinen. Mittlerweile ist es verblüffend zu erleben, wie wenige Minuten vor einem Seminar noch niemand online und dann pünktlich zu Beginn der virtuelle Gruppenraum gefüllt ist. Zunächst wurden Veranstaltungen möglichst kurz auf ein bis zwei Stunden beschränkt, weil viele Veranstalter dachten, dass den Teilnehmenden eine längere Onlinezeit nicht zuzumuten ist. Vorreiter im Bereich der Online-Seminare boten jedoch bald auch ganztägige Seminare an.

Die Rückmeldungen vieler Teilnehmender nach einem Seminartag von 9 bis 16 Uhr waren sehr gut. Man sei – wie bei einem Präsenzseminar auch – zwar müde, die Zeit sei jedoch abwechslungsreich und kurzweilig vergangen. Dies war möglich, weil verschiedene Netzwerke von Trainerinnen und Trainern in gegenseitigem Austausch die didaktischen Möglichkeiten der Online-Arbeit ausloteten und die bewährten Standards der Präsenzseminare in die neuen Formate übersetzten. Der gleiche Prozess wurde in den Schulen auch von engagierten Lehrkräften vorangetrieben, sodass ein Teil der Schulen sehr schnell einen nicht unerheblichen Anteil ihrer Lehrtätigkeit auf Online-Unterricht umstellte.

Der Prozess mit den Eltern lief parallel dazu eher zögerlich. Ich konnte in dieser Zeit drei Elternvorträge vor einem größeren Auditorium halten. Dies ist aus meiner Sicht sehr gut gelungen, auch aus Sicht der beteiligten Eltern. Es war zu Beginn mit Schmunzeln zu beobachten, wie die im Onlineunterricht erfahrenen Kinder ihren Eltern halfen, sich einzuloggen und der Name der Kinder in der Teilnehmerliste stand, weil er im familiären System hinterlegt war. Ich durfte miterleben, wie Fachkräfte aus Kindertageseinrichtungen mit Eltern, mit denen sie sowieso schon gut in Beziehung standen, Video-Gruppenarbeit praktiziert haben.

Doch habe ich auch von vielen Versuchen mitbekommen, die nicht funktioniert haben, sowohl aus technischen Gründen als auch durch die heftige Überlastung vieler Eltern durch die Krisensituation. Ihnen fehlte jegliche Ressource für irgendwelche Meetings. Doch grundsätzlich glaube ich, dass Videokonferenzen eine wertvolle Bereicherung für die Zusammenarbeit mit Eltern darstellen können. Grundsätzlich eignet sich die digitale Kommunikation sowohl für Bildungsangebote als auch für Beteiligungsgremien.

Gute Gründe für Online-Bildungs- und Beteiligungsarbeit mit Eltern:
- Ein zunehmender Teil besonders jüngerer Eltern hat eine hohe Affinität zu den Medien und ist es z. T. auch gewohnt, sie in beruflichen Zusammenhängen zu nutzen. Dies gilt übrigens auch für bestimmte Gruppen unter den zugewanderten Eltern, die regelmäßig Videochats mit Menschen aus der Heimat praktizieren, allerdings meist auf Plattformen, die von Bildungsinstitutionen nicht akzeptiert werden. Ein weiterer Teil der Eltern hat noch wenig Erfahrung. Sie verbinden mit dem Format viele Unsicherheiten und müssen herangeführt werden.
- Videokonferenzen sind für Eltern insbesondere mit kleineren Kindern viel besser zu besuchen als Präsenztermine, vor allen Dingen in den Abendstunden, wenn die Kinder schlafen. So kann es Ihnen gelingen, teilzunehmen, ohne Kinderbetreuung organisieren zu müssen.
- Unter der Voraussetzung, dass Eltern die Technik und die Medien beherrschen, könnte es sein, dass Zugangsbarrieren sinken, weil die an Onlineformaten grundsätzlich kritisierten geringeren Kontaktmöglichkeiten vielleicht Hemmungen zur Teilnahme abbauen können. Es kann für Eltern mehr Sicherheit schaffen, sich in einer Videokonferenz zu beteiligen als sich mit anderen Eltern in einen Stuhlkreis zu setzen.

Praxis-Tipp

Interessanterweise beobachteten die Lehrkräfte vieler Schulen in der Pandemie, dass sie zu manchen bildungsbenachteiligten Eltern mehr Nähe aufbauen konnten als zuvor. Elternabende vor Smartphone, Tablet oder Laptop ließen sich in Zeiten der Corona-Pandemie mit deutlich mehr Beteiligung abhalten als die üblichen Treffen im Klassenzimmer. Viele Eltern mit Berührungsängsten zur Schule ließen sich von der Begeisterung ihrer Kinder anstecken, wenn diese z. B. selbst hergestellte Erklär-Videos vorführten. Manche Schulen packten die neue Offenheit von Eltern beim Schopf, um Kontakte zu festigen oder neu anzubahnen.

Eines ist jedoch auch klar: Videokonferenzen werden nicht die Eier legende Wollmilchsau sein, die die Beteiligung aller Eltern ermöglicht. Vielmehr wird es ein zusätzliches Angebot und eine zusätzliche Kommunikationsplattform sein, über die sich bestimmte Zielgruppen besonders gut erreichen lassen. Doch wird es immer Eltern geben, die aufgrund ihrer Werte diese Option ablehnen oder technisch so unsicher sind, dass sie sich wenig oder gar nicht online beteiligen werden.

⬇ Download 15: Hinweise zur Gestaltung von Onlineformaten

Endlich! 10 goldene Regeln für einen guten Elternabend

Abb. 17: Der Elternabend ist ein fester Termin im Kalender

In der Einleitung habe ich über den Wunsch einer Lehrkraft nach einigen Tipps für einen guten Elternabend geschrieben. Nun denn: Am Ende dieses Buches ist es mir jetzt endlich möglich, meine 10 goldenen Regeln zu formulieren:

1. Bauen Sie zu allen Eltern ihrer Klasse vertrauensvolle und verbindliche Beziehungen auf, indem Sie dem Kennenlernprozess ausreichend Zeit und Bedeutung geben.

    *

2. Erarbeiten Sie mit allen Eltern verbindliche Vereinbarungen über die Zusammenarbeit, darunter auch die Beteiligung an schulischen Veranstaltungen im Rahmen ihrer Möglichkeiten.

    *

3. Laden Sie alle Eltern gezielt und zu einem für die Eltern geeigneten Zeitpunkt zum Elternabend ein. Benutzen Sie mehrere Kommunikationskanäle und lassen sich von Eltern dabei unterstützen (Elternratsvorsitzende, Multiplikatoren, Elternpaten).

4. Planen Sie für den Elternabend ein abwechslungsreiches, lebendiges, inhaltlich bedeutsames und ansprechendes Programm, das die Interessen unterschiedlicher Eltern und Elterngruppen berücksichtigt.

*

5. Organisieren Sie bei Bedarf Kinderbetreuung, auch für Geschwister-Kinder.

*

6. Bereiten Sie ein angenehmes, gastfreundliches Ambiente vielleicht mit Getränken und Snacks vor. Lassen Sie sich dabei von Eltern unterstützen oder übertragen Sie diese Aufgabe an Eltern.

*

7. Seien Sie rechtzeitig vor Beginn anwesend und heißen sie alle Eltern persönlich willkommen. Geben Sie ihnen das Gefühl, dass sie wichtig für das Gelingen des Abends sind. Sorgen Sie zu Beginn in einem ausreichenden Zeitrahmen dafür, dass auch die Eltern sich untereinander kennenlernen bzw. voneinander erfahren, was in den Familien los ist.

*

8. Vermeiden Sie eine Überfrachtung mit mündlichen Informationen, stellen Sie diese besser schriftlich oder medial bereit. Nutzen Sie die gewonnene Zeit für Kommunikation unter den Eltern.

*

9. Wahlen von Elternvertretungen gehören an den Schluss der Veranstaltung, wenn sich alle durch die Diskussionen besser kennengelernt haben.

*

10. Verabschieden Sie die Eltern und sorgen Sie dafür, dass nicht anwesende Eltern alle Informationen bekommen. Erkundigen Sie sich bei jenen, aus welchem Grund sie nicht erschienen sind. Wenn Eltern häufiger nicht erscheinen, klären Sie mit ihnen, was die Ursache ist und was man dafür tun kann, dass die Eltern teilnehmen.

Danke

Nachdem der 2. Band dieses Buchprojektes abgeschlossen ist, gilt es Dank zu sagen. Zunächst allen meinen Lehrerinnen und Lehrern bei den Themen dieses Buches: Das sind die vielen Jugendlichen und jungen Erwachsenen in der Katholischen Jungen Gemeinde und im BDKJ der Diözese Paderborn, die schon in den 1970er Jahren auf einem hohen fachlichen Niveau gearbeitet und einen „Gruppenleiter" aus mir gemacht haben. Davon profitiere ich bis heute.

Gute Beratung und Gesprächsführung haben mich Claudia Terrahe-Hecking, Mohammed El Hachimi, Andreas Lange und Uli Gehring gelehrt – neben vielen anderen. Ein Dank geht auch an Uli Gehring, besonders für das präzise Feedback zu den MI-Teilen dieses Buches.

Ein weiterer Dank gilt „meinen" Teams in der Beratungsstelle für Eltern, Jugendliche und Kinder der Stadt Hamm, im Zentrum für systemische Schulberatung (ZESS) (besonders Veronika Kappelmann und Nicolas Apitzsch), den Akteuren der Elternschule Hamm und den Fachkräften der Stadtteilarbeit im Hammer Norden (besonders Klaus Köller und Martina Speckenwirth), die meine Gehversuche als Berater, Netzwerkkoordinator und Elternbildner begleitet und manchmal erlitten haben. In vielen Auseinandersetzungen rangen wir darum, wie wir lebensweltorientierter arbeiten können, ohne vorher geltende fachliche Standards aufzugeben, wie wir vielmehr „Lebensweltorientierung" zu einem übergreifenden Qualitätsprinzip machen können.

Bedanken möchte ich mich auch bei vielen Schulen und schulbezogenen Akteuren in Hamm und überregional, weil sie meine Denkweisen, meine Standpunkte und mein Fachwissen als Ressource wahrgenommen und mich eingeladen haben, sie in ihrer Schulentwicklung zu beteiligen. In Hamm möchte ich mich besonders bei Heidi Walter, Daniel Tümmers, Petra Grünendahl und Karin Diebäcker und ihren Kollegien/Teams bedanken. Im Institut für Sozialpädagogische Forschung Mainz (ism) hat mit mir besonders intensiv Sarah Schmenger Fortbildungen für bessere Gesprächsführung initiiert. In Berlin haben mich in den letzten Jahren Helmut Beek, Sabine Helmuth-Press und Karin Wagnitz in ihren jeweiligen Rollen immer wieder eingeladen, Berliner Schulen fortzubilden. Nach Österreich lädt mich regelmäßig Ulla Kiesling ein. Auch mit dem Oberhausener und dem Bochumer Bildungsbüro sind vertrauensvolle Kooperationsbeziehungen gewachsen. Danke an alle!

Vor allem aber danke ich vielen Eltern, Jugendlichen und Kindern und auch Fachkräften, die ich als Berater begleiten und von denen ich lernen durfte.

Als Wegbereiter zu diesem Buch danke ich Gabriela Kreter, Botho Priebe und Gabriela Holzmann. Beraten hat mich Petra von der Linde, und vor allem hat sie mir Mut gemacht, als ich an dem Sinn dieses Projektes zweifelte (weil ja alles irgendwo schon mal gesagt worden ist). Ich danke besonders meiner Redakteurin Inge Michels für offene Worte und vor allem für Ermutigung. Dr. Thomas Meyer danke ich für die erhellenden rechtlichen Hinweise zur Erziehungsrolle von Lehrkräften und ihrer Bedeutung bei Gesprächen zur Aufklärung einer Kindeswohlgefährdung.

Ein Buch zu schreiben bringt erhebliche Belastungen für die Menschen im persönlichen Umfeld mit. Ich danke allen für Geduld und wohlwollenden Zuspruch, besonders Dorothea, Ruben, Lisa und Sebastian, und auch meinen Freunden Peter und Andreas.

Abschließend noch ein Wort zum Sprachgebrauch: Die Berücksichtigung der Geschlechterperspektive war mir wichtig. Ich verwendete im Verlauf des Textes vorrangig neutrale Begriffe und darüber hinaus männliche und weibliche Formen unsystematisch wechselnd. Wenn dies manchmal irritiert, mag dies ein Indikator für unser noch patriarchalisch geprägtes Sprachempfinden sein.

Last but not least: Ich widme dieses Buch meinem 2008 durch einen tragischen Unfall verstorbenen Freund und Kollegen Holger Schillack.

Kontaktadressen

Übersicht über Ausbildungsinstitute für systemische Arbeit:

Systemische Gesellschaft
Deutscher Verband für systemische Forschung, Therapie, Supervision und Beratung e.V.
Damaschkestraße 4
D-10711 Berlin
Homepage: www.systemische-gesellschaft.de

Kontaktadressen für Ausbildungen in Motivierender Gesprächsführung:

GK Quest Akademie
Maaßstr. 28
69123 Heidelberg
Deutschland
Homepage: www.gk-quest.de

Schul-MOVE für Eltern
ginko Stiftung für Prävention
Kaiserstraße 90
45468 Mülheim an der Ruhr
Homepage: www.move-trainings.de

Deutschsprachige Gesellschaft
für Motivierende Gesprächsführung e.V. (DeGeMG)
Maaßstr. 28
69123 Heidelberg
Homepage: www.degemg.org

Kontaktadresse „Personenorientierte Beratung mit Coachingelementen":

Team der POB-C-Trainerinnen und -Trainer
c/o Frau RSD' Angelika Steck-Lüschow
Dezernat 46 - Lehrerausbildung
Bezirksregierung Köln
Zeughausstraße 2-10
50667 Köln
Homepage: https://seminarwiki.zfsl.nrw.de/pmwiki.php/POB-C/Start

Kontaktadresse „Gmünder Modell zur Gesprächsführung mit Eltern"

Prof. Dr. Gernot Aich
Abteilung: Päd. Psychologie, Beratung und Intervention
Oberbettringerstr. 200
Pädagogische Hochschule Schwäbisch Gmünd
73525 Schwäbisch Gmünd
www.ph-gmuend.de
Mail: gernot.aich(at)ph-gmuend.de

Kontaktadresse des Autors:

Matthias Bartscher
Kentroper Weg 56
59063 Hamm
www.bartscher.info
Mail: matthias@bartscher.info

Literaturverzeichnis

Aich, Gernot; Kuboth, Christina; Behr, Michael (2017): Training von Multiplikatorinnen und Multiplikatoren nach dem Gmünder Modell zur Gesprächsführung mit Eltern (GMG) – Disseminierung und Evaluation eines integrierten Konzepts für ein landesweites Lehrertraining; in: Psychologie in Erziehung und Unterricht 4/2017 (Gespräche zwischen Eltern und Lehrkräften), S. 282-289

Aich, Gernot; Kuboth, Christina; Gartmeier, Martin; Sauer, Daniela (Hg.) (2017): Kommunikation und Kooperation mit Eltern, Weinheim

Albert, Lothar (2009): Kindeswohl und Kindeswille; in: PÄD-Forum: unterrichten erziehen 37/28 (2009) 4, S. 179-181

Anderssen-Reuster, Ulrike (2013): Selbstkonzeptionen in Psychotherapie und Buddhismus; in: Anderssen-Reuster u.a. 2013, S. 105-119

Arnold, Rolf (2017): Entlehrt euch! Ausbruch aus dem Vollständigkeitswahn, Bern

Arnold, Rolf (2017b): Ich lerne, also bin ich: Eine systemisch-konstruktivistische Didaktik, Heidelberg

AWO Bundesverband e.V. (2010): Familien in benachteiligten und von Armut bedrohten oder betroffenen Lebenslagen als Adressaten von Elternbildung und Elternarbeit, Berlin

Barthelmess, Manuel (2016): Die systemische Haltung. Was systemisches Arbeiten im Kern ausmacht, Göttingen

Matthias Bartscher; Herbert Boßhammer; Gabriela Kreter; Birgit Schröder (2010): Bildungs- und Erziehungspartnerschaft. Rahmenkonzeption für die konstruktive Zusammenarbeitmit Eltern in Ganztagsschulen; Der GanzTag in NRW, Beiträge zur Qualitätsentwicklung 2010, Heft 18.

Bartscher, Matthias (1998): Partizipation von Kindern in der Kommunalpolitik, Freiburg

Bartscher, Matthias (2013): Praxisportrait: Die Elternschule Hamm – Vom Projekt zu einer lebensweltorientierten sozialen Infrastruktur; in: Stange, Waldemar; Krüger, Rolf; Henschel, Angelika; Schmitt, Christof: Erziehungs- und Bildungspartnerschaften. Praxisbuch zur Elternarbeit, Wiesbaden

Bartscher, Matthias (2018): Professionalität in der Arbeit mit Eltern: Methodisch-didaktische Grundlagen für gruppenbezogene Arbeitsformen mit Eltern. Bausteine der Bildungs- und Erziehungspartnerschaft; Teil 3, Hamm in Westfalen

Bartscher, Matthias (2018b): Bildung – Beziehung – Bindung: Von der Elternarbeit zur Bildungs- und Erziehungspartnerschaft; in: „Kinderleicht", Ausgabe 3-2018

Bartscher, Matthias (2019): Motivierende Gespräche mit Eltern, Jugendlichen und Kindern. Inspirierende Werkzeuge für professionelle Kommunikation. Bausteine der Bildungs- und Erziehungspartnerschaft; Teil 4, Hamm

Bartscher, Matthias; Kriener, Martina (2016): Rechte von Kindern und Jugendlichen; in: Schröer, Wolfgang; Struck, Norbert; Wolff, Mechthild (Hg.): Handbuch Kinder- und Jugendhilfe, Weinheim und Basel, S. 1242-1266

Barz, Heiner; Tippelt, Rudolf (Hg.)(2004): Weiterbildung und Soziale Milieus in Deutschland

Bathke, Sigrid A.; Reichel, Norbert u.a. (2007): Kinderschutz macht Schule. Handlungsoptionen, Prozessgestaltungen und Praxisbeispiele zum Umgang mit Kindeswohlgefährdungen in der offenen Ganztagsschule, erschienen in der Reihe „Der GanzTag in NRW – Beiträge zur Qualitätsentwicklung, 3. Jahrgang 2007, Heft 5, 4. Vollständig überarbeitete Auflage 2014

Bathke, Sigrid; Bücken, Milena; Fiegenbaum, Dirk (2014): Arbeitshilfe zur Umsetzung des Kinderschutzes in der Schule; in: „Der GanzTag in NRW – Beiträge zur Qualitätsentwicklung, Ausgabe 09/ 2008, Heft 9, 4. Vollständig überarbeitete Auflage2014

Bauer, Karl-Oswald; Logemann, Niels (2012): Effektive Bildung. Zur Wirksamkeit und Effizienz pädagogischer Prozesse, Münster

Bausum, Jakob (2013): Von Einzelkämpfern zur Gruppe; in: Zeitschrift für systemische Therapie und Beratung, Jg. 31, Heft 4, Oktober 2013, Dortmund, S. 163-167

Bennewitz, Hedda; Wegner, Lars (2015): „da hast du dich irgendwie gar nich gemeldet". Die Aushandlung von Verantwortungsübernahme in Elternsprechtagsgesprächen; in: ZSE Zeitschrift für Soziologie der Erziehung und Sozialisation, Ausgabe 01, Jahr 2015, Seite 86-105

Bennewitz, Hedda; Wegner, Lars (2017): 9 Die Analyse authentischer Elternsprechtagsgespräche. Ausgewählte Handlungsprobleme im Fokus; in: Aich, Gernot u.a. 2017, S. 86-100

Berg, Jesse (2015): Notes From Motivational Interviewing in Groups, erreichbar unter http://www.intrinsicchange.com/uploads/4/8/9/8/48980893/motivational_interviewing_in_groups_notes.pdf [13.05.2021]

bke – Bundeskonferenz für Erziehungsberatung e.V. (Hg.) (2021): Erziehungs- und Familienberatung im Internet. Bericht 2020, Fürth, erreichbar unter https://bke.de/content/application/explorer/public/virtuelle-beratungsstelle/2021/bke-onlineberatung-bericht-2020.pdf [17.07.2021]

Böckenförde, Ernst-Wolfgang (1980): Elternrecht – Recht des Kindes – Recht des Staates. Zur Theorie des verfassungsrechtlichen Elternrechts und seiner Auswirkung auf Erziehung und Schule; in: Essener Gespräche, Bd. 14 (1980), S. 54ff.

Böhmert, Beate; Schneewind, Klaus A. (Hg.) (2008): Kinder im Grundschulalter kompetent erziehen. Der interaktive Elterncoach. Freiheit in Grenzen, Bern

Börner, Nicole (2010): Mittendrin statt nur dabei. Elternpartizipation in der offenen Ganztagsschule; in: Wissenschaftlicher Kooperationsverbund (Hg.): Kooperation im Ganztag. Erste Ergebnisse aus der Vertiefungsstudie der wissenschaftlichen Begleitung zur OGS; in: Der GanzTag in NRW – Beiträge zur Qualitätsentwicklung, 6. Jahrgang 2010, Heft 14, S. 6–16.

Bräutigam, Barbara (2019): Gruppenpädagogik [online]; in: socialnet-Lexikon, erreichbar unter https://www.socialnet.de/lexikon/Gruppenpaedagogik [25.04.2021]

Bruns, Valentina (2013): Classroommanagement, erreichbar unter https://www.schulpsychologie.de/wws/bin/1861962-1863242-1-classroom_management.pdf [24.04.2021]

Bundschuh-Müller, Karin (2004): „Es ist was es ist sagt die Liebe ..." Achtsamkeit und Akzeptanz in der Personzentrierten und Experientiellen Psychotherapie, in: Heidenreich, Thomas; Michalak, Johannes (2004). Achtsamkeit und Akzeptanz in der Psychotherapie. Ein Handbuch., Tübingen

Burow, Axel Olaf (2000): Ich bin gut – wir sind besser. Erfolgsmodelle kreativer Gruppen; Stuttgart

Burow, Olaf-Axel (2011): Positive Pädagogik. Sieben Wege zu Lernfreude und Schulglück, Weinheim

Burow, Olaf-Axel (2012): Führen mit der Weisheit der vielen – wie Schulen zu orten der Lernfreude werden können; in: b:sl Beruf: Schulleitung 01/2012, S. 12-13

Carl R. Rogers (1973): Entwicklung der Persönlichkeit: Psychotherapie aus der Sicht eines Therapeuten, Stuttgart

Cohn, Ruth C. (1975): Von der Psychoanalyse zur themenzentrierten Interaktion. Von der Behandlung einzelner zu einer Pädagogik für alle, Stuttgart

Corrsen, Jens (2004): Der Selbst-Entwickler. Das Corssen Seminar, Wiesbaden

Dauscher, Ulrich (2006): Moderationsmethode und Zukunftswerkstatt, Augsburg

De Jong, Peter; Berg, Insoo Kim (1998): Lösungen (er-)finden. Das Werkstattbuch der lösungsorientierten Kurzzeittherapie, Dortmund

De Shazer, Steve (1990): Wege der erfolgreichen Kurztherapie, Stuttgart

Deegener, Günther (2002): Kritische Stellungnahme zum Triple P, Homburg; erreichbar unter https://kinderschutzbund-bayern.de/wp-content/uploads/kritische_stellungnahme_triplep_Prof_Deegener.pdf [21.07.2021]

Deutscher Kinderschutzbund Landesverband NRW e. V. (2012): KIKI – eine Arbeitshilfe zum Kinderschutz in Kindertageseinrichtungen, Wuppertal
Dewey, John (1993): Demokratie und Erziehung. Eine Einleitung in die philosophische Pädagogik, Weinheim
DiClemente, C. C., Prochaska, J. O., Fairhurst, S. K., Velicer, W. F., Velasquez, M. M., & Rossi, J. S. (1991): The process of smoking cessation: an analysis of precontemplation, contemplation, and preparation stages of change. Journal of Consulting and Clinical Psychology, 59(2), 1991, 295-304
Dietrich, G.; Kopp, F.; Kreuz, A.; Meyer, K.; Rosenbusch, H.-S. & Schießl, O. (1974): Kooperatives Lernen in der Schule, Donauwörth
DKHW – Deutsches Kinderhilfswerk und Aktion Schleswig-Holstein – Land für Kinder (1997): Planen mit Phantasie – Zukunftswerkstatt und Planungszirkel für Kinder und Jugendliche, Berlin
Edding, Cornelia; Schattenhofer, Karl (2009b): Einführung; in: Edding/Schattenhofer 2009, S. 9-12
Edding, Cornelia; Schattenhofer, Karl (Hg.) (2009a): Handbuch Alles über Gruppen: Theorie, Anwendung, Praxis, Weinheim
Eric Berne (2005): Transaktionsanalyse der Intuition. Ein Beitrag zur Ich-Psychologie, Paderborn
Faas, Stefan; Landhäußer, Sandra; Treptow, Rainer (2011): Offene Angebote in der Eltern- und Familienbildung: Eine empirische Annäherung an ein bisher wenig beachtetes Feld; in: Neue Praxis (2011), Bd. 41(2011), Heft 6, S. 618-630
Fertsch-Röver, Jörg (2010): Zur Gesprächsführung mit Eltern bei Verdacht auf Kindeswohlgefährdung (durch die Eltern) – Beratungs- oder Abklärungsgespräch?; in: Kindschaftsrecht und Jugendhilfe, Heft 3, 2010, S. 90-96
Forschungsgruppe Verhaltensbiologie des Menschen (2003): Niederschwellige Angebote der Elternbildung, Kandern
Gartmeier, Martin; Wegner, Lars (2017): Was passiert eigentlich in schulischen Elterngesprächen? Ausgewählte Befunde qualitativer Studien; in: Aich, Gernot u.a., S. 62-75
GK Quest Akademie (2009): Einführung in das Motivational Interviewing, Heidelberg
Ginko-Stiftung für Prävention (o.J.), Faltblatt: Motivierende Kurzintervention bei Eltern im Kontext Schule. Fortbildung in Gesprächsführung für Lehrerinnen und Lehrer, Schulsozialpädagogen und Fachkräfte der Ganztagsbetreuung, Mülheim
GK Quest Akademie (o.j.): Prinzipien zur Leitung von MI-Gruppen, Heidelberg (Seminarunterlage)
Göckler, Stefanie (2007): Elternbildungsarbeit in der Übergangsphase Schule – Beruf, Auswertungsbericht des Modellprojektes 2006/2007, Elternschule Hamm (Hg.), Hamm
Gordon, Thomas (1974): Lehrer-Schüler-Konferenz.
Gordon, Thomas (2012): Familienkonferenz in der Praxis: Wie Konflikte mit Kindern gelöst werden, München
Grawe, Klaus; Donati, Ruth; Bernauer, Friederike (2001): Psychotherapie im Wandel. Von der Konfession zur Profession, Göttingen
Güntürkün, Onur (2015): Wie Gene und Umwelt unsere Intelligenz beeinflussen, Youtubevideo, erreichbar unter https://www.youtube.com/watch?v=xKXlbvLnq88&list=PL5vdQ32GqneLeEqv_JPI4n1vfPKTMt8z8 [04.06.2021]
Hänsel, Markus (2013): Der Ordnung halber! Grundlagen der systemischen Beratung; in: Vogel, Martin (Hg.): Organisation außer Ordnung. Göttingen
Hansen, Hartwig (2017): A bis Z der Interventionen in Gruppen. Flipchart-Tools für Beratung, Supervision und Teamentwicklung, Stuttgart
Heller, Kurt; Perleth, Christoph (2007): Talentförderung und Hochbegabtenberatung in Deutschland; in: Heller, Kurt; Ziegler, Albert: Begabt sein in Deutschland, Berlin u.a.

Hering, Sabine; Münchmeier, Richard (2000): Geschichte der Sozialen Arbeit. Eine Einführung, Weinheim und München
Hertel, Silke (2009). Beratungskompetenz von Lehrern. Kompetenzdiagnostik, Kompetenzförderung und Kompetenzmodellierung, Münster
Hertel, Silke (2017): Elternberatung im Schulalltag: Was wissen wir aus der Forschung und welche Bedeutung haben die Befunde für die Elternarbeit an Schulen? In: Aich, Gernot u.a., S. 47-61
Hesse, Joachim (2006): Aspekte und Fragen zur Systemisch-Lösungsorientierten Gruppentherapie oder: Wie können unterschiedliche Aspektwechsel als Ressourcenfeld organisiert werden? In: Molter/Hargens 2006, S.9-32).
Hilkenmeier, Johanna; Buhl, Heike M. (2017): Zur Bedeutung des Gesprächs am Elternsprechtag – Ein Blick in die Forschung; in: Aich, Gernot u.a., S. 76-85
Hilkenmeier, Johanna; Wiescholek, Sabrina; Buhl, Heike M. (2017): Motivationsförderung am Elternsprechtag. Zum Zusammenhang zwischen eingeschätzter Leseleistung, Lehrer- und Elternverhalten; in: Psychologie in Erziehung und Unterricht 4/2017 (Gespräche zwischen Eltern und Lehrkräften), S.256-269
Hirschberg, Rainer (2013): Systemisch-lösungsorientierte Gruppentherapie mit Kindern und Jugendlichen nach dem AfoG-Konzept; in: Zeitschrift für systemische Therapie und Beratung, Jg. 31 Heft 4, Oktober 2013, Dortmund, S. 143-150
Hischier, David (2016): Feedback – der Faktor unter der Lupe, erreichbar unter https://www.lernensichtbarmachen.ch/wp-content/uploads/2016/09/Feedback_Faktor-unter-der-Lupe_Final.pdf [14.07.2021]
Horstkötter, Nina; Marzinzik, Kordula (2009): Evaluation der Fortbildung „Schul-Move-Eltern – Motivierende Kurzintervention bei Eltern im Kontext Schule", Abschlussbericht der wissenschaftlichen Begleitforschung, Bielefeld
Hüther, Gerald; Heinrich, Marcell; Senf, Mitch (2020): #Education For Future: Bildung für ein gelingendes Leben; München
Hylla, Erich (1993): Vorwort zur 3. Auflage der deutschen Ausgabe; in: Dewey 1993
JBZ Robert-Jungk-Bibliothek für Zukunftsfragen (2021): Norbert Müllert: Mitbegründer der Zukunftswerkstätten, erreichbar unter https://jungk-bibliothek.org/zukunftswerkstaetten/muellert/, [24.05.2021]
Katholischer Sozialdienst Hamm (Hg.) (2008): „MEIN KIND WIRD FIT – ICH MACH MIT." Entwicklung eines Projektes zur Ausbildung und Begleitung von Migrantinnen und Migranten als Mittler in Erziehungs- und Bildungsfragen. Erfahrungs- und Auswertungsbericht, Hamm
Kemna, Pierre (2012): Effektive Lehrer-Schüler-Beziehung. Empirische Analyse eines Konstrukts; in: Bauer/Logemann 2012, S. 77-100
Kiel, Volker (2020): Analoge Verfahren in der systemischen Beratung. Ein integrativer Ansatz für Coaching, Team- und Organisationsentwicklung, Göttingen
Kindl-Beilfuss, Carmen (2021): Fragen können wie Küsse schmecken. Systemische Fragetechniken für Anfänger und Fortgeschrittene, Heidelberg
Kindler, Heinz (2012): Fachlich gestaltete Gespräche mit Kindern im Kinderschutz: Ein Forschungsüberblick; in: Thole, Werner; Retkowski, Alexandra; Schäuble, Barbara (Hg.): Sorgende Arrangements. Kinderschutz zwischen Organisation und Familie, Wiesbaden
Klebert, Karin; Schrader, Einhard; Straub, Walter G. (1987): Kurzmoderation. Anwendung der Moderationsmethode in Betrieb, Schule und Hochschule, Kirche und Politik, Sozialbereich und Familie, bei Besprechungen und Präsentationen, Hamburg
Kohaupt, Georg (2003): Wirkungen des Rechts auf Hilfebeziehungen im Kinderschutz; in: Das Jugendamt 10/2003
König, Eckard; Volmer, Gerda (2012). Handbuch Systemisches Coaching, Weinheim

König; Eckard; Gerdes, Reinhard; Annas, Dorothée; Nosthoff, Hermann; Soffner, Thomas (2014): Coaching in der Lehrerbildung. Professionsbezogenes Coaching als Bestandteil der 2. Phase der Lehrerbildung in NRW; in: Coaching Magazin 1/2014, S. 24-28, erreichbar unter https://plaz.uni-paderborn.de/fileadmin/plaz/Fort-_und_Weiterbildungsangebote/Tagungen/Materialien_zur_Expertentagung/WS1_Artikel.pdf [19.06.2021]

Kotthoff, Helga (2012): Lehrer(inne)n und Eltern in Sprechstunden an Grund- und Förderschulen. Zur interaktionalen Soziolinguistik eines institutionellen Gesprächstyps. Online-Zeitschrift zur verbalen Interaktion, 13, 290-321.

Krächter, Simone (2018): Coaching in der Lehrerausbildung. Wirkungen und Wirkfaktoren im Kompetenzentwicklungsprozess von Lehramtsanwärtern, Bad Heilbrunn

Krause, Frank; Storch, Maja (2010): Ressourcen aktivieren mit dem Unbewussten. Manual und ZRM-Bildkartei, Bern

Kremer, Georg; Schulz, Michael (2012): Motivierende Gesprächsführung in der Psychiatrie, Köln

Kreisel, Kristina (2021): Star-Hirnforscher: „Die Schule, wie wir sie heute kennen, hat ausgedient", Fokus-online, erreichbar unter https://www.focus.de/familie/eltern/familieheute/hirnforscher-warnt-wir-ueberschaetzen-die-schule-masslos-mit-fatalen-folgen_id_11682828.html, [29.05.2021]

Krumm, Volker (2006): Erziehungspartnerschaft. Gute Schule durch Vereinbarungen zwischen Schule und Elternhaus, Vortrag Elternkammer Hamburg

Kuhl, Julius; Künne, Thomas; Aufhammer, Frank (2011): Wer sich angenommen fühlt, lernt besser; in: Kuhl, Julius u.a., 2011

Kuhl, Julius; Müller-Using, Susanne; Solzbacher, Claudia; Warneke, Wiebke (2011): Bildung braucht Beziehung. Selbstkompetenz stärken – Begabungen entfalten, Freiburg

Kultusministerkonferenz (2004): Standards für die Lehrerbildung: Bildungswissenschaften (Beschluss der Kultusministerkonferenz vom 16.12.2004 i. d. F. vom 12.06.2014); erreichbar unter https://www.kmk.org/fileadmin/Dateien/veroeffentlichungen_beschluesse/2004/2004_12_16-Standards-Lehrerbildung-Bildungswissenschaften.pdf [20.08.2021]

Landert, Charles; Brägger, Martina (2009): LCH. Arbeitszeiterhebung 2009. Zürich

Langmaack, Barbara (2001): Einführung in die Themenzentrierte Interaktion (TZI). Leben rund ums Dreieck, Weinheim

Lemme, Martin; Körner, Bruno (2020): „Neue Autorität" in der Schule: Präsenz und Beziehung im Schulalltag (Spickzettel für Lehrer / Systemisch Schule machen), Heidelberg

Löhmer, Cornelia; Standhardt, Rüdiger (2015): TZI – die Kunst, sich selbst und eine Gruppe zu leiten. Einführung in die Themenzentrierte Interaktion, Stuttgart

Lütz, Manfred (2009): Irre! Wir behandeln die Falschen. Unser Problem sind die Normalen. Gütersloh

Maar, Paul (2007): Die Geschichte vom bösen Hansel, der bösen Gretel und der Hexe; in: Maar, Paul: Der tätowierte Hund, Hamburg

Manteufel, Andreas (2013): Haben Sie noch Zeit für eine Gruppe? In: Zeitschrift für systemische Therapie und Beratung, Jg. 31 Heft 4, Oktober 2013, Dortmund, S. 151-156

Martin, Ernst (2005): Didaktik der sozialpädagogischen Arbeit. Probleme, Möglichkeiten und Qualität sozialpädagogischen Handelns, Weinheim

Marzinzik, Kordula; Fiedler, Angelika (2005): MOVE – Motivierende Kurzintervention bei konsumierenden Jugendlichen. Evaluationsergebnisse des Fortbildungsmanuals sowie der ersten Implementierungsphase, Köln

Maurischat, Carsten (2001): Erfassung der „Stages of Change" im Transtheoretischen Modell Prochaska`s – eine Bestandsaufnahme, Freiburg, erreichbar unter https://www.psychologie.uni-freiburg.de/forschung/fobe-files/154.pdf [22.08.2022]

Meadows, Dennis; Meadows, Donella H., Zahn, Erich, Milling, Peter (1972): Die Grenzen des Wachstums. Bericht des Club of Rome zur Lage der Menschheit, Stuttgart

Merkle, Tanja; Wippermann, Carsten (Hg.: Konrad-Adenauer-Stiftung) (2008): Eltern unter Druck. Selbstverständnisse, Befindlichkeiten und Bedürfnisse von Eltern in verschiedenen Lebenswelten, Berlin
Miller, William R.; Rollnick, Stephen (2015): Motivierende Gesprächsführung, Freiburg
Molter, Haja; Hargens, Jürgen (2006): Ich – du – wir – und wer sonst noch dazugehört. Systemisches Arbeiten mit und in Gruppen, Dortmund
Ministerium für Schule und Weiterbildung Nordrhein-Westfalen (MSW) (1998): Beratungstätigkeit von Lehrerinnen und Lehrern in der Schule. Runderlass d. v. 8. 12. 1997 (GABl. NW. 1, 1998, S. 3
Natho, Frank (2013): Die themenzentrierte Interaktion (TZI) von Ruth Cohn; in: Zeitschrift für systemische Therapie und Beratung, Jg. 31 Heft 4/Oktober 2013, Dortmund, S. 157-162
Nestmann, Frank (2008): Die Zukunft der Beratung; in: Beratung Aktuell, Fachzeitschrift für Theorie und Praxis der Beratung, Paderborn, 2 -2008, S.
Omer, Haim; von Schlippe, Arist (2004): Autorität durch Beziehung. Die Praxis des gewaltlosen Widerstands in der Erziehung, Göttingen
Ophardt, Diemut; Thiel, Felicitas (2013): Klassenmanagement. Ein Handbuch für Studium und Praxis, Stuttgart
Peller, Anni (2010): ProDeMa®-Evaluation 2009/2010. Studie zur Wirksamkeit des Professionellen Deeskalationsmanagements im Gesundheitswesen, München
Pirani, Kathrin (2014). Weil Lehrpersonen und Lernende es sich wert sind! Beispiel: Unterstützung durch Feedback und Wertschätzung; in: Weiterbildung, Jg. 25, Nr. 6, S. 23-25
Prior, Manfred (2010): Beratung und Therapie optimal vorbereiten. Informationen und Interventionen vor dem ersten Gespräch, Heidelberg
Reckwitz, Andreas (2019): Das Ende der Illusionen. Politik, Ökonomie und Kultur in der Spätmoderne, Frankfurt
Richter, Horst Eberhard (1978): Die Gruppe. Hoffnung auf einen neuen Weg, sich selbst und andere zu befreien. Psychoanalyse in Kooperation mit Gruppen-Initiativen, Hamburg
Rogers, Carl R. (1972): Die klientenzentrierte Gesprächspsychotherapie, München
Roth, Gerhard (2011): Bildung braucht Persönlichkeit. Wie Lernen gelingt; Stuttgart
Roth, Gerhard; Ryba, Alica (2016): Coaching, Beratung und Gehirn. Neurobiologische Grundlagen wirksamer Veränderungskonzepte, Stuttgart
Sacher, Werner (2014): Elternarbeit als Erziehungs- und Bildungspartnerschaft: Grundlagen und Gestaltungsvorschläge für alle Schularten, Bad Heilbrunn
Sauer, Danilea (2017): Beratungs-, Rückmelde- oder Konfliktgespräch? – Von der Bedeutung verschiedener Gesprächsanlässe im Lehrer-Eltern-Gespräch; in: Aich, Gernot u.a. 2017, S. 101-111
Schäfter, Cornelia (2009): Die Beratungsbeziehung in der Sozialen Arbeit: Eine theoretische und empirische Annäherung, Stuttgart
Schattenhofer, Karl (2009): Was ist eine Gruppe? Verschiedene Sichtweisen und Unterscheidungen; in: Edding/Schattenhofer 2009, S. 16-17
Schiermeyer-Reichl, Ines (2020): Neue Autorität in der Grundschule: Innere Stärke entwickeln, beharrlich Haltung zeigen, zuverlässig Beziehungen gestalten (1. bis 4. Klasse) (Bergedorfer Grundsteine Schulalltag - Grundschule), Hamburg
Schilling, Johannes (2004): Didaktik/Methodik Sozialer Arbeit, Frankfurt
Schmidt-Grunert, Marianne (2009): Soziale Arbeit mit Gruppen, Freiburg/Brsg.
Schneewind, Klaus A.; von Schlippe, Björn (2020): Freiheit in Grenzen – Themen und Fallbeispiele zur Stärkung elterlicher Erziehungskompetenzen für Eltern mit Kindern im Jugendlichenalter, Hamburg
Schopp, Johannes; Wehner, Jana (2006): Eltern Stärken – Dialogische Elternseminare; in: Tschöpe-Scheffler, Sigrid (Hg.): Konzepte der Elternbildung. Eine kritische Übersicht, Opladen

Siebert, Horst (2009): Didaktisches Handeln in der Erwachsenenbildung. Didaktik aus konstruktivistischer Sicht, 6. überarbeitete Auflage, Augsburg
Siepermann, Markus (2018): Gruppe; in: Wirtschaftslexikon Gabler, erreichbar unter https://wirtschaftslexikon.gabler.de/definition/gruppe-35688/version-259165 [24.05.2021]
Simon, Fritz; Rech-Simon, Christel (2020): Zirkuläres Fragen. Systemische Therapie in Fallbeispielen: Ein Lernbuch, Heidelberg
Simon, Titus; Wendt, Peter-Ulrich (2019): Lehrbuch Soziale Gruppenarbeit. Eine Einführung, Weinheim
Storch, Maja (2009): Motto-Ziele, S.M.A.R.T.-Ziele und Motivation; in: Birgmeier, Bernd (Hg.): Coachingwissen. Denn sie wissen nicht, was sie tun? Wiesbaden, S. 183-205
Tsirigotis, Cornelia (2013): Arbeit in Gruppen – mit systemischem Blickwinkel über den Tellerrand geschaut; in: Zeitschrift für systemische Therapie und Beratung, Jg. 31 Heft 4, Oktober 2013, Dortmund, S. 142
U.S. Department of Education – Office of Innovation and Improvement (2007): Engaging Parents in Education: Lessons From Five Parental Information And Resource Centers, Jessup, erreichbar unter https://www2.ed.gov/admins/comm/parents/parentinvolve/engagingparents.pdf [06.07.2021]
Velasquez, Mary M.; Stephens, Nanette S.; Ingersoll, Karen (2006): Motivational Interviewing in Groups; in: Journal of Groups in addiction & recovery, Vol. 1 (1) 2006, S. 27-50, erreichbar unter https://www.researchgate.net/publication/230868150_Motivational_Interviewing_in_Groups [08.05.2021]
Vodafone Stiftung Deutschland (Hg.) (2013): Qualitätsmerkmale schulischer Elternarbeit. Ein Kompass für die partnerschaftliche Zusammenarbeit von Schule und Elternhaus, Düsseldorf
von Schlippe, Arist; Schweitzer, Jochen (2002): Lehrbuch der systemischen Therapie und Beratung, Göttingen
Wagner, Christopher C.; Ingersoll, Karen C. (2012a): Motivational Interviewing in Groups, New York City
Wagner, Christopher; Ingersoll, Karen (2012b): Motivational Interviewing in Groups, Journal of Groups in Addiction & Recovery (Präsentation), erreichbar unter https://www.researchgate.net/profile/Christopher-Wagner-2/publication/230868150_Motivational_Interviewing_in_Groups/links/5535aad80cf20ea35f10e011/Motivational-Interviewing-in-Groups.pdf [12.05.2021]
Weidner, Jens (Hg.) (2004): Konfrontative Pädagogik. Konfliktbearbeitung in Sozialer Arbeit und Erziehung, Wiesbaden
Whitmore, John (2009): Coaching for Performance: The Principles and Practices of Coaching and Leadership (People Skills for Professionals), Boston
Yalom, Irvin D. (2001): Und Nietzsche weinte, München

Übersicht der Download-Materialien

		Buchseite
Download 1	Exemplarische systemische Methoden	10
Download 2	Systemische Fragen	19
Download 3	Hinweise zu Gesprächsführungsregeln und Beratungs-Konzept der Schule	21
Download 4	Arbeitshilfe Anliegen- und Zielklärung	25
Download 5	Einschätzungsbogen zum Konfliktniveau von Eltern	29
Download 6	Ein historischer Exkurs über die Entwicklung der Gruppenarbeit	21
Download 7	Hintergrundinfos zur TZI	23
Download 8	Weitere Hinweise zur Leitung von Zukunftswerkstätten und zur Arbeit mit der Moderationsmethode	23
Download 9	Vertiefende systemische Aspekte der Gruppenleitung	26
Download 10	Vertiefende Aspekte der Motivierenden Gesprächsführung in Gruppen	36
Download 11	Fragebogen Bildungsgewohnheiten	49
Download 12	Planungshilfe „Differenzierung der Kompetenzbereiche"	49
Download 13	Arbeits- und Beteiligungsmethoden bei der Planung und Durchführung von Bildungsangeboten	49
Download 14	Evaluationsmethoden für Bildungsangebote	53
Download 15	Hinweise zur Gestaltung von Onlineformaten	59

Ein Mutmachbuch, das zum Nachmachen einlädt

MICHAEL SCHRATZ | INGE MICHELS | ANGELIKA WOLTERS (HRSG.)

Menschen machen Schule
Mutig eigene Wege gehen

21,5 cm x 23 cm, 324 Seiten in Farbe, Hardcover

978-3-7727-1404-7, € 34,95

Seit 2006 zeichnet der *Deutsche Schulpreis* Schulen aus, die ihre ganz eigenen Wege gehen. Viele von ihnen entwickelten Konzepte von guter Schule, die den gewohnten Alltag auf den Kopf stellen. Gute Schulen brauchen mutige Menschen, die gemeinsam mit anderen eigene Wege finden und gehen. Wie und warum sie das tun, darum geht es in diesem Buch. Die Autorinnen und Autoren greifen Themen auf, die eine Brücke schlagen zwischen aktuellen gesellschaftlichen Strömungen und deren Auswirkungen auf Schule und Unterricht. Sie schreiben über ganztätige Schulformen, Fragen der Digitalisierung, Gesundheit und gesellschaftliches Well-being, Lehrermangel und Seiteneinstieg oder kulturelle Impulse zur Schulentwicklung. Umdenken und neu denken sind gefragt!

Fachbuch

Alle Preise zzgl. Versandkosten, Stand 2021.

Unser Leserservice berät Sie gern:
Telefon: 0511 / 4 00 04 -150
Fax: 0511 / 4 00 04 -170
leserservice@friedrich-verlag.de

www.klett-kallmeyer.de

Wie Eltern zu Partnern werden

MATTHIAS BARTSCHER

Bildungs- und Erziehungspartnerschaften in Schulen (Band I)

Zusammenarbeit mit Eltern lebensweltorientiert planen und gestalten

16 cm x 23 cm, 200 Seiten + Downloadmaterial
978-3-7727-1520-4, € 24,95

Wie kann die schulische Zusammenarbeit mit Eltern zu echten Bildungs- und Erziehungspartnerschaften weiterentwickelt werden? Erst aus einem Verständnis der unterschiedlichen Lebenswelten der Eltern und echter Empathie kann eine gute und wirkungsvolle schulische Kooperation mit ihnen gelingen. Daher bietet der Band zunächst eine eingehende Analyse der vielfältigen Lebenswelten von Familien. Auf dieser Basis folgen Kriterien für professionelles Handeln, Qualitätsmerkmale für eine gelingende Zusammenarbeit und Instrumente für die Schulentwicklung mit dem Fokus „Elternarbeit". Komplettiert werden die Ausführungen durch rechtliche Hinweise und Verfahrensvorschläge beim Verdacht einer Kindeswohlgefährdung.

Alle Preise zzgl. Versandkosten, Stand 2021.

Fachbuch

Unser Leserservice berät Sie gern:
Telefon: 0511 / 4 00 04 -150
Fax: 0511 / 4 00 04 -170
leserservice@friedrich-verlag.de

Die Downloadmaterialien enthalten zahlreiche Arbeitsblätter und vertiefende Materialien für Ihren Unterricht.

www.klett-kallmeyer.de

Unter **www.friedrich-verlag.de** finden Sie Materialien zum Buch als Download.
Bitte geben Sie den achtstelligen Download-Code in das Suchfeld ein.

DOWNLOAD-CODE: d31524bp

Hinweis:

Das Download-Material enthält Arbeitshilfen und Materialien, die Sie beim Aufbau einer Bildungs- und Erziehungspartnerschaft mit Eltern unterstützen.

Durch den Kauf dieses Buches (ISBN 978-3-7727-1524-2) haben Sie das Recht erworben, das ergänzende Download-Material in Ihren derzeitigen und zukünftigen Lerngruppen und Klassen einzusetzen und zu vervielfältigen. So können Sie etwa einzelne Seiten ausdrucken und verteilen oder mit Beamer oder Whiteboard verwenden.

Was Sie **nicht** dürfen:
- das Download-Material oder Teile davon an Kolleginnen und Kollegen weitergeben.
- das Download-Material oder Teile davon in Netzwerke einstellen, wie etwa Schulserver oder Cloud-Systeme, sodass Kolleginnen und Kollegen darauf Zugriff erhalten.
- die Lizenzinformation und Quellenhinweise auf dem Downloadmaterial entfernen.
- bei einer Bibliotheksausleihe des Buches das Download-Material herunterladen.

Bitte tragen Sie im Sinne dieser Lizenz dazu bei, dass wir weiterhin digitales Ergänzungsmaterial für Lehrerinnen und Lehrer bereitstellen können. Der Verlag behält sich dabei vor, auch gegen urheberrechtliche Verstöße vorzugehen.

Unsere Autorinnen und Autoren sowie der Verlag wünschen Ihnen viel Erfolg bei der Nutzung der Materialien!

**Haben Sie Fragen zum Download? Dann wenden Sie sich bitte
an den Leserservice der Friedrich Verlags GmbH.
Schreiben Sie uns oder rufen Sie uns an!**

Sie erreichen unseren Leserservice
Montag bis Donnerstag von 8 – 18 Uhr
Freitag von 8 – 14 Uhr
Tel.: 0511/40004-150
Fax: 0511/40004-170
E-Mail: leserservice@friedrich-verlag.de

Wir freuen uns über Ihre Rückmeldung und helfen Ihnen gerne weiter!